张甲民，北京大学教授，曾任北京大学非洲研究中心理事、中国国家教委外语教材编审委员会委员和教学研究会副会长。主要作品有：《阿拉伯语基础教程》和《高等学校阿拉伯语专业高年级阿拉伯语教学大纲》（第一编者）、《中国阿拉伯关系史》（阿拉伯文版）、《中国文化读本》（阿拉伯文版）、《汉语阿拉伯语词典》（参编及修订主持）。

景云英，北京大学教授，曾担纲阿拉伯语基础教学精品课，获校内优秀教学奖、北京市优秀教师称号，被学生评选为最受欢迎的教师。主要作品有：《阿拉伯语基础教程》（合编）、《汉语阿拉伯语词典》（参编）、《高等学校阿拉伯语专业基础阶段阿拉伯语教学大纲》（主要成员）、《高等学校阿拉伯语教学大纲词汇表》（基础部分主要制定者）。

المنهج الأساسي لتعليم اللغة العربية

阿拉伯语基础教程

（第二版）

第 四 册

张甲民　景云英　编著
陈嘉厚　　主审

北京大学出版社
PEKING UNIVERSITY PRESS

图书在版编目 (CIP) 数据

阿拉伯语基础教程．第四册 / 张甲民，景云英编著．—2 版．— 北京：北京大学出版社，2018.2
（新丝路・语言）
ISBN 978–7–301–26167 –5
Ⅰ．①阿… Ⅱ．①张… ②景… Ⅲ．①阿拉伯语 – 高等学校 – 教材 Ⅳ．① H37
中国版本图书馆 CIP 数据核字 (2018) 第 008671 号

书　　名	阿拉伯语基础教程（第二版）（第四册） ALABOYU JICHU JIAOCHENG
著作责任者	张甲民　景云英 编著
责 任 编 辑	张　冰　严　悦
标 准 书 号	ISBN 978–7–301–26167–5
出 版 发 行	北京大学出版社
地　　址	北京市海淀区成府路 205 号　100871
网　　址	http://www. pup. cn　　新浪微博：@ 北京大学出版社
电 子 信 箱	pkupress_yan@qq.com
电　　话	邮购部 62752015　发行部 62750672　编辑部 62754382
印 刷 者	三河市北燕印装有限公司
经 销 者	新华书店
	650 毫米 ×980 毫米　16 开本　26.25 印张　240 千字
	1993 年 5 月第 1 版
	2018 年 2 月第 2 版　2018 年 2 月第 1 次印刷（总第 3 次）
定　　价	68.00 元

未经许可，不得以任何方式复制或抄袭本书之部分或全部内容。

版权所有，侵权必究

举报电话：010–62752024　电子信箱：fd@pup.pku.edu.cn

图书如有印装质量问题，请与出版部联系，电话：010–62756370

第二版前言

北京大学阿拉伯语系编写的《阿拉伯语基础教程》首版于 1993 年出版。本书从立项、起步、试教、正式启用到现在，前前后后使用已近 30 年，培养了众多阿拉伯语人才，为中国阿拉伯语教学做出了重大贡献。

几十年过去，阿拉伯语系的同事们认为该书很有必要出版第二版，究其缘由是大家认为这套教材成功总结了北京大学阿拉伯语系几代教师，特别是中国阿拉伯语专业的先驱——以马坚先生为首的一代学者，对于阿拉伯语作为一门外语的教学如何在中国推进的实际经验和理论洞见，从而使阿拉伯语教学的传统路线能在中国得到传承和发展，因而从根本上尊重了阿拉伯语传统语法体系及经典研究的成果，这对学生了解传统阿拉伯语语法发展脉络及中国阿拉伯语教学与阿拉伯国家阿拉伯语教学体系接轨帮助极大；同时编者在编书过程中也很注意汲取现当代语言教学的理论知识和实践经验，对自身教学积累进行反复推敲、精心梳理、严格推导与整合，从而形成了一个适合中国学生需求的阿拉伯语教学体系，其结构的严谨和语言的精炼、准确及其易于接受等特点，不仅得到本校阿拉伯语师生认同，而且也受到校外同行和广大读者的欢迎。

所有这些对于我们都是莫大的鼓励，让我们相信这套教材还可继续为学习阿拉伯语的学生奠定一个坚实的语言基础提供有效的支撑和必要的保障。

当前，中国开设阿拉伯语的院校日渐增多，教学手段各有所长，任何一种教材都难以满足学生的全部要求。为此，我们在使用本套教材的同时也多方采用兄弟院校教材，学习和汲取他们的宝贵经验。

在这一版中，我们不仅对版式做了很大调整，以兼顾汉语和阿拉伯语不同的阅读习惯，而且对原书个别课文和表达的不足以及插图风格等也都做了相应的变更和调整。

第一版出版后，不少读者反映无配套录音，这次北京大学出版社特请两位阿拉伯语专家为这套书增配朗读录音并以二维码为载体形式出版，以期读者获取更大收益。

值此再版之际，我们再次对所有关心和支持我们工作的相关人士表达我们的深深敬意和衷心谢忱，并热诚欢迎兄弟院校同仁和学生对本教材再版之后还可能存在的不足给予批评、指点。

北京大学阿拉伯语系

2016 年 7 月 12 日

مقدّمة الطبعة الثانية

صدرت عام ١٩٩٣ الطبعة الأولى لـ ((المنهج الأساسي لتعليم اللغة العربية)) الذي تمّ إعداده في قسم اللغة العربية بجامعة بكين، وقد مرّ على هذا الكتاب ما يقارب ٣٠ عاما اعتبارا من إنشاء المشروع الخاص به ومباشرة إعداده واستخدامه التجريبيّ ومن ثم بدء استخدامه بشكل رسمي ليتمّ تخريج عدد كبير من الكفاءات في اللغة العربية خلال هذه الفترة التاريخيّة، الأمر الذي قدّم إسهامات جليلة في تعليم اللغة العربية في بلاد الصين.

عشرات الأعوام مرّت وزملاؤنا الأساتذة في القسم يرون ضرورة كبيرة في إصدار الطبعة الثانية لهذا الكتاب، إذ هم رأوا أنه وفّق في استخلاص التجارب الفعلية والآراء الثاقبة التي توصل إليها عدّة أجيال من الأساتذة في قسم اللغة العربية بجامعة بكين، وعلى الأخص رواد تخصّص اللغة العربية في الصين وفي مقدمتهم الأستاذ محمد مكين حول كيفية دفع عجلة تعليم اللغة العربية باعتبارها لغة أجنبية لدينا حتى مهّد طريقا ليمتدّ عليه خطّ تعليم اللغة العربية التقليدي جيلا بعد جيل الأمر الذي كرّس من الأساس منهج قواعد اللغة العربية التقليدية وثمار الدراسة والبحوث الكلاسكية في هذا المجال، هذا ما ساعد الطلاب الصينيين مساعدة كبيرة في الإلمام بتسلسل تقدّم قواعد اللغة العربية الأصيلة، وربط تعليم اللغة العربية في الصين بمنهج تعليمها في بلاد العرب. وفي الوقت نفسه راح المؤلفان كلاهما يقتبس باهتمام ما يختصّ بتعليم اللغات من المعارف النظرية والتجارب التطبيقية في العصر الجاري للقيام بالوزن المكرّر والتنظيم المدقّق والاستنتاج الجدّي والتنسيق الموحّد إزاء الأرصدة التعليمية الخاصة لدينا مما كوّن منهجا تعليميّا متكاملا لتعليم اللغة العربية يتناسب مع الطلاب الصينيين حيث أن تماسك هيكله وبساطة اللغة وأصالتها وسهولة قبولها لم يكن يلقى القبول من قبل الأساتذة والطلاب في جامعتنا فحسب بل قوبل بالترحاب لدى زملائنا في سائر الجامعات وجمهور القرّاء في المجتمع.

وكل ذلك قد وافانا تشجيعا عظيما إذ هو منحنا بما هو الكافي من ثقة

بأن كتابنا المدرسيّ هذا يمكنه أن يقدّم باستمرار دعما فعالا وضمانا لازما لإنجاح الطلاب في وضع أساس متين للغة العربية لديهم.

إنّ الصين تشهد تزايد عدد تخصص اللغة العربية على ربوعها في السنوات المؤخرة، ووسائله في التعليم تختلف من بعضها إلى بعض، ولهذا ليس في إمكان أي كتاب مدرسي للغة العربية أن يلبّي كافّة مترقّبات طلابها، فاقتضى الأمر أن نستخدم الكتب المدرسية المماثلة من بعض المدارس العليا الشقيقة في البلاد رغبة منا في الاقتباس من كل الجوانب، هذا فطالما نعير تجاربها في إعداد الكتاب المدرسي للغة العربية وتدريسها اهتماما كبيرا.

أمّا بالقياس إلى قطع الكتاب وشكله العام، فقد أدخلنا تعديلات ملحوظة على عليهما في هذه الطبعة حتى نستطيع أن نجمع بين عادتينا في قراءة اللغة العربية واللغة الصينية، لم يكن ذلك فحسب، بل أجرينا ما هو يلزم من تعديلات أيضا على بعض المناقص في متن الكتاب بما فيه واحد أو اثنان من النصوص والقلة القليلة من العبارات إضافة إلى أسلوب الرسوم.

وقد سبق أن وصلتنا ملاحظات العديد من القراء عن الطبعة الأولى لكتابنا بأنهم لم يستطيعوا أن يجدوا منه المزيد من المنافع اللغوية نتيجة لانعدام تسجيل يتناسق معها، فحاولت دار جامعة بكين للطباعة والنشر أن كلفت بعض المتخصصين العرب تجهيزه بسلسلة من التسجيلات عن إلقاء مضامينه في الطبعة المجددة كما نشرتها مع الكتاب محمولة على صورة الرمز الثنائيّ الأبعاد في سبيل تقديم أكبر مفاد للقراء.

وبمناسبة صدور هذه الطبعة ونشرها نتقدم بجليل تقديراتنا وصميم تشكراتنا لكافة من يعنى بها، ونرجو من الزملاء والطلاب أن يتكرموا بمنحنا النقد والإشارة إذا ما وجدوا فيه ما قد يظهر من مثالب.

قسم اللغة العربية بجامعة بكين

١٢ يوليو ٢٠١٦

前　言

《阿拉伯语基础教程》适用于我国高等院校阿拉伯语专业低年级学生，也可供具有中等以上汉语程度的中外青年自学使用。

本书从阿拉伯语本身的特点和中国人学习阿拉伯语的实际需要出发，在认真总结北京大学多年阿拉伯语教学和教材编写经验、注意吸取近年来外语教学发展成果的基础上编就，立足于基本知识、基本理论的传授和基本技能的训练，力求思想性、科学性、系统性和趣味性的有机结合，实现题材广泛、体裁多样、实用性强、语言简练规范、进度由浅入深循序渐进等要求；而在编排结构上则采取句型为基点，常用语句为先导，听、说、读、写全面发展的机制，培养学生具有坚实可靠的阿拉伯语基本功，特别是口语和书面语的表达能力，为高年级的学习打下良好基础。

本书 4 册共 68 课。每课包括句型、对话、课文、单词、谚语与格言、说明、语法，以及练习、阅读、作业等 10 大环节。各课彼此相关，环节互有联系，练习形式多样、内容充实，单词分布均衡、重现率高。全书对话、课文等项的单词总量约 3600 个。阅读单词约 1000 个。

本书也是集体智慧的结晶和多方合作的成果。张嘉南教授和李生俊教授曾参加第一册练习的编写工作。初稿于北京大学阿拉伯语专业试用两轮，二稿试用三轮。专业领导和教师根据试用的实际效果和发现的不足，多次研讨，提出了许多极为有益的意见和建议，给编者以热情鼓励和大力支持。刘麟瑞教授又对全书进行审阅，提出了许多宝贵意见。

此后本书又得到巴基斯坦伊斯兰堡国际伊斯兰大学的热情帮助。校长侯赛因·哈米德·哈桑博士召集穆罕默德·苏莱曼·法蒂哈博士、利夫阿特·法尔纳瓦尼博士、艾哈迈德·阿卜杜·阿齐姆博士在内的专家小组进行评审，得出了充分肯定的结论。

本书出版有幸得到沙特阿拉伯王国"伊格拉"基金会的资助。

编者对所有关心和支持本书的师长、同仁和朋友，特别是沙特阿拉伯王国"伊格拉"基金会和侯赛因博士表示诚挚的谢意。同时，也对北京大学阿拉伯语专家易卜拉欣·哈桑·哈马德先生为本书出版所作的努力表示衷心的感谢。

最后，恳切希望有关专家、同仁和广大读者多提宝贵意见，以便再版时修正补充。

编者

1992 年 5 月

مقدمة

نقدم كتاب ((المنهج الأساسي لتعليم اللغة العربية)) لطلاب المرحلة الأولى في أقسام اللغة العربية بالجامعات الصينية، وكذلك لمن يتعلم اللغة العربية بنفسه من الشباب الصينيين وغير الصينيين الذين بلغوا مستوى ما فوق المتوسط في اللغة الصينية.

وقد راعينا عند وضع هذا الكتاب مميزات العربية وحاجات الدارسين الصينيين لها، وخبرات قسم اللغة العربية في جامعة بكين على مدى سنين طويلة في تدريس هذه اللغة وإعداد المواد الدراسية لها، وكذلك خبرات الآخرين في مجال تعليم اللغات الأجنبية في السنوات الأخيرة في الصين.

نركز في هذا الكتاب على تعليم الطلاب أوليات اللغة العربية، وتدريبهم على المهارات الأساسية، وقد حرصنا على دمج القيم الفكرية والعلمية والمنهجية والعناصر المشوقة فيه بحيث يحتوي على مواضيع متعددة مصوغة في أساليب مختلفة، ويتميز بالفائدة التطبيقية الوافية وتتجلى فيه السلامة اللغوية وإيجاز التعبير والانتقال التدريجي من السهولة إلى الصعوبة، بينما نتبع في تنسيقه نظام التطور الشامل في الاستماع والحديث والقراءة والكتابة، على أساس تعليم التراكيب المختلفة للجملة والتعابير السائرة أولا وقبل كلّ شيء، ذلك كله من أجل ترسيخ القدرة الأساسية في اللغة العربية لدى الطلاب وخاصة قدرتهم في التعبير الشفوي والتحريري حتى يتهيأ لهم الأساس الصالح لدراسة اللغة العربية في المرحلة الأعلى.

يتكون هذا الكتاب من أربعة أجزاء تضم ثمانية وستين درسا يحوي كلّ منها عشرة جوانب وهي تركيب الجملة، والحوار، والنصّ، والمفردات، والأمثال والحكم، والملاحظات، والقواعد، والتمرينات، والمطالعات والواجبات. وقد حاولنا جهدنا أن تكون هذه الدروس بجوانبها المتعددة متناسقة مترابطة، وأن تكون التمارين متنوعة غزيرة المادّة، والمفردات موزعة بالتناسب في مختلف الدروس، يبلغ مجموعها في النصّ

والحوار زهاء ثلاثة آلاف وستمائة مفرد، وفي المطالعات نحو ألف مفرد أخرى، وهي مكررة بقدر كاف يؤدي الغرض المنشود.

ثمّ إن هذا الكتاب جاء تبلورا للخبرة الجماعية وثمرة للتعاون بين أطراف متعددة، إذ تم إعداد التمرينات من الجزء الأول بمشاركة الأستاذ مخلص تشانغ جا نان والأستاذ علي لي شنغ جيون، ودرّست مسودته الأولى على سبيل التجربة لدورتين على أيدي العديد من الأساتذة في قسم اللغة العربية بجامعة بكين، والمسودة الثانية ثلاث دورات، كما نوقشت المسودتان في لقاءات بين هؤلاء الأساتذة ومسئولي القسم وبين المؤلفين، حيث قدموا عنهما عديدا من الملاحظات والمقترحات المفيدة جدّا بناء على ما أحرز في التدريس من نجاحات وما لوحظ من قصور، ذلك كان تشجيعا خالصا ودعما قويا للمؤلفين، وفي الوقت نفسه لقي الكتاب عناية مشكورة من الأستاذ رضوان ليو لين روي، إذ قام بالمراجعة الأولية له.

وفوق ذلك كله لقينا عونا صادقا من الجامعة الإسلامية العالمية في إسلام آباد بباكستان حيث شكل رئيس الجامعة الدكتور حسين حامد حسان لجنة خاصة من أساتذة الجامعة الدكتور محمد سليمان فتيح والدكتور رفعت الفرنواني والدكتور أحمد عبد العظيم، ليدققوا النظر في هذا الكتاب الذي حاز منهم القبول والتقدير.

ثمّ يسعدنا أن نفرد هنا أننا لقينا في نشر هذا الكتاب الدعم المالي من قبل مؤسسة "اقرأ" الخيرية في المملكة العربية السعودية.

هذا، ونتوجه بخالص الشكر لكل من عني بهذا الكتاب، ومد يد العون إليه من كبار الأساتذة والزملاء والأصدقاء، ولا سيما مؤسسة "اقرأ" الخيرية في السعودية، وسيادة الأستاذ الدكتور حسين حامد حسان، وكذلك الأستاذ إبراهيم حسن حماد خبير اللغة العربية في جامعة بكين، الذي بذل مجهودات خاصة من أجل إنجاح هذا الكتاب.

وأخيرا نرجو بكل إخلاص من المتخصصين المعنيين وجمهور القراء أن يتكرموا بتقديم النقد والملاحظات في الكتاب حتّى نتدارك الخطأ بالصواب عند إعادة طبعه.

المؤلفان

مايو ١٩٩٢

目 录 الفهرست

第一课	الدرس الأوّل	1
第二课	الدرس الثاني	27
第三课	الدرس الثالث	49
第四课	الدرس الرابع	70
第五课	الدرس الخامس	92
第六课	الدرس السادس	113
第七课	الدرس السابع	137
第八课	الدرس الثامن	161
第九课	الدرس التاسع	184
第十课	الدرس العاشر	207
第十一课	الدرس الحادي عشر	227
第十二课	الدرس الثاني عشر	250
第十三课	الدرس الثالث عشر	273
第十四课	الدرس الرابع عشر	297
第十五课	الدرس الخامس عشر	324
第十六课	الدرس السادس عشر	350
内容索引	دليل المواد الدراسيّة	373
阅读索引	فهرست المطالعة	377
课文词汇总表	جدول المفردات العام للنصوص	378
阅读词汇总表	جدول المفردات العام للمطالعة	401

第一课 الدرس الأوّل

课文：	الأقطار العربيّة
语法：冠词的用法	（فوائد أداة التعريف "ال"）

النصّ

الأقطار العربيّة

تمتدّ الأقطار العربيّة بين الخليج شرقا والمحيط الأطلسيّ غربا، وبين البحر الأبيض المتوسّط وجبال طوروس شمالا، والمحيط الهنديّ وإفريقيا جنوبا.

يبلغ سكّان الأقطار العربيّة الآن ثلاثمائة مليون نسمة أو أكثر يتكلّمون لغة واحدة، هي اللغة العربيّة، وتربط بينهم تقاليد عربيّة واحدة، وتَدِينُ غالبيّتُهم بالدين الإسلاميّ.

تشغَل الأقطارُ العربيّة مساحةً واسعة تُقدَّر بنحو ١٣،٥ مليون من الكيلومترات المربّعة، وهي مساحةٌ تفوق مساحة قارّة أوربّا.

تظهر أهمّيّةُ موقع هذه الأقطار في أنّه يشكّل حلقة اتّصال بين أطراف العالم المختلفة، فقد كانت ممرّا طبيعيّا بين الشرق والغرب في العصور القديمة، وهي اليوم أهمُّ ممرٍّ للاتّصالات العالميّة، إذ تجد فيها مسالك ومنافذ بحريّة هامّة مثل باب المندب وقناة السويس ومضيق جبل طارق، وفيها موانئ شهيرة ومطارات دوليّة كبرى.

وقد استفاد العرب القدامى من هذا الموقع الجغرافيّ الممتاز، فقاموا

بتجارة نشيطة استمرّت لمئات السنين قبل الإسلام، وكان في يدهم زمامُ التجارة العالميّة في فترة من الزمن، وهذا ما ساعد على تبادُل الحضارات بين الأمم في وقت مبكّر من التاريخ. أمّا بعد الإسلام، فكان للعرب دورٌ أكبَرُ في هذا الميدان، إذ أخذوا من كلّ ما يُحيط بهم من الحضارات، فنشَأت في العصر العبّاسيّ حضارة إسلاميّة زاهرة، ومن ثمّ نقلوها إلى الغرب، الأمر الذي ساعد على نهضة الحضارة الغربيّة إلى حدّ بعيد.

وخلال عشرات السنين الماضية، ازدادت أهمّيّة هذه الأقطار، وذلك بعد العُثور على أعظم احتياطيّ للبترول بهذه المنطقة واستخراجه وتصديره بكمّيّات هائلة. إنّ الأقطار العربيّة الآن ليست مشهورة فقط بما تُنتجه من القطن الممتاز الذي يُسمّى الذهب الأبيض، بل بالبترول الممتاز الذي يُسمّى الذهب الأسود والذي تُمَوِّنُ العالم بمقدار عظيم منه.

وقد تبيَّن لك ممّا ذكرنا أنّ الأقطار العربيّة لها مميّزات كثيرة، لهذا تعرّضتْ للغزو الخارجيّ في مختلف عصور التاريخ، تعرّضت لغَزَوات روما وفارس وتركيا في الزمن القديم، وللعدوان الاستعماريّ والإمْبِرِياليِّ في الزمن الحديث.

ذاقت الأقطار العربيّة ألوانا من العذاب، غير أنّها أدركت من خلال تجاربها المُؤلمة أنّه لا يمكن أن تصمد أمام القُوى الطامعة إلّا إذا عملت جميعا على تعزيز الوحدة فيما بينها، وقد بذلتْ جهودا مشتركة في سبيل حماية مصالحها ومن أجل تنمية اقتصادها الوطنيّ. وهي الآن تواصل سيرها بخُطوات ثابتة نحوَ هذا الهدف واثقةً بأنّ مستقبلها سيكون أكثرَ إشراقًا.

الحوار

هل تعرفون؟

أسئلة وأجوبة حول العالم العربيّ

(١)

– كم قطرا في العالم العربيّ؟

– العالم العربيّ يتألّف من ٢٢ قطرا.

– هل تعرفون أسماء هذه الأقطار؟

– نعم، هي سوريا والعراق و ...

– الأسماء الرسميّة من فضلك!

– نعم، هي الجمهوريّة العربيّة السوريّة، الجمهوريّة العراقيّة، الجمهوريّة اللبنانيّة، المملكة الأردنيّة الهاشميّة، دولة فلسطين، المملكة العربيّة السعوديّة، دولة الكويت، مملكة البحرين، دولة قَطَر، دولة الإمارات العربيّة المتّحدة، سلطنة عُمَان، والجمهوريّة العربيّة اليمنيّة. هذه هي الدول العربيّة في آسيا.

– والبقيّة؟

– والبقية كلّها في إفريقيا، وهي مصر والسودان و...

– لو أمكن بالأسماء الرسميّة أيضا.

– هي جمهوريّة مصر العربيّة، جمهوريّة السودان، دولة ليبيا، الجمهوريّة التُّونِسِيَّةُ، الجمهوريّة الجزائريّة الديمقراطيّة الشعبيّة، المملكة المغربيّة، الجمهوريّة الإسلاميّة الموريتانيّة، جمهوريّة الصومال، جمهوريّة جيبوتي

وجمهوريّة القُمر المتّحدة.

- حقّا، إنّ العالم العربيّ واسع جدّا.

- نعم، إنّه يمتدّ من الخليج إلى المحيط.

(٢)

-هل تعرفون أهمّيّة موقع الأقطار العربيّة؟

- نعم، وهذه الأقطار تقع عند مُلْتَقَى القارّات الثلاث — آسيا وإفريقيا وأوربّا، وتُطِلُّ سواحلُها على المحيط الهنديّ والمحيط الأطلسيّ، نظرا لذلك ظلّت هي حلقةَ اتّصال بين أطراف العالم برّا وبحرا وجوّا.

- وَضِّحْ أكثَرَ، إذا أمكن.

- مثلا في الزمن القديم، كانت البضائع الشرقيّة تُنْقَلُ إلى الغرب عبرَ الأراضي العربيّة وموانيها، ثمّ أصبحت تُنقل عبر قناة السويس، وهي أقرَبُ طريقٍ بحريٍّ بين غربيّ أوربّا والشرق الأقصى.

- هل تعرفون كيف تمرّ السفن بالمياه التي تتّصل بالأقطار العربيّة؟

- نعم، وإذا جاءت السفن من المحيط الأطلسيّ مثلا، فهي تدخُل البحر الأبيض المتوسّط عبر مضيق جبل طارق، ثمّ تدخُل البحر الأحمر عبر قناة السويس، وتخرُج من باب المندب، فتدخل المحيط الهنديّ.

- وهل تعرفون دور الأقطار العربيّة في النقل الجوّيّ؟

- أمّا في النقل الجوّيّ، فهي حلقةُ اتّصالٍ أيضا، لأنّ الطائرات القادمة من أوربّا إلى الشرق وأستراليا أو إلى مختلف الدول الإفريقيّة، يَغْلِبُ أن تتوقّف في المطارات العربيّة.

(٣)

– هل تعرفون مكانة الأقطار العربيّة في البترول؟

– نعم، مكانتُها في البترول معروفة في العالم.

– وما هي نِسْبَةُ احتياطيّ البترول العربيّ إلى احتياطيّ العالـم كلّه؟

– يُقال إنّه يشغَل ٥٦٪ من الاحتياطيّ العالميّ.

– هل تعرفون قدرتَها في إنتاج البترول؟

– بعض المعلومات تُؤكّد أنّ آبار البترول العربيّة تُقدّم رُبْعَ ما يحتاجه العالم

من البترول أو أكثرَ.

– ماذا يعني ذلك؟

– هذا يعني أنّ البترول العربيّ يلعب دورا عظيما في الإنتاج والحياة في

العالم.

المفردات

海湾	خَلِيج جـ خُلْجان وخُلُج
传统，习惯	تَقْلِيد جـ تَقالِيدُ
信奉	دَانَ ـِ دِيانةً بـ ...
宗教	دِين جـ أَدْيَان
大多数	غالِبِيّة
伊斯兰教	اَلْإِسْلام
伊斯兰的	إِسْلاميّ م إِسْلاميّة
面积	مِساحة جـ مِساحات

占地	شَغَلَ ـَ شَغْلًا مِساحَةً شَغْلًا
位置，地位	مَوْقِع ج مَواقِعُ
交通枢纽	حَلْقَةُ اتِّصالٍ / حَلْقَةُ وَصْلٍ
通道，走廊	مَمَرّ ج مَمَرّات
联系	اِتِّصال ج اِتِّصالات
陆地	بَرّ
道路，通道	مَسْلَك ج مَسالِك
狭路，海峡	مَضِيقٌ ج مَضايِقُ
港口	مِيناءٌ ج مَوانٍ (اَلْمَوانِي) أو مَوانِئُ
地理的	جُغْرافِيّ م جُغْرافِيَّة
缰绳；主动权	زِمام
一段时间，时间	فَتْرة ج فَتَرات
作用；角色	دَوْر
阿拔斯时期	اَلْعَصْرُ الْعَبّاسِيُّ
灿烂的，瑰丽的	زاهِر م زاهِرَة
由此，从而，然后	مِنْ ثَمَّ
从而	اَلْأَمْرُ الَّذِي ...
复兴，崛起	نَهْضَة
偶然发现	عَثَرَ ـُ عُثُورًا عَلَى...
储备，储量，蕴藏	اِحْتِياطِيّ ج اِحْتِياطِيّات
开采	اِسْتَخْرَجَ اِسْتِخْراجًا الشيءَ

مَوَّنَهُ تَمْوِينًا بكذا	供给，供应
تَبَيَّنَ تَبَيُّنًا له الأمرُ	清楚，明白
مُمَيِّزَةٌ ج مُمَيِّزاتٌ / مُمَيَّزَة ج مُمَيَّزَات	特点
تَعَرَّضَ تَعَرُّضًا لِ ...	遭受
اَلْغَزْوُ الواحدةُ غَزْوَة ج غَزَوات	入侵，侵犯
اِسْتِعْمارِيّ م اِسْتِعْمارِيَّة	殖民主义的
إِمْبِرِيالِيّ م إِمْبِرِيالِيَّة	帝国主义的
عَذاب	折磨，痛苦
مِنْ خِلالِ ...	通过
مُؤْلِم م مُؤْلِمَة	使人痛苦的
صَمَدَ ـُ صُمُودًا	抵挡，经得起
طامِع م طامِعَة	有野心的
عَزَّزَ تَعْزِيزًا الشَّيْءَ	加强，巩固
وَحْدَةٌ	统一，团结
مُشْتَرَك م مُشْتَرَكَة	共同的
مَصْلَحَة ج مَصالِحُ	利益
ثابِت م ثابِتَة	稳定的，坚定的
أَشْرَقَتْ إِشْراقا الشَّمْسُ	照耀
تَأَلَّفَ تَأَلُّفًا مِنْ ...	由……组成
رَسْمِيّ م رَسْمِيَّة	正式的；官方的
مَمْلَكَة ج مَمالِكُ	王国

团结的，联合的	مُتَّحِد م مُتَّحِدَة
民主的	دِيمُقْراطِيّ م دِيمُقْراطِيَّة
由于	نَظَرًا لِ ...
会合处	مُلْتَقًى
俯视，濒临	أَطَلَّ يُطِلُّ على ...
海岸，海滨	ساحِل ج سَواحِلُ
船	سَفِينَة ج سُفُن
非洲的	إِفْرِيقِيّ م إِفْرِيقيَّة
地位	مَكانَة
比例	نِسْبَة
占比例	شَغَلَ نِسْبَةَ ...
井	بِئْر ج آبار
战略的	إِستِراتِيجِيّ م إِسْتِراتِيجِيَّة
周边环境；大洋	مُحِيط
印度洋	اَلْمُحِيطُ الْهِنْدِيّ
大西洋	اَلْمُحِيطُ الْأَطْلَسِيّ / اَلْمُحِيطُ الْأَطْلَنْطِيّ
地中海	اَلْبَحْرُ الْأَبْيَضُ الْمُتَوَسِّط
托罗斯山脉	جِبالُ طُورُوس
曼德海峡	بابُ الْمَنْدَب
苏伊士运河	قَناةُ السُّوَيْس
直布罗陀海峡	مَضِيقُ جَبَلِ طارِق

罗马	رُوما
波斯	فارِس
土耳其	تُرْكِيّا
澳大利亚	أُسْتَرالِيا
阿拉伯叙利亚共和国	اَلْجُمْهُورِيَّةُ الْعَرَبِيَّةُ السُّورِيَّةُ
伊拉克共和国	جُمْهُورِيَّةُ الْعِراق
黎巴嫩共和国	اَلْجُمْهُورِيَّةُ اللُّبْنانِيَّة
约旦哈希姆王国	اَلْمَمْلَكَةُ الْأُرْدُنِيَّةُ الْهاشِمِيَّة
沙特阿拉伯王国	اَلْمَمْلَكَةُ الْعَرَبِيَّةُ السُّعُودِيَّة
科威特国	دَوْلَةُ الْكُوَيْت
巴林国	مَمْلَكَةُ الْبَحْرَيْنِ
卡塔尔国	دَوْلَةُ قَطَر
阿拉伯联合酋长国	دَوْلَةُ الْإماراتِ الْعَرَبِيَّةِ الْمُتَّحِدَة
阿曼苏丹国	سَلْطَنَةُ عُمان
阿拉伯也门共和国	اَلْجُمْهُورِيَّةُ الْعَرَبِيَّةُ الْيَمَنِيَّة
巴勒斯坦国	دَوْلَةُ فِلَسْطِين
阿拉伯埃及共和国	جُمْهُورِيَّةُ مِصْرَ الْعَرَبِيَّة
苏丹共和国	جُمْهُورِيَّةُ السُّودان
利比亚国	دَوْلَةُ لِيبِيا
突尼斯共和国	اَلْجُمْهُورِيَّةُ التُونِسِيَّة
阿尔及利亚民主人民共和国	اَلْجُمْهُورِيَّةُ الْجَزائِرِيَّةُ الدِّيمُقْراطِيَّةُ الشَّعْبِيَّة

اَلْمَمْلَكَةُ الْمَغْرِبِيَّة	摩洛哥王国
الجُمْهُورِيَّةُ الْإِسْلامِيَّة المُورِتانِيَّة	毛里塔尼亚伊斯兰共和国
جُمْهُورِيَّةُ الصُّومالِ	索马里共和国
جُمْهُورِيَّةُ جِيبُوتي	吉布提共和国
جُمْهُورِيَّةُ القُمُر المُتَّحِدَة	科摩罗联邦共和国

من أمثال العرب والحكم

اَلْوَطَنُ لا يَحْيا بِلا اتِّحادٍ كما أَنَّ الْجِسْمَ لا يَحْيا بلا رُوحٍ.

(没有团结就没有国家，犹如没有灵魂就没有躯体。)

إنّي أخُوك وإن يَكُنْ إيمانُنا في الْبُعْدِ ما بَيْنَ الثّرى والفَرْقَدِ.

(信仰差异再大，你我也是兄弟。)

الملاحظات

١. الأمر الّذي ...

用于对前文进行总结，表示“从而”“因而”等含义。

٢. وقد تبيّن لك أنّ الأقطار العربيّة لها مميّزاتٌ كثيرة.

倒装名词句 لها مميّزات كثيرة 是 أنّ 的述语。

٣. ...آبار البترول العربيّة تُقدّم رُبْعَ ما يحتاجه العالمُ من البترول أو أكثر.

句中 ربع 和连接名词 ما 是正偏组合关系。

4. 阿拉伯语的数字中用于表示分隔的符号有“،”“,”“ر”三种形式。

（1）小数点，如：

1.23，阿拉伯语写成١،٢٣或者١,٢٣或者١٫٢٣

2.5%，阿拉伯语写成٪٢،٥或者٪٢,٥或者٪٢٫٥

（2）分隔号，如：

100,000,000，阿拉伯语写成١٠٠،٠٠٠،٠٠٠或者١٠٠,٠٠٠,٠٠٠或者١٠٠٫٠٠٠٫٠٠٠

需要注意的是：三个符号的作用等同，但使用时必须保持前后统一。至于实际使用中的符号到底当作小数点还是分隔号使用，则需要根据上下文判断。

本书所涉及的小数点和分隔号统一使用“،”。

القواعد

冠词的用法(فوائد أداة التعريف "ال")

前面讲过，冠词是一个确指工具词，表示不定含义的泛指名词加上冠词以后变为确指名词而具有特定的含义。这里我们再就冠词的应用范围作一些具体介绍：

1. 重提：指再次提及的人或物。如：

(١) كان للساحر (魔术师) بستانٌ كبير، وكان يُحيط بالبستان سورٌ عالٍ، وكان البستان جميلا، قد ملأتْه الأزهارُ والوُرُود.

(٢) نزل رجل ضيفًا على رجل، فقدّم إليه رغيفا، وذهب ليُحْضِرَ له العَدَس. ولمّا جاء به، وجده قد أكل الرغيف.

(٣) كان رجلٌ يمشي في الليل، فرأى في الطريق رجلا أعمى يحمل صفيحة وفي يده مصباح، فسار الرجل وراء (الرجل) الأعمى حتّى وصل إلى النهر، فملأ الصفيحة وعاد بها إلى منزله.

2. 心照：指不必说明双方都能了解的人或物。如：

(١) أين كنتَ؟ - كنتُ في المطعم.

(٢) هَيَّا نذهبْ إلى الملعب.

(٣) أين الْمُهَنْدِسُ؟ - هو الآن في الْوَرْشَة.

(٤) ذهب المديرُ إلى المطار لاستقبال الضيوف.

(٥) أُقِيمَ في الجامعة مهرجانٌ رياضيّ عند حُلول يوم الشباب.

3. 表示类别：加冠词的名词可以是单数，也可以是复数。如：

(١) الرجلُ أقوى من المرأة.

(٢) أُفَضِّلُ الشايَ على القهوة.

(٣) تُعَلِّمُنا الحكايةُ أنّ في العالم ما هو أثمَنُ من الذهب والفضّة.

(٤) علاقةُ الجيش بالشعب مثلُ علاقة السمك بالماء.

(٥) حَاوِلْ أَنْ تُكْثِرَ مِنْ أَكْلِ الخضروات والفواكه.

4. 表示独一无二的事物。如：

(١) تدُور الأرضُ (الكرةُ الأرضيَّة) حول الشمس.

(٢) يدور القمرُ حول الأرض (الكرة الأرضيّة).

(٣) قرأ محمَّدٌ سُورَةً من «القرآن الكريم» (读了《古兰经》的一章).

5. 部分专有名词必须带冠词。如：

الصينُ، السودانُ، الجزائرُ، العِراقُ، الكُوَيْتُ، المحيطُ الهندِيُّ، البحرُ الأبيضُ المتوسِّطُ

应当注意，冠词的用法虽有几条规则可循，但要熟练掌握，还需通过反复不断的实践。

التمرينات

١. اذكرْ لنا الأسماء الرسميّة للأقطار العربيّة.

٢. أشِرْ إلى نوع كلّ من الأسماء الآتية:

مَمَرّ	مُحِيط	مَطار	دَوْر	مَوْقِع	عُثُور
زاهِر	مَضِيق	اِتِّصال	مُؤْلِم	إِشْراق	مُرَبَّع
مَسْلَك	مُمَيِّزات	تَقالِيدُ	هِنْدِيّ	إِسْلامِيّ	مُتَوَسِّط
مُتَّحِد	تَعْزِيز	اِسْتِخْراج	اِسْتِعْمارِيّ	مُشتَرَك	مُلْتَقًى

٣. ضَعْ في كلّ مكان خالٍ ممّا يلي كلمة مناسبة تكون موصوفة لما بعدها:

جَوِّيّ م جوّيّة، ______، ______، ______

مُشتَرَك م مشتركة، ______، ______، ______

إِسْلامِيّ م إسلاميّة، ______، ______، ______

جُغْرافِيّ م جغرافيّة، ______، ______، ______

اِسْتِعْمارِيّ م استعماريّة، ______، ______، ______

٤. أكمل ما يلي من الجمل:

يقع العالَمُ العربيّ عند ______ آسيا وإفريقيا وأوربّا، مُطِلّا على ______ جنوبا، و______ غربا، ومُتَّصِلًا بالبحر ______ والبحر الأحمر والخليج.

ونظرًا لذلك الموقع، ظلّ العالم العربيّ ______ بين أطراف العالم ______ القِدَمِ.

ونظرًا ______ اكْتِشافِ الاحتيَاطيّ الغنيّ من البترول

واستخراجه بـ ________، فقد أصبح العالم العربيّ ______ تُصدّر البترول، وهذا يعني أنّ ______________.

سبق للشعوب العربيّة أنْ تعرَّضَتْ ____ العدوان الأجنبيّ و____ ألوانا من العذاب في ظِلال (تحت) الحُكم ______، ومن ______ تجاربها ______ أدركتْ أهمّيّةَ ______ الوحدة بين ______.

إنّنا نراها الآن ______ النضال ______ حُقُوقها (权利) الوطنيّة. نحن على ثِقَةٍ ______________.

٥. ضَعْ في الفراغ ما يُناسب من تعابير:

(١) وقد تَبَيَّنَ لك ممّا ذكرنا أنّ ______________.

(٢) تَبَيَّنَ لك من هذه المُقارَنَة أنّ ______________.

(٣) تبيَّن لك من هذه الأرقام أنّ ______________.

(٤) وقد تبيَّن لنا من تَجارِبِنا أنّ ______________.

(٥) تبيَّن لنا من هذه المُناقشة أنّ ______________.

(٦) تبيّن لنا من هذه المعلومات أنّ ______________.

٦. اقرأْ ما يلي من الجمل، ثمّ كوِّنْ جملة مفيدة بما يتقدَّم كلّ مجموعة منها:

شغَله

(١) تشغل المياهُ نحوَ ثلثَيْ مساحة الأرض.

(٢) هذا العمل سيشغَلني أسبوعا كاملا.

(٣) زراعة الحبوب تشغل نسبةً كبيرة من المساحات المزروعة في هذه

المنطقة، وأهمُّ هذه الحُبوب القمحُ والشعير والذُّرَة والأرز.

أحاط به

(١) هم يسكنون بيتا تحيط به حديقة جميلة.

(٢) مدينتُنا تحيط بها الجبال من ثلاثة جوانب.

(٣) نحبّ أن نحافظ دائما على علاقات طيّبة مع كلّ ما يحيط بنا من الدول المُجاورة.

الأمر الذي ...

(١) أخذ العرب من كلّ ما يحيط بهم من الحضارات، فنشأتْ في العصر العبّاسيّ حضارةٌ إسلاميّة زاهرة، ومن ثَمَّ نقلوها إلى الغرب، الأمر الذي ساعد على تطوّر الحضارة الغربيّة إلى حدّ بعيد.

(٢) المجتمع العربيّ من المحيط الأطلنطيّ إلى الخليج العربيّ يتميّز (يمتاز) بطابع خاصّ يظهَر في عادات الناس ومُعامَلاتهم، الأمر الذي يجعل العربيّ منّا لا يشعُر بالغُرْبَة أَيْنَما (无论何地) ذهب، فهو بين أهله وأشقّائِه حَيْثُما (أينما) حَلَّ.

تَعَرَّضَ لـ ...

(١) سبق للأقطار العربيّة أن تَعَرَّضَتْ لغَزَواتٍ عديدة من الدول الكبرى في التاريخ.

(٢) إنْ ضعُفت دولة، تعرّضتْ للعدوان الأجنبيّ، وقد دلّ التاريخ على ذلك مِرارا وتكرارا.

ذاق

(١) ذاق شعبنا ألوانا من العذاب لمدّة تزيد على مائة سنة.

(٢) لن أنسى تلك الأيّام السعيدة التي عِشْتُها عندما ذُقْتُ ثمرةَ جهودي لأوّل مرّة.

أطَلَّ فهو مُطِلّ على ...

(١) ... وعرفتُ كذلك أن شَطْرًا (جزءا) كبيرا من العالم العربيّ يُطِلُّ على البحر المتوسّط، وأنّ هناك أجزاء منه تمتدّ حتّى قلب إفريقيا.

(٢) تنتشر الكُرُومُ (葡萄) في المناطق المطلّة على البحر المتوسّط.

(٣) ومن تلك النافذة المطلّة على الشارع يستطيع صاحبُنا أن يرى حركة المرور تستمرّ ذهابا وإيابا من الصباح الباكر حتّى مُنْتَصَفِ الليل.

نظرا لـ ...

(١) ونظرا لشدّة الألم سقط المريض مَغْمِيًّا عليه (أُغْمِيَ عليه).

(٢) أُضْطُرَّ بعضُ المصانع إلى وَقْفِ العمل نظرا لِارْتِفاع درجة الحرارة.

(٣) نظرا لقِلّة الأيدي العاملة، لقِينا صعوبات كثيرة في إنجاز هذه المهمّة.

(٤) نظرا لأنّ الأقطار العربيّة تمتاز بموقع إستراتيجيّ هامّ، ظلّت القوى العُظْمَى تطمَعُ فيها.

تَأَلَّفَ من ...

(١) ... هي أسرةٌ تتألّف من ستّة أفراد.

(٢) يتألّف العالم العربيّ من ٢٢ قطرا.

(٣) ... ومن مباني المطار الرئيسيّة مبنى المُغادرين والقادِمين الذي يتكوّن (يتألّف) من بِنائَيْنِ متماثلين (相似的)، يتألّف كلّ منهما

من ثلاثة طوابق ويربط بينهما جِسْرٌ عَلَوِيّ (天桥).

من خِلال ...

(١) سنتعلّم من خلال الممارسة العمليّة ما لا نستطيع أن نتعلّمه في الكتب.

(٢) تعرّفنا على عدد ليس بقليل من الأصدقاء الجدد من خلال هذه النشاطات.

(٣) من خلال النوافذ يمكن أن نرى أماكن بعيدة بعيدة وراء الشاطئ الآخر.

٧. حاوِلْ أن تعبّر عمّا يلي من المعاني بأساليب أخرى:

(١) تُقدّر مساحةُ الأراضي العربيّة بنحو ١٣،٥ مليونا من الكيلومترات المربّعة.

(٢) تظهر أهمّيّة موقع الأقطار العربيّة في أنّه يشكّل حلقة اتّصال بين أطراف العالم.

(٣) قام العرب القدامى بتجارة نشيطة في الزمن القديم، وذلك ساعد على تبادُل الحضارات بين الأمم الشرقيّة والغربيّة في التاريخ.

(٤) وقد تَبيّن لك من ذلك أنّ الأقطار العربيّة لها مميّزات كثيرة.

(٥) ازدادت أهمّيّةُ الموقع العربيّ نظرًا للعُثور على احتياطيّ عظيم من البترول في الأراضي العربيّة.

(٦) إنّ مكانة الأقطار العربيّة في البترول معروفة في العالم.

(٧) هناك معلومات تؤكّد أنّ آبار البترول العربيّة تقدّم رُبْعَ ما يحتاجه العالم من البترول أو أكثر.

(٨) هذا يعني أنّ البترول العربيّ يلعب دورا هامّا في إنتاج العالم.

(٩) الطائرات القادمة من أوربّا إلى الشرق الأقصى تتوقّف في المطارات

العربيّة غالبا.

(١٠) ولهذا تعرّضتْ هذه الأقطار للغزو الخارجيّ في مختلف العصور الماضية.

٨. أكمِل ما يلي من الجمل:

(١) هذا الوفد ________ من خمسة أفراد، ________ حضرتُكم.

(٢) نحن ________ إلى بناء قوّة بحريّة قويّة، ________ السواحل الصينيّة ________ آلاف الكيلومترات.

(٣) ________ الصين أن تعزّز علاقاتها مع ____________ من أجل ____________.

(٤) إنّ أراضينا ________ حوالي خمسة آلاف كيلومتر ________ و________ وكذلك جنوبا وشمالا.

(٥) في بلادنا ________ أقلّيات (少数民族) ________ بالإسلام.

(٦) عفوا، لقد ________ منك وقتا كثيرا.

(٧) هي منطقة ________ مكانة إستراتيجية ________.

(٨) لقد سبق للقناة الكبرى التي ________ بين بكين وهانغشو أنْ كانَتْ شَرْيانًا (动脉) عظيما يربُط بين ________ و________ من هذه البلاد.

٩. اقرأ ما يلي من الفِقَر مع مُراعاة فوائد أداة التعريف"ال":

(١) الأرز غذاء كامل يحتوي على كثير من الموادّ التي يتطلّبها الجسم، وهو يُعتبر غذاء رئيسيّا (主要的) في بلاد الصين واليابان والهند،

كذلك تُعتبر الذرةُ مادّة أساسيّة للتغذية في بلادنا.

(٢) في قديم الزمان كان بعض الناس يظنّون أن القمر امرأة جميلة صيّادة، وأنّ أشعّة القمر هي السِّهام (箭) التي تصيد بها. كانوا يظنّون أنّ الصيّادة هذه تمشي في حقل واسع أزرق لتصيد، وهذا الحقل الواسع الأزرق هو السماء.

(٣) يكثُر البطّيخ زمنَ الصيف في بلادنا، وهو أشكال كثيرة، وإذا قطعتَ بطّيخةً وجدت لونها من الداخل أحمر أو أصفر ووجدت فيها بذورا كثيرة.

والناس يحبّون البطّيخ في الصيف، لأنّه حلو بارد، ولأنّه يخفّف الحرارة والعَطَش. والبطّيخ يُباع في سوق الخضر والفاكهة.

(٤) عاش في الزمن الماضي تاجرُ ملح، وكان لهذا التاجر حِمار، وكان التاجر يبيع الملح في البلاد المجاورة، وكان يحمِل الملح على الحمار.

وفي يوم من الأيّام وضع التاجر حِمْلا(担子) من الملح على ظهر الحمار وذهب به إلى السوق في قرية صغيرة. وكان في الطريق

خَوْرٌ (水湾) فيه ماء، فخاض الحمارُ في الماء ووقع فيه، وكان الحمل على ظهره، فذاب (融化) الملحُ في الماء، ولمّا خرج الحمار من الخَوْرِ وجد الحمل خفيفا، ففهم أنّ الماء خفّف الحمل.

١٠. أَجِبْ عمّا يلي من الأسئلة:

(١) كم عدد الأقطار العربيّة؟

(٢) أين تقع هذه الأقطار؟

(٣) كم منها يقع في آسيا؟ واذكُرْ أسماءَها من فضلك.

(٤) لو سمحتَ، كم منها يقع في إفريقيا؟ واذكرْ أسماءها.

(٥) كم يبلغ عدد سكّان الأقطار العربيّة؟

(٦) هل جميع سكّان الأقطار العربيّة من العرب؟

(٧) هل الإسلام هو الدين الوحيد في الأقطار العربيّة؟

(٨) كم مساحة هذه الأقطار؟

(٩) لماذا طمعت القوى الكبرى كثيرا في هذه البقعة من الأرض؟

(١٠) وكيف واجه الشعب العربيّ تلك القوى الطامعة؟

١١. أَسْنِدْ ما يلي من الأفعال إلى ضمائر الرفع المتّصلة، ثمّ انصُبْه بأن المصدريّة:

يُمَوِّنُ، يَتَعَرَّضُ، يُنَمِّي، يُعَزِّزُ، يُطِلُّ، يَسْتَخْرِجُ

المطالعة

الذهب الأسود

أنت تعرف الذهب الأصفر الذي نصنع منه الحُلِيّ والنقود وغيرَها، وتعرف الذهب الأبيض لأنّه مصدر ثروة هائلة، فهل تعرف الذهب الأسود؟

إنّه النفط أو البترول، ويُسمّى الذهب الأسود، لأنّ له منافِعَ كثيرة وفوائد عظيمة، فهو يُستخدم في الإضاءة وتوليد الحرارة التي تحرِّك الآلات الزراعيّة والصناعيّة، ويُستعمل وقودا للسيّارات والسفن والطائرات وغيرها.

ولعلّك تَعْجَبُ إذا عرفت أنّ النفط يدخل في صُنْع كثير من الأدوية والأصباغ والحبر والمنسوجات والمُفَرْقَعات والموادّ المُبيدة للحشرات ويدخل في صنع المطّاط وأغلفة الأسلاك الكهربائيّة وصُنع قسم من أدوات الزينة.

وأنت ترى العمّال وهم يُعبِّدون الشوارع يضعون فوق أرضها سائلا أسود ثخينا يُسَوُّونَهُ بآلات خاصّة، هذا السائل الأسود هو القار إحدى الموادّ التي تُستخرج من النفط.

وفي باطن أرض وطننا العربيّ مقادير عظيمة من النفط، وهو يُنتج ما يقرُب من رُبع النفط في العالم. وآبارُه غنيّة يندفع نفطُها بكثرة وقوّة، ويُعتبر مصدرا عظيما من مصادر الثروة في العالم العربيّ.

ونظرا لكثرة النفط في الأقطار العربيّة طمَع الاستعمار فيه وحاول أن يستغلّه لِمَنْفَعَتِهِ ولكنّ العرب تنبهّوا إلى هذه الأطماع، وعملوا بكلّ وسيلة لأنْ تكون ثروةُ بلادِهم لهم.

(من القراءة العربيّة العراقيّة بتصرُّف)

حكاية الفرح الحقيقيّ

ما الفرح أيّها الأصدقاء؟

أَ هو هديّة صغيرة يُفاجِئُك بها صديقٌ عزيز أَمْ هو نَبَأٌ بالنجاح ينقُله لنا مدرِّسُ الحساب أو الجغرافيّة أو التاريخ أم هو حُلْمٌ جميل يمرّ علينا في النوم...؟

إنّه كلُّ هذا وأكثر ... ولكنّي أحدّثك عن الفرح الحقيقيّ الذي عِشْتُه وما أزال.

منذ سنوات، وأنا أعمل في محطّات البَنْزِين، ألبِّي حاجة أصحاب السيّارات في تَعْبِئَةِ الوقود، كانت تمرّ عليّ آلافُ السيّارات يوميّا، لم أكُنْ أنظُر إلى وجوه الناس، كنت أحدِّق فقط في فَتْحَةِ مخزن الوقود، وأحسُب عددَ الليترات المُعَبَّأةِ فيه، ولا أكتُمُكم أيّها الأصدقاء، لم أكُنْ أحبّ عملي كثيرا، فقد كان مُتْعِبًا. ولكنّ الَّذي حدث بعد ذلك غَيَّرَ مجرَى حياتي، كما غيّر حياة كلّ الناس الطيّبين في وطني.

لا أنسى أبدا ذلك اليوم .. اليوم الذي أعلنتْ فيه الجمهوريّةُ قرار التأميم، ففي ذلك اليوم عبّرت الجماهير عن فرحتها لعودة ثروتها إليها، وشاركتْ في التظاهُرات وحضرت الندوات، جميعنا كنّا نُحسّ بذلك الفرح الحقيقيّ الذي لا يُعادله فَرَحٌ. وفي اليوم التالي حين ذهبتُ إلى محطّة البنزين التي أعمل بها، بدأت أنظر إلى وجوه الناس من حولي، وأنا أُمسك أنبوب البنزين بقوّة، وهو يملأ خزانات السيّارات بالبنزين، كنت أراه للمرّة الأولى أبيضَ رَقْراقًا يُشبه لونُه لونَ الغَيْمَةِ الكبيرة التي تودّ إِرْواء الأرض.

المفردات

حَلْيٌ ج حُلِيّ	首饰
النِّفْط / البِتْرُول	石油
وَقُود	燃料
صِبْغ ج أَصْباغ	染料

مَنْسُوجات	纺织品
مُفرْقَعات	爆炸物，炸药
مُبِيد م مُبِيدَة	致命的，灭杀的
غِلاف ج أَغْلِفَة	封皮，外壳
أَدَواتُ الزِّينَةِ	化装品
عَبَّدَ تَعْبِيدًا الشارعَ / رَصَفَه	铺路
ثَخِين م ثَخِينَة	粘稠的
سَوَّى تَسْوِيَةً الشيءَ	弄平
قارٌ / أَسْفَلْت	柏油，沥青
اِنْدَفَعَ اِنْدِفاعًا الماءُ	涌出，喷出
طَمِعَ ـَ طَمَعًا في الشيء أو به	贪图，垂涎
تَنَبَّهَ تَنَبُّهًا إلى كذا	注意到，认识到
حَقِيقيّ م حَقِيقِيَّة	真正的
نَبَأ ج أَنْباء	消息，新闻
اَلْبَنْزِين	汽油
عَبَّأَ تَعْبِئَةً شيئًا في الوِعاء	装满，灌满
مُعَبَّأ م مُعَبَّأَة	注入的
حَدَّقَ تَحْدِيقًا فِيه أو إليه	凝视，注视
فَتْحَة ج فَتَحات	孔，口
مَخْزَنُ الْوَقُودِ	燃料箱，油箱
حَسَبَ ـُ حِسابًا الشيءَ	计算

لِتْر / لِيتر ج لِيتْرات	公升
كَتَمَ ـُ كِتْمانًا السِّرَّ	隐瞒
مَجْرًى	进程，过程
قَرار ج قرارات	决定，决议
أَمَّمَ تَأْمِيمًا الشيءَ	国有化
تظَاهُر ج تَظاهُرات	游行，示威
عَادَلَ مُعادَلَةً الشيءَ	相等，等同
أُنْبُوب ج أَنابِيبُ	筒，管子
رَقْراقٌ	闪光的，闪亮的
غَيْمَة	一片云
أَرْوَى إِرْواءً الْحَقْلَ	浇灌，灌溉

الواجبات

١. أكمِلْ ما يلي من العبارات:

______ مُرَبَّع	غالِبيَّة ______	______ إسْتراتِيجِيّ
______ مَمَرّ	مُلْتَقى ______	______ الاِسْتِعْمارِيُّ
دَعْوَة ______	تَقالِيدُ ______	______ الدِّيمُقْراطِيَّة
نَهْضَة ______	اِتِّصالات ______	______ السِّياسِيَّة

٢. تَرْجِمْ ما يلي من الجمل إلى العربيّة:

1. 我国的陆地面积约 960 万平方公里。
2. 那里有条公路穿过一片森林，一直延伸到国境线。
3. 那是我国最重要的林区之一，占地几十万平方公里。

4. 这条河是两国间的一条天然通道，自古就把两个国家连接在一起。
5. 两国人民一向友好相处（تَعايش），彼此都尊重对方的传统和习惯。
6. 我们在好几个地方都发现了新的石油储藏。
7. 由于国家建设的需求，有价值的矿藏我们要有计划地开采。
8. 这些城市的重要性不仅在于它们是我国主要的工业城市，而且还在于它们是我国重要的港口。
9. 中国人民曾经蒙受种种苦难，他们绝不会忘记昔日的痛苦经历。
10. 由于我国有绵延数千公里的海岸线，我们需要有一支强大的海军。

٣. كوّن جملة مفيدة بكلّ ممّا يلي:

شغَل (مساحة)، تَعَرَّضَ، تَأَلَّفَ، نَظَرًا لِكذا، عَزَّزَ، أَطَلَّ، مُشْتَرَك

٤. أكتُبْ مقالةً قصيرة عن العالم العربيّ.

استمع وضع الحركات

السعادة في العمل

ليس بين الواجبات الشخصية ما هو أفضل وأشرف من السعي والعمل، وقد قال الرسول (ص)[①] "إنَّ الله كتب عليكم السعي فاسعوا"، فإن حياة الإنسان المادية وسعادته في الحياة تتوقف على السعي والعمل. وقد قال بعض كتاب الغرب "ليست الحياة يوم عيد ولا يوم حداد (居丧)، وإنّما هي يوم عمل" والعمل الذي يستطيع الإنسان أن يعمله وينال به قوته وقوت عياله خير له من أن ينتظر إحسان المحسنين وصدقات المتصدقين (施)

---

①阿拉伯人说到“先知”或“使者” 时常用到 النبيّ صلّى الله عليه وسلّم 一语，以表达对先知或使者的敬意，在书写时可简写成(ص)，在出版物中又常写作ﷺ。

舍者) لأنّ في العمل حفظا لكرامة الإنسان وهيبته. إنّ عظمة الأمم وسعادتها إنّما تقاس بمقدار سعي أبنائها وكل أمّة أنف أفرادها من الأعمال واستحلَوْا طعم الراحة والبطالة أسرع إليها الفناء والاضمحلال.

ولا بدّ للمرء في هذه الحياة من مهنة شريفة يتذّوق فيها لذّة العمل وتدرّ عليه الرزق وتكفيه الاعتماد على الناس وتجعله ذا مكانة سامية بين أقرانه فيعيش في سرور وهناء. وقد قال الرسول (ص) "إنّ الله يُعْطِي العَبْدَ عَلَى قَدْرِ هِمَّتِه ونَهْمَتِهِ" أي بقدر كده واجتهاده ورغبته في العمل. وقال الرسول في التحذير من البطالة وسوء نتائجها:

"البطالة تقسّي القلب". وقال أيضا "إذا قصَّر العبدُ في العمل ابتلاه الله بالهمِّ".

فالعمل أساس الحياة ومصدر السعادة، ففي العمل يتمتّع الإنسان بلذّة الحياة وهنائها. فعلينا أن نحب العمل ونكره البطالة لأنّها الرذائل والشرور. والخلاصة أن أعدى أعداء العمل التوكّل (受命) الكاذب المقرون بالإهمال والتقاعد وترك السعي والاجتهاد. وإنّ أهمّ الدوافع إلى العمل وأشدّ أركانه التوكّل الصحيح المقرون بالسعي والحركة والنشاط المستمرّ.

فعليك أيّها العامل أن تختار عملك موافقا لمؤهّلاتك وميولك حتّى لا تُمْنَى بالخيبة والخسران، وتتوكّل على الله في توفيقه وكريم عنايته. قال عمر بن الخطاب: "إنّي لأرى الرجل فيعجبني، فإذا قيل لي لا صنعة له سقط من عيني".

(مأخوذة عن القراءة الحديثة العراقيّة)

第二课 الدرس الثاني

句型:	لم يكد العنقود يصل إلى يد الصبيّ حتّى ذكر أباه.
课文:	أسرة سعيدة
语法:	1. ما كاد (لم يكدْ) ... حتّى...
	2. 强调词（التوكيد）

تركيب الجملة

لَمْ يَكَدِ العنقودُ يصل إلى يد الصبيّ } حتّى ذكَر أباه.
ما إنْ وصل العنقودُ إلى يده }

المثال:

١. لم تَكَدِ الْمسابقةُ تنتهي حتّى أُعْلِنَتِ النتائجُ.

٢. ما إنْ سمِعَ الأولادُ هذا الخبر حتّى هتَفوا فرحًا وسرورًا.

٣. ما كاد المديرُ يهُمُّ بالانصراف حتّى دقّ التلفون.

٤. ما إن وصل الرجل إلى المحطّة حتّى تحرّك الأُوتُوبِيس.

الحوار

(١)

– يا كريم، جاء دورك لتقصّ علينا قصّة الآن.

– القصّة التي عندي هي «أسرة سعيدة».. تقول القصّة إنّ سيّدة قدّمتْ

عنقودَ عِنَبٍ إلى ابْنتها الصغيرة، ففرِحت به.

– طبعا، وكلّ صغير يشتهي الفواكه.

– ولكنّ البنت ما كادت تهمّ بأَكْلِ هذا العنب حتّى خطَر ببالها أنْ تُهديه إلى أخيها.

– وهل أكله أخوها؟

– لا، وهو كذلك أَبَى أن يأكله، بل قدّمه إلى أبيه .. أمّا الأب، فما إنْ وصل العنقود إلى يده حتّى ذكر الأمّ، فأعطاها العنقود.

– إنّها أسرة سعيدة.

– نعم، وكلّ فرد فيها يُفضّل الآخر على نفسه.

(٢)

– ناس مهذّبون وناس غيرُ مهذّبِينَ.

– ماذا تعني بهذا؟

– عندي كاسيت، فيه قصّة تختلف عن قصّتك بعضَ الشيء.

– ماذا جاء فيها؟

– جاء فيها أنّ فلّاحا اشترى خمسَ خَوْخات لأولاده الأربعة وَامْرأته.

– وماذا فعلوا بهذه الثمار؟

– كان واحدٌ من أولاده طيّب القلب، فأَهْدَى ثمرتَه لمريض من جيرانه، وكان ولد آخر أنانيّا، أكل نصف ثمرة أمّه بعد أن أكل ثمرته هو ...

– ما عنوان هذه القصّة؟

– ((من سُلُوكهم تعرِفونهم)).

– لطيف، عنوان لطيف!

النصّ

أسرة سعيدة

كانت السيّدة سلمى تتنزّه هي وابنتُها الصُغرى ليلى في حديقة البيت، فوقع نظرُها على عنقود شهيّ من العنب، فقالت في نفسها: "هذا عنقود جميل المنظر، ناضج في غير أوانه، وما أجمَلَ أنْ أقدِّمه إلى ابنتي العزيزة لأُدْخِلَ على قلبها السرورَ، فهي أحقّ منّي بهذا العنقود."

ثمّ قطفت الأمّ عنقود العنب، وقدّمتْه إلى ابنتها ليلى، ففرحت هذه به فرحا عظيما، وشكرت أمّها على هديّتها أحسَنَ الشكر، ولكنّها ما كادت تهمّ بأَكْل العنب حتّى قالت في نفسها: "ما أجمَلَ أن أقدِّم هذا العنقود اللذيذ الطعم إلى أخي الحارث لِأُدخل السرور على قلبه، فهو أحقّ به منّي." ثمّ ذهبت إلى أخيها، وأعطَتْه عنقود العنب، ففرح به وشكرها على هديّتها أحسَنَ الشكر.

ولكنْ ما كاد الحارث يهمّ بأكل العنقود حتّى قال في نفسه: "إن أبي

يَسْعَى ويتعَب طول النهار من أجلنا، فيسرّني أن أُهدي إليه هذا العنقود الشهيّ متى عاد من عمله المُتعب الشاقّ، لأُدخل السرور على قلبه، فهو أحقّ منّي بهذا العنقود."

ولمّا عاد الأب من عمله، استقبله الحارث مبتسما، وحيّاه أحسَنَ تحيّة، ثمّ أهدى إليه عنقود العنب، فشكره أبوه على هديّته أجمَلَ الشكر.

وما كاد أبوه يهمّ بأكل العنب حتّى قال في نفسه: "إنّ أوان العنب لم يَحِنْ بَعْدُ، وقلّما يظفَرُ الإنسان بِمِثْلِ هذا العنقود الشهيّ في هذه الأيّام، وما أجمَلَ أنْ أهدِيَه إلى زوجتي العزيزة لأدخل على قلبها السرور، إنّها تتعب كثيرا في النهار، فهي أحقّ منّي بهذا العنقود الشهيّ." فقدّم إليها العنقود، فشكرته كثيرا.

وهكذا مرّ عنقود العنب على أفراد الأسرة جميعا، فكان كلّ فرد منهم يُفضّل الآخر على نفسه. وقد عاد العنقود إلى اليد الّتي قدّمته أولّا، فقسّمته بينها وبين زوجها وولدَيْها الحارث وليلى.

ما أَهْنَأَ حياةَ الأسرة السعيدة التي تُؤَلِّفُ بين قلوبها المحبّةُ، ويَسُودُ بينها الوِفاقُ حتّى ترى كلَّ فرد من أفرادها يفضّل الآخر على نفسه.

المفردات

لَمْ يَكَدْ ... حَتَّى ...	刚……就……
ما إِنْ ... حَتَّى ...	刚一……就……
عُنْقُود ج عَناقِيدُ	串，嘟噜
هَمَّ يَهُمُّ هَمًّا بـ ...	想要，打算

31 第二课

讲叙，叙述	قَصَّ ـُ قَصَصًا عليه الخبرَ
女儿	اِبْنَةٌ جـ بَناتٌ
心，心神	بالٌ
赠送，献给	أَهْدَى إِهْداءً الشيءَ له أو إليه
录音带	كاسِيت
桃子	خَوْخ (دُرَّاق) الواحدة خَوْخَة
自私的，利己的；个人主义者	أَنانِيّ م أَنانِيَّة
标题，题目；地址	عُنْوان جـ عَناوِينُ
最小的	أَصْغَرُ م صُغْرَى
游览，散心	تَنَزَّهَ تَنَزُّهًا
他想，心里说	قال في نَفْسِه
时间	أَوان جـ آوِنَة
比……更该得到，比……更有资格	أَحَقُّ مِنْ فلانٍ بـ ...
哈利斯	الحارِث (اسم)
时间到了	حانَ يَحِينُ حَيْنًا الوَقْتُ
很少	قَلَّمَا يَفْعَلُ ...
愉快的，舒畅的	هَنِيء م هَنِيئَة
多么美好	ما أَهْنَأَ ...
使协调，使和谐	أَلَّفَ بَيْنَهُمْ
友爱，相亲相爱	مَحَبَّة
支配，占上风，笼罩	سادَهُ ـُ سِيادَةً الشيءُ

和睦	وِفاق
带来	جَاءَ بِكذا
处理，处置	فَعَلَ بـ ...
贪婪的，贪得无厌的	طَمَّاع
种子，籽儿	بِزْر الواحدة بِزْرَة جـ بِزْرات
拿，取，接过	تَنَاوَلَ تَنَاوُلًا شيئًا
扔，抛，丢	رَمَى يَرْمِي رَمْيًا ورِمايَةً الشيءَ أو به
迪尔汗（货币名）	دِرْهَم جـ دَراهِمُ
吝啬，小气	بُخْل
好事，善事	إِحْسان

المفردات الإضافيّة

樱桃	كَرَز
石榴	رُمَّان
柿子	كاكِي
桔子	يُوسُفِيّ
柠檬	لَيْمُون
橄榄	زَيْتُون
枣子，红枣	عُنَّاب
无花果	تِين
芒果	مانْجُو

زُعْرُور	山楂果
نارْجِيل	椰子
فُستُق	香榧，开心果
أَبُو فَرْوَة	栗子
كِيوِي	猕猴桃
ثَمَرُ التوتِ	桑葚

من أمثال العرب والحكم

عامِلُوا الناسَ بالتي هي أحسَنُ. （以德报德，不甘人后。）

القلوبُ الصادِقَةُ أثمَنُ من نَفِيسِ الجْواهِرِ. （真诚的心胜过奇珍异宝。）

الملاحظات

١. كانت السيّدة سلمى تتنزّه هي وابنتُها الصغرى ليلى ..

كان 是 تتنزّه هي وابنتها ... 是 كان 的 اسم， السيّدة سلمى 句中的 خبر； هي 是动词 تتنّزه 中暗藏代名词的强调词，...وابنتُها 与之并列。

٢. فيسرّني أن أهدِيَ إليه هذا العنقود الشهيّ متَى عاد من عمله...، وأنا أخشى أن تُصاب بداء البُخل متى كَبِرْتَ.

两句中的 متى 都是条件名词，意思相当于 عندما。

٣. عرضتُ عليه الخوخة ليأكلها.

我把桃子拿出来，让他吃。

القواعد

1. ما كاد ... حتّى ... 句式的含义及应用

（1） ما كاد (لم يَكَدْ) ... حتّى ... 这种句式表示“刚一（刚刚）……就……了”的含义。如：

ما كِدْتُ أصل إلى دار السينما حتّى بدأ الفيلمُ.

（我刚一到电影院，电影就开演了。）

لم يَكَدْ سالم يهُمُّ بالانصراف حتّى سمع التلفون يدقّ.

（萨利姆刚想走，就听到电话铃响起来了。）

需要注意的是，ما كاد (لم يكدْ) 的خبر用现在式动词，حتّى后面用过去式动词。

（2） ما إن ... حتّى ... 与上一句式含义相同，ما إن 之后用过去式动词，而且 إن 还可以省略。如：

ما إن بلغني هذا الخبرُ حتّى أتيت هنا.

（我一听到这个消息就来了。）

ما (إن) وضعنا الخطّة حتّى سلّمناها إلى القيادة.

（计划一订好，我们就把它交给领导了。）

2. 强调词（التوكيد）：

强调词是对句中某一成分进行强调的附加成分。常用的强调词有 نَفْس ج أنفس، كلّ، جميع 等。现分别举例说明如下：

（1）نَفْس ج أنفس：表示“本人”“本身”“自己”或“亲自”等

含义。

①被强调词是普通名词或专有名词：

سيُشْرِفُ المديرُ نَفْسُهُ على هذا العمل.

（校长将亲自主管这项工作。）

أخبرتُ فاطمةَ نفسَها بهذا الخبر.

（我把这个消息告诉法特梅本人了。）

أنشأ الطلّابُ أنفسُهم هذا الملعب.

（学生们自己修建了这个运动场。）

②被强调词是暗藏代名词或接尾代名词时，须先用独立主格代名词，然后再用 نفس، أنفس。如：

سأل هو نفسُه.（他自己问过了。）

جئتُ أنا نَفْسِي.（我自己来了。）

فحصتْ هي نفسُها هذا المريض.（她亲自给病人检查过了。）

هل أتشاورُ معه هو نفسِهِ؟（我要和他本人商量吗？）

③ نفس، أنفس 前面还可加上介词 باء。如：

غسل الولد الثياب بنَفْسِهِ.（孩子自己洗了衣服。）

يمكن أن نحلّ هذه المشكلة بأَنْفُسِنا.（我们能自己解决这个问题。）

（2）كلّ، جميع：表示“全体”“所有”的含义。如：

تحرّك الشعبُ كلُّه.（全民都行动起来了。）

حضر المدرِّسون كلُّهم (جميعُهم).（老师们全到齐了。）

صافح الرئيسُ الضيوفَ جميعَهم.（主席和客人们一一握手。）

هل حفظتم المفرداتِ كلَّها؟（你们记住所有单词了吗？）

（3）用独立主格代名词作暗藏代名词或接尾代名词的强调词。如：

سافر هو.（他走了。）

جئت أنا.（我来了。）

أحترمك أنتَ.（我尊敬的是你。）

نقتدي بكم أَنْتُمْ.（我们向你们学习。）

使用强调词应注意下列三点：

①被强调词是确指名词。

②强调词和被强调词处于同一格位。

③强调词的接尾代名词与被强调词性、数一致。

التمرينات

١. ضَعْ في كلّ فراغ ممّا يلي موصوفا مناسبا:

________ جميلُ المنظر	________ عميقةُ الْمَغْزَى
________ اللذيذةُ الطعم	________ المفتوحةُ الأبواب
________ طيّبُ القلب	________ الكثيرةُ الآثار
________ القوِيُّ الأساس	________ غالِيَةُ الثمن
________ واسعُ الصدر	________ الطيّبةُ الرائحة
________ سهلةُ الْأَلْفاظِ	________ طويلةُ القامة

٢. أكمِلْ ما يلي من الجمل:

(١) ما كادتِ الساعة تدقّ السادسة حتّى ________________.

(٢) ما كاد الجوّ يتحسّن حتّى ________________.

(٣) ما كدتُ أنتهي من هذه المقالة حتّى ____________.

(٤) لم نكدْ نصل إلى محطّة الباص حتّى ____________.

(٥) لم يكد أخوها يسمع ذلك حتّى ____________.

(٦) لم يكد الضيوف يصلون إلى المطار حتّى ____________.

(٧) ما إنْ خرجتُ من المكتبة حتّى ____________.

(٨) ما إن تركتُ البيت في الصباح حتّى ____________.

(٩) ما إن رأتْني صديقتي القديمةُ سَوْسَنُ حتّى ____________.

(١٠) ما إن تناولنا العشاء حتّى ____________.

(١١) ما إن جُرحت العاملةُ حتّى ____________.

(١٢) ما إن شُفِيَتْ من جُرْحها حتّى ____________.

٣. حوّل الجمل الآتية إلى صيغة "ما كاد (لم يكد) ... حتّى ..." أو "ما إن ... حتّى ...":

(١) عندما انتهت الأمُّ من الفطور، خرجت إلى السوق.

(٢) ذهبتُ إلى مكتب البريد بعد أن كتبت الرسالة.

(٣) بدأتُ أتصفّح تلك المجلّة، وسُرعان ما وجدتُ القصّة التي أريد.

(٤) عندما رأيتُ هذا الكتاب، اشتريت نسخة منه.

(٥) عندما عرضنا عليهم هذه الخطّة، بدأوا يدرُسونها.

(٦) لمّا تمّ بناءُ هذه العمارة، انتقلتْ إليها الأسَرُ التي حصلت على حقّ السُّكْنَى فيها.

(٧) أبدى الضيوف إعجابا عظيما لمّا شاهدوا هذا البناء الضخم.

(٨) لمّا دخل زميلي غرفتي، راح (بدأ) يُحدّثني عن مباراة كرة القدم

التي شاهَدَها أمس.

(٩) لـمّا بدأت العطلةُ عدتُ إلى بلدتي.

(١٠) عندما عدتُ إلى بلدتي، أَحْسَسْتُ بتغيُّرات عظيمة حدثتْ فيها.

٤. عبّر عمّا يلي من الجمل بصيغَةِ "ما أَفْعَلَ...":

(١) الأفضل أنْ نتحدّث في هذا الموضوع بالعربيّة.

(٢) خيرٌ لنا أن نُهدي هذه الثمار إلى روضة الأطفال.

(٣) يُستحسن أن يقصّ كلٌّ واحد منكم قصّة.

(٤) جميلٌ أن تكوني أستاذة يا بُنَيّتَي (بِنْتِي).

(٥) يحسُنُ بكِ أن تُرافقي الأمّ في هذه الزيارة.

(٦) كم أتمنّى أن تعود إلينا في هذه العطلة!

(٧) أرجو أن يكون كلّ منّا إنسانا نافعا.

(٨) لماذا لا يعود الربيع الآن!

(٩) سأكون سعيدا، إذا عدتُ صيفا إلى مسقط رأسي.

(١٠) إنّي أرجو أن نلتقي في بكين مرّة ثانية.

٥. ضَعْ في كلّ فراغ ممّا يلي ما يُناسبه من ألفاظ التوكيد:

(١) نضجت الثمارُ ________.

(٢) أتركْنِي أعملْ ________.

(٣) سُرّ أهل القرية ________ بهذا الخبر.

(٤) اشترك الزملاء ________ في هذا المهرجان.

(٥) قطعت العمّة هذا العنقود لي ________.

(٦) نظّفنا ________ هذه القاعة.

(٧) يا رفاق، هل يمكن أن تُنجزوا هذا العمل ________ ؟

(٨) اليوم أستمع إلى ملاحظاتكم ________.

(٩) أُقيمت هذه الندوة العمليّة تحت إشراف الأستاذ حميد ________.

(١٠) ألا تصدّق ذلك؟ لقد أخبرتْني به إحسانُ ________.

(١١) لا تنسَيْ أن تسلّمي هذه الرسالة إلى أختي ________.

(١٢) عرضت المعلّمة الصور ________ على التلاميذ.

٦. ضَعْ في كلّ فراغ من الجمل الآتية ما يناسبه من الكلمات أو العبارات:

(١) بينما كانت السيّدة سلمى تتمشّى في حديقة البيت، ________
________ نظرها ________ عنقود ناضج من العنب، فـ ________
أن تقطفه لـ ________ إلى ليلى ________.

(٢) تلقّت ليلى ________ وشكرت أمّها ________، ولكنها
ما إن ________ حتّى ________ في نفسها: إنّ هذا العنقود
________، فـ ________ أن أقدّمه إلى ________.

(٣) قدّمتْ ليلى ________ إلى الحارث، فـ ________ من ذلك
سرورا، ولكنّه ________ بأكله حتّى ________ أباه،
وقال في نفسه: ________ أبي ________ طول النهار،
فما ________ أن أُهديه إليه لـ ________ في قلبه!

(٤) لمّا عاد الأب من ________، قدّم الحارث ________ ولكنّ
الأب قال في ________: إنّ ________ العزيزة ________
منّي بهذا ________ لأنّها ________ من أجل ________
طول ________. فأهداه إليها. وهكذا ________ بين ________

كلّها دورة كاملة، وأخيرا ـــــــ الأمّ هذا العنقود بين ـــــــــــ.

٧. حاوِلْ أن تشرح ما يلي من الجمل بالعربيّة:

(١) وقع نظر الأمّ على عنقود شهيّ من العنب.

(٢) ما أجمل أن أهدي هذا العنقود إلى أبي لأدخل على قلبه السرور.

(٣) إنّ أوان العنب لم يَحِنْ بَعْدُ.

(٤) قلّما نظفَر بمثل هذا العنقود الشهيّ في هذه الأيّام.

(٥) كلّ فرد من أفراد العائلة يفضّل الآخر على نفسه.

(٦) كان واحد من أولاده أنانيّا.

(٧) عرضتُ عليه الخوخة ثمّ تركتُه ليأكُلَها في غيابي.

(٨) أخشى أن تُصابَ بداء البُخل متى كبرتَ.

٨. اقرأ ما يلي من الجمل ثمّ حاول أن تكوّن جملة مفيدة بما يتقدّم كلّ مجموعة منها:

خطَر بباله الأمرُ

(١) لا بأس، تحدّثْ عمّا يخطُرُ ببالك.

(٢) لم يخطرْ ببالي أن يحدُثَ ذلك في مثل هذا الوقت.

(٣) لم يخطر ببالي أنّك أنجزت هذا العمل بهذه السرعة!

(٤) لا أدري كيف خطرتْ له هذه الخاطرةُ.

جاء دورُه، يأتي دورُه

(١) الآن جاء دورك لتغنّي لنا.

(٢) انتظري قليلا، لم يأتِ دورك بعد.

(٣) سيأتي دورك غدا للعناية بنظافة الصفّ.

بعض الشيء

(١) يبدو أنّك مُتْعَب بعض الشيء.

(٢) القصّة الثانية تختلف عن القصّة الأولى بعضَ الشيء.

(٣) فهمت الآن بعض الشيء.

عُنْوان

(١) كتب عليّ موضوعا إنشائيّا تحت عنوان ((أمرٌ لن أنساه أبدا)).

(٢) أرجو أن أتّصل به، ولكن ليس معي عنوانه.

لم يفعلْ بعدُ

(١) لا تقطِفي هذا العنقود، إنّه لم ينضج بعد.

(٢) لا تتكلّم بصوت عال، فالزملاء لم يقوموا بعد.

(٣) بعض الضيوف لم يصلوا بعد، إنّهم لا يزالون في منتصف الطريق.

سَعَى

(١) تسعى الحكومة دائما لرفع مستوى معيشتنا.

(٢) الإنسان المخلص دائما ما يسعى لإسعاد غيره.

(٣) لسنا نسعى وراء المال، بل نسعى وراء ازدهار البلاد.

قَلَّمَا

(١) هي فاكهة قلّما نظفر بها، لأنّها نادرة عندنا.

(٢) هذا إنسان طيّب، قلّما نجد مثله.

(٣) مديرنا مشغول دائما، قلّما يستريح في يوم الأحد.

سَادَ

(١) هذه أسرة سعيدة يسود بين أفرادها المحبّةُ والوفاقُ.

(٢) كانت ليلةً يسودها الهدوءُ (السكون) التامّ.

(٣) جرت المحادثات في جوّ تسوده المودّةُ والصراحة.

٩. أكمل ما يلي من الجمل:

(١) لستُ أستحقّ هذا التقدير، فأنتم جميعا ________ منّي.

(٢) نحن مستعدّون لأنْ نقدّم لكم كلّ ما ________.

(٣) والموعد لم يحِنْ بعد، يمكن أن تبقى هنا يومين ________.

(٤) ماذا نهدي لوالدنا عندما ________ عيد ميلاده؟

(٥) هذه هدايا من أصدقائي، يُستحسن أن ________ بين الأطفال في الروضة.

(٦) جاء في رسالته ________ سوف يسافر إلى ________ مرافقا لـ ________ عربي.

(٧) هل لك أن ________ عنوانك؟

(٨) لا ترمي هذه المجلّات، وقد نستفيد ________ في ________ من الأيّام.

(٩) هذا مكان مألوف (熟悉的) لدَيْنا (عندنا)، إذ كنّا نزوره و________ فيه كثيرا.

(١٠) حيّيناهم ________ بمناسبة حلول ________.

١٠. أجِبْ عمّا يلي من الأسئلة:

(١) من سلمى؟

(٢) متى وجدت عنقودا شهيّا من العنب؟

(٣) إلى مَنْ قدّمت هذا العنقود؟ ولماذا؟

(٤) هل فرِحت ابنتُها الصغيرة؟ ولماذا؟

(٥) هل أكلت البنتُ هذا العنقود؟ ولماذا؟

(٦) هل أكل أخوها الحارث هذا العنقود؟

(٧) ماذا قال الأب في نفسه عندما تلقّى هذا العنب؟

(٨) علام (على+ ما) تدلّ هذه القصّة؟

(٩) هل استفدتَ من هذه القصّة؟

(١٠) هل يمكنك أن تقصّ علينا قصّة تُماثل(类似) هذه القصّة؟

١١. أسند ما يلي من الأفعال إلى ضمائر الرفع المتّصلة:

هَمَّ يَهُمُّ، قَصَّ يَقُصُّ، رَمَى يَرْمِي، أَهْدَى يُهْدِي، تَنَزَّهَ يَتَنَزَّهُ

المطالعة

هديّة العيد

كانت أَسْماءُ تملك صندوقا صغيرا.. تدّخر فيه جزءا من مصروفها اليوميّ.

في كلّ يوم تأتي أسماء وتضع في الصندوق قطعة من النقود، وكان أخوها سلمان يضحك منها ويقول:

– كم أنت بخيلة على نفسك، أمّا أنا فلا أحبّ الادّخار ...

– إنّي أساعد أبي وأمّي...

– وكيف تساعدينهما بهذا المبلغ القليل؟

– سوف نرى يا سلمان!

ومرّت شهور قليلة، حتّى جاء العيد، ولم يكن مع سلمان نقود يشتري

بها شيئا من الهدايا، لأنّه لم يدّخر شيئا، بينما ذهبت أسماء مع أمّها إلى السوق لتشتري هدايا العيد. وعندما أخرجت نقودها من صندوقها الصغير، اندهشت الأمّ، لأنّ أسماء استطاعت أن تجمع مبلغا من المال لهذه المناسبة السعيدة.

ولمّا عادت أسماء إلى البيت وجدت شقيقها حزينا، فتقدّمت منه وقالت:

– أنت حزين، أنا أعرف لماذا، لأنّك لم تدّخر نقودا للعيد، ألم أقل لك إنّك سوف تندَم.

هزّ سلمان رأسه وقال:

– نعم، يا أسماء، سوف أشتري صندوقا صغيرا لأدّخر به بعضا من النقود كلّ يوم.

ولكن ما هذا الكيس الصغير الذي في يدك؟

قالتْ أسماء:

– إنّها هدية صغيرة منّي لك يا سلمان.

مفاجأة في العيد

في طريق العودة من المدرسة تطلّع أحمد إلى إحدى واجهات المخازن التي ضمّت العديد من ملابس ولُعَبِ الأطفال الجميلة، وأعجبه من بينها سروالٌ ملوّن جميل .. وقرّر أحمد أن يطلب من والده شراءه ليكون هديّته في العيد القادم الذي لم يبق على قدومه سوى شهرين. وعند وصوله إلى البيت فكّر أحمد .. لماذا لا يدّخر من مصروفه اليوميّ مبلغا مناسبا ليشتري به السروال وليكون ذلك مفاجأة جميلة لأبيه وأمّه وإخوته في صباح العيد

السعيد. فأخذ أحمد يدّخر في حصّالته جزءا من مصروفه اليوميّ، ومرّت الأيّام وحصّالته تَمْتَلِئُ شيئا فشيئا بالنقود .. وفي يوم العيد وبعد خروجه من المدرسة ذهب بفرح كبير إلى المحلّ وهو يحمل ما في حصّالته من نقود ليشتري سروال العيد، ولكنّ الواجهة الزجاجيّة التي ظلّ يتطلّع إليها طِيلَةَ شهرين كانت خالية من هذا السروال. وعندما سأل صاحب المخزن أخبره بأنّه قد باعه قبل قليل، وليس في المحلّ غيرُه .. عاد أحمد حزينا إلى البيت. وعندما شاهده أبوه سأله عن سبب حزنه. ولـمّا علم بالأمر ضحك وقال له: "لا تحزن يا ولدي، فقد أعددت لك مفاجأة جميلة". فأخرج الأب علبة ملوّنة جميلة. وعندما فتحها أحمد وجد في داخلها السروال الذي كان يحلم به منذ شهرين. قبّل أحمد والده وأخبره بموضوع ادّخار مبلغ السروال. قال الأب: "المهمّ أنّك أنّك قد تعلّمت فائدة الادّخار وتستطيع أن تُرجع نقودك إلى الحصّالة مرّة أخرى ليكثر المبلغ ولتكون فائدتُه كبيرة". وبين الضحك والاستبشار بقدوم العيد السعيد قرّر إخوة أحمد أن يفعلوا كما فعل أخوهم وأن تكون لكلّ واحد منهم حصّالة جديدة.

(عن مجلّة «تموز»)

المفردات

اِدَّخَرَ (اِذَّخَرَ) اِدِّخارًا الشيءَ	积蓄，贮存
بَخِيل ج بُخَلاءُ م بَخِيلَة	小气的，吝啬的
اِنْدَهَشَ اِنْدِهاشًا	惊讶，惊奇
تَطَلَّعَ تَطَلُّعًا إلى ...	看，展望，期望，向往，憧憬
واجِهَة ج واجِهات	橱窗

سِوَى / غَيْر	除了，除……外
مُناسِب م مُناسِبَة	合适的
مُفاجَأَة	意外（的事情）；喜出望外
حَصَّالَة / مِحْصَلَة	储蓄箱，储蓄罐
زُجاجِيّ م زُجاجِيَّة	玻璃的
طِيلَةَ شَهْرَيْنِ	整整两个月
صاحِبُ الْمَخْزَنِ	店主，老板
حَزِنَ ـَ حَزَنًا وحُزْنًا	惋惜，难过
حَلَمَ ـُ حُلْمًا بكذا	梦见，梦想
أَرْجَعَ إِرْجاعًا الشيءَ إلى ...	归还，放回
اِسْتَبْشَرَ اِسْتِبْشارًا به أو له	为……而高兴

الواجبات

١. أكمِلْ ما يلي من العبارات:

______ الأصغَرُ	______ الشَّهِيَّة	________ القلبِ
______ الصُّغْرى	______ الأَرْبَعَةُ	عُنْوان ________
______ الهَنِيئَةُ	أحسَنُ ______	غَيْرُ ________

٢. ترجم ما يلي من الجمل إلى العربيّة:

（1）没想到这个故事这么受欢迎。

（2）你怎么不吱声？现在该你说话了。

（3）想不到她会向我提出这样的问题。

（4）要是你（女）能亲自主持这个节目，那该多好啊！

（5）你是我的上司，主持这个项目你比我更合适。
（6）我刚想收拾出一间屋子来，你就来了。
（7）我一下火车就奔这儿来了，一分钟也没耽搁。
（8）今天我要亲自动手做（أعدّ）几样你们爱吃的菜。
（9）他们的情况我不大了解，我很少和他们联系。
（10）我们生活在一个友爱、和睦的大家庭中，大家心情都很舒畅。

٣. كوّن جملة مفيدة بكلّ من العبارات الآتية:

لم يكَدْ ... حتّى ...، ما إنْ ... حتّى ...، أحقّ مِنْ ...، قلّما فعل ...، خَطَرَ ببالهِ، أَهْدَى

٤. اكتُبْ موضوعا إنشائيّا تحت عنوان ((أسرتي السعيدة)).

٥. استمع إلى التسجيل، ثمّ أعِدْ مضمونَه بالعربيّة.

استمع وضع الحركات

من سلوكهم تعرفونهم

يُحكى أنّ أحد الفلّاحين جاء بخمس ثمرات من الخوخ، وهو ثمر غريب عن قريته، ووزّعها على أولاده الأربعة وامرأته. ثمّ انطلق إلى عمله. فلمّا عاد في المساء جمع أولاده، وسأل كلّ واحد منهم عمّا فعل بخوخته.

فقال الأوّل: "إنّي أكلتها وأخذت بزرتها فزرعتها في الحديقة ليكون لنا ثمرٌ مثلُها. "فقال له أبوه: "إنّك ستكون زارعا عظيما".

ثمّ سأل الثاني، فقال: "إنّي أكلت خوختي، وأخذت ثمرة أميّ، فأكلت نصفها." فقال له والده: "إنّك ستكون رجلا طمّاعا".

ثمّ سأل الثالث، فقال: "إنّني تناولت البزرة التي رماها أخي الثاني فأكلتها، وبعت خوختي بدرهم واشتريت به عدّة تفّاحات من تفّاح قريتنا."

فقال له أبوه: "إنّك فعلت فعل التجّار، لا فعل أولاد، وأنا أخشى أن تصاب بداء البخل متى كبرت".

ثمّ سأل الرابع، فقال: "إنّني رأيت ابن جيراننا مريضا، فذهبت إليه، وعرضت عليه الخوخة ليأكلها، فأبى، فتركتها على سريره ليأكلها في غيابي." فقال له أبوه: "إنّك أحسَنُ الجميع، لأنّك فعلت فعل إحسان ورحمة. وقد صدق مَنْ قال: ((من سلوكهم تعرفونهم))، فلقد عرفت أولادي ممّا فعلوا بثمار الخوخ..."

第三课 الدرس الثالث

句型:	١. يجب أن نفعل ما نقول
	٢. كم يحبّكم هذا الشعب يا شهداء بلادي!
课文:	أمام نصب الشهداء
语法:	1. 根化动词子句（الجملة المسبوقة بأن المصدريّة）
	2. كم 的用法

تركيب الجملة

(١)

يَجِبُ / نُرِيدُ / نحن عازِمون على } أَنْ نفعَلَ ما نقُول.

المثال:

١. لن ننسى الشهداء الذين ماتوا من أجل أنْ نَحْيَ.

٢. إنّنا سوف نُنجز القضيّة التي لم يستطع الشهداء أنْ ينجزوها.

٣. يجب أنْ نكافح من أجل تحقيق عَصْرَناتِ البلاد.

٤. في استطاعتنا أن نحقّق هذا الهدف العظيم.

(٢)

كَمْ { مِنْ مرّة زرتُ نُصْبَ الشُّهَدَاءِ الذي يقف في ساحة تيان آن من.
يُحبّكم هذا الشعب يا شهداءَ بلادي! }

المثال:

١. انظرْ، كَمْ مُشَاهِدٍ في الملعب!

٢. كَمْ من صديقٍ لنا!

٣. كَمْ نُقَدِّسُ ذِكراكم أيّها الشهداء!

الحوار

(١)

- يا ذكيّة، هل يُمكِنُك أن تشرحي لنا كلمة الشهيد باللغة العربيّة؟

- الشهيد هو البطل الذي لا يموت.

- هل هناك إنسان لا يموت؟

- لا، طبعا، فكلّ إنسان يموت، ولكنّ الشهيد يموت لنَحْيَى نحن، ولذلك نظلّ نذكُره كأنّه يَحْيَى بيننا دائما.

- كيف نُحْيِي ذِكْرَى الشهداء؟

- الأساليبُ التي نُحيي بها ذكراهم كثيرة، وإقامةُ النصب التذكاريّ واحد من هذه الأساليب.

(٢)

- هل زرتَ نُصب الشهداء الذي يقف وسط ساحة تيان آن من؟

- نعم، زرتُه مرّات عديدة.

- ماذا كان يخطُر ببالك كلّما وقفت أمامه؟

- كلّما وقفت أمام نصب الشهداء خطر ببالي أنّهم ماتوا في سبيل أبناء شعبنا، ولكنّهم يَحْيَوْنَ دائما وأبدا في قلوب الشعب ومع جمهوريّتنا

الشعبيّة.

- نعم، وهكذا نذكُرهم ونستمدّ القوّة من بطولاتهم والشجاعة من تَضْحِياتِهم.

النصّ

أمام نُصْبِ الشهداء

بخُشُوع أقف أمامكم يا شهداءَ بلادي، أيّها الأبطال الذين رسمتم بدمائكم طريق الحرّيّة، وبَنَيْتم من جَمَاجِمِكم هذه الدولة الاشتراكيّة.

بخُشُوع أقف أمامكم أيّها الذين ماتوا من أجل أنْ نَحْيَ، وتعذّبوا من أجل أنْ نسعَد ... وبخشوع أقرأ هذه العبارةَ البسيطةَ بكلماتها مثلَ بساطتِكم أنتم، العظيمةَ بمعانيها مثلَ عَظَمَتِكم أنتم: "عاش أبطال الشعب خالدين!"

الناس من حولي يتزاحمون ليشاهدوا نماذج من نضالاتكم المريرة، إنّها رسوم صامتة ولكنّها تتكلّم بألف فم، جامدة ولكنّها تتحرّك بألف ذكرى!

اِنْهَضُوا يا شهداءَ بلادي، وانظُروا كم يحبّكم هذا الشعبُ، وكم يقدّس ذكراكم!

اِنْهَضوا وانْظُرُوا خَلَفَكم السائرين على الدرب الذي رسمتم وتحت الراية التي رفعتم وبقيادة الزعماء الذين أَحْبَبْتُم! اِنْهَضوا وانْظُرُوا!

انْظُرُوا المعامل والمصانع والمزارع ومشاريع الريّ والكهرباء والمعاهد والمشافي. وفوق كلّ هذا وقبل كلّ هذا اِنْهَضوا وانْظُرُوا كيف تفيض الوجوهُ بابتسامة الرجاء والصدورُ بإرادة الحياة والبناء! أيّها الأبطال الشهداء!

سأعود لأقف من جديد، بخُشوع أمام نُصْبِكم التذكارِيّ، أستمدّ القوّةَ من نضالاتكم والشجاعةَ من تضحياتكم.

المفردات

كافحَ مُكَافَحَةً وكِفَاحًا العدوَّ أو الوباءَ أو نحوَه	斗争，奋斗
كَمْ	好多，多么（本课表惊叹）
نُصْبٌ ج أَنْصاب	碑
النُّصْبُ التَّذْكارِيُّ	纪念碑
ساحَةُ تَيان آن مَنْ	天安门广场
قَدَّسَهُ تَقْدِيسًا	崇拜，推崇
أَحْيَاهُ إِحياءً	复活，振兴
أَحْيَى ذِكْرَى فلان	纪念
أُسلُوبٌ ج أَسالِيبُ	方式，方法，风格
اِسْتَمَدَّ يَسْتَمِدُّ اِسْتِمْدادًا منه شيئًا	汲取，得到
تَضْحِيَة ج تَضْحِيَات	牺牲
بِخُشُوعٍ	虔诚地，恭恭敬敬地
رَسَمَ ـُ رَسْمًا الشيءَ	画，描绘
حُرِّيَّةٌ	自由
جُمْجُمَةٌ ج جَماجِمُ	头颅，头骨
تَعَذَّبَ تَعَذُّبًا	受苦，受折磨
بَسِيط بُسَطاءُ م بَسِيطَة	简单的，朴实的

朴实，淳朴	بَساطَة
伟大，庄严，壮丽	عَظَمَة
典范，典型，范例	نَمُوذَج ج نَماذِجُ
艰苦的	مَرِير م مَرِيرَة
无声的	صامِت م صامِتَة
无生命的，僵硬的	جَامِد م جامِدَة
后人，后代	خَلَف
行走的	سَائِر ج سائِرُونَ
路，山路	دَرْب ج دُرُوب
旗帜	رَايَة ج رايَات
领袖，首脑	زَعِيم ج زُعَماءُ
计划，工程	مَشْرُوع ج مَشروعَاتٌ مَشَارِيعُ
灌溉，水利	الرَّيُّ
专科学校，学院，研究所	مَعْهَد ج مَعاهِدُ
医院	مَشْفًى ج مَشَافٍ (المَشَافِي)
洋溢，充满	فَاضَ ـِ فَيْضًا بـ ...
推动，鞭策	حَدَا ـُ حَدْوًا فلانا على كذا
可怕，恐怖	هَوْل ج أَهْوَال
与……有关；牵挂	تَعَلَّقَ تَعَلُّقًا بـ ...
舍己为人，先人后己	آثَرَ إِيثَارًا غيرَه على نفسه
舍弃，丢弃	طَرَحَ ـَ طَرْحًا الشيءَ

سامٍ (السامِي) م سامِيَة	崇高的，高尚的
لاقَى لِقَاءً ومُلاقاةً الشيءَ	遇到，受到
أَرَاحَ يُرِيحُ فلانا	使休息，使安心
أَمِنَ ـَ أَمْنًا	安全，放心
رَمْز ج رُمُوز	标记，象征
اِنْكَارُ الذَّاتِ	忘我
مُوَاطِنٌ ج مُواطِنُونَ	公民
مَجَال ج مَجالاتٌ	方面，领域，范畴
مَجْهُول م مجهُولة	无名的
جِهاد	战斗，圣战
حَقٌّ ج حُقُوقٌ	权利
مُجاهِدٌ ج مُجاهِدُون	斗士，战士
كَرَّمَ تَكْرِيمًا فلانًا	尊重，敬重，表彰
أَعَزُّ شَيْءٍ	最宝贵的东西
مَجَّدَ تَمْجِيدًا فلانًا	赞颂，颂扬
جَمِيل	恩德，功劳
قَبْر ج قُبُورٌ	坟墓
اِسْتِقْلال	独立

من أمثال العرب والحكم

إنَّ اللَّيْلَ آخِرُه نَهارٌ. （黑夜之末即白昼之始。）

وَلِلْحُرِّيَّةِ الحَمْراءِ بابٌ بِكلِّ يَدٍ مُضَرَّجَةٍ يُدَقُّ.

(自由之宫映照着红光，叩门者无不血染指掌。)

الملاحظات

بخشوع أقرأ هذه العبارةَ البسيطةَ بكلماتها مثلَ بساطتِكم أنتم،العظيمةَ بمعانيها مثلَ عَظَمَتِكم أنتم.

这句话的意思是："我怀着崇敬的心情读着这句话，它的文字像你们自身一般朴实无华，它的含义像你们自身一般伟大。"句中 مثلَ 和 مثلَ بساطتِكم 的修饰语；العبارةَ 都是 العظيمةَ 和 البسيطةَ 都是绝对宾语；两次出现的 أنتم 都是属格接尾代名词 عَظَمَتِكم 的强调词。

القواعد

1. 根化动词子句（الجملةُ المَسبُوقَةُ بأَنِ المَصْدَرِيَّة）

（1）根化动词子句是一个由虚词 أَنْ 起始的动词句，不能单独存在，而只能充当句子的一个成分。أَنْ 的后面一般情况下是宾格现在式动词。如：

يجب أَنْ نفعلَ ما نقول.

قَرَّرَ إخوةُ أحمد أَنْ يفعلوا كما فعل أخوهم.

（2）根化动词子句在句中可作不同的句子成分，现举例说明如下：

①作主语（الفاعل）

يجب أَنْ يسَاعِدَ بعضُنا بعضا.

يسرّنا أَنْ تكونوا أصدقاءَ جدًا لنا.

②作宾语（المفعول به）

هل تُحِبُّ أنْ تذهبَ معي؟

أرجو أنْ تكتبوا اليوميّات بالعربيّة.

③作介词的受词（المَجْرُور）

هل ترغبين في أن تزوري معنا حديقة النبات؟

أيّها المغرور، إنّي أجرُؤُ على أنْ أسابقَك.

④作偏次（المُضاف إليه）

مات الشهداء من أجل أنْ نَحْيَى.

لا تَحْفَظْ نصًّا دون أنْ تفهَمَه!

⑤作起语（المبتدأ）

فى اِسْتِطاعَتِنا أنْ نُحَقِّقَ غايَتَنا المرسومة.

عليك أن ترفعَ يدك، إذا أردت أنْ تسألَ سؤالا.

⑥作述语（الخبر）

مهمَّتُنا هي أنْ نحلَّ هذه المشكلة في أَسرَعِ وقتٍ مُمكِنٍ.

2. كم 的用法

كم 是一个名词，已见过多次，现将它的用法做一小结。

（1）作疑问名词（كم الاِسْتِفْهامِيَّة），问数目，相当于汉语的“多少”。其具体用法有以下两个方面：

①在句中单独构成一个句子成分。如：

كم الساعَةُ الآن؟ (述语)

كم عددُ الطلّاب فى فصلكم؟ (述语)

②连同其分词（单数、泛指、宾格名词）构成一个句子成分。如：

كم طالبًا فى فصلكم؟ (起语)

كم مدينةً زرتم؟ (宾语)

كم ساعةً عملتم؟ (时间宾语)

但 كم 前出现介词时，分词也相应地变为属格。如：

في كَمْ يومٍ أنجزتم هذا العمل؟

بكم جُنَيْهٍ (镑) اشتريتَه؟

（2）作陈述性名词（كم الخَبَرِيَّة），表示“多”“好多”“多么”的意思，具有一定的感叹意味，其具体用法有以下三个方面：

①单独出现在一般句子前面，相当于句中的绝对宾语，如：

كم أنا مشتاق إلى بلدتي! (我多么想念我的家乡啊!)

كم أتمنّى أن أزور بلادكم الجميلة!
（我多么期盼访问你们美丽的国家啊！）

② كم 和单数或复数的泛指名词构成正偏组合。如：

كم بلدٍ زرتُ! (宾语) (我去过多少地方呀!)

كم كتبٍ فى هذه المكتبة! (起语) (图书馆里的书真多啊!)

③感叹对象前加介词 مِنْ，用以说明 كم。如：

كم مِنْ بلدٍ زرتُ!

كم مِنْ كُتُبٍ في هذه المكتبة!

كم مِنَ العُمّالِ اشتركوا في صُنع هذا الرغيف!

(多少工人参与了这块饼的制作啊!)

التمرينات

١. أشِرْ إلى الفعل الذي أُخِذَ منه كلٌّ من الأسماء الآتية:

عازِم	ذِكْرَى	إحْياء	حَياة	مَصْنَع	قِيادَة
كِفاح	سائِر	إقامَة	أَمْن	رَسْم	مُلاقاة
شَهِيد	حِمايَة	نسْيان	قِتال	رِمايَة	تَضْحِيَة
مَشْفًى	سَعادَة	تَمْجِيد	إيثار	مُجاهِد	اِسْتِقْلال

٢. اقرأ ما يلي من الجمل، وبَيِّنْ عملَ "كم" في كلّ منها:

(١) كم عاملا في مصنعكم؟

(٢) كم نحن سعداء بلقائكم!

(٣) كم عدد السكّان في هذه المدينة؟

(٤) كم يستحقّون أن نقتدي بهم!

(٥) كم يرتفع هذا النصب التذكاريّ؟

(٦) كم لاقى العالِم من المصاعب في هذه التجربة!

(٧) كم من وقت ثمين ذهب سُدًى (أَيْ دون فائدة)!

(٨) في كم ساعة نصل إلى شنغهاي بالطائرة؟

(٩) كم عمارة ضخمة بُنيت في السنوات الأخيرة!

(١٠) كم من فرصة جميلة ضاعت منك!

(١١) كم شهيد ضحّوا بحياتهم في سبيل الثورة!

(١٢) كم هي مجتهدة في الدراسة!

٣. استخدِمْ "كم" للتعبير عن معاني الجمل التالية:

(١) في جامعتنا عشرة آلاف طالب.

(٢) نحبّ وطننا العزيز حبّا كثيرا.

(٣) تبعُد بلدتي عن مدينة بكين ألف كيلومتر.

(٤) إنّهم يستحقّون منّا كلّ حبّ وتقدير.

(٥) تضمّ هذه المكتبة ثلاثة ملايين نسخة من الكتب.

(٦) التحق أخي بالجيش منذ سنتين.

(٧) فى بكين كثير من الحدائق الجميلة.

(٨) اشتريتُ هذا المسجّل بمائة وعشرين يوانا .

(٩) حضر مشاهدون كثيرون.

(١٠) ظَلِلْتُ أتمنّى أن أكون ممثّلا.

٤. اقرأ ما يلي من الجمل مع مراعاة استعمال الجملة المسبوقة بأنْ المصدريّة:

(١) هل تسمحين لي أَنْ أسألك سؤالا؟

(٢) لماذا يأبى همام أَنْ يحضر هذه المناقشة؟

(٣) عليك أَنْ تهتمّ بصحّتك يا أخي!

(٤) طلبت المعلّمة من التلاميذ أَنْ يسلّموا الواجبات إليها.

(٥) يُستحسن أَنْ تتشاور معه بنفسك في مثل هذا الموضوع.

(٦) وافقوا على أَنْ يتعاونوا معنا في إنجاز هذا المشروع.

(٧) حاول المصنع أَنْ يجعل للعمّال أوقاتا معيّنة لدراسة التكنولوجيا الجديدة.

(٨) يحسُنُ بك أَنْ تنظّف أسنانك في الصباح مرّة، وقبل النوم مرّة أخرى.

(٩) لا أتصوّر كيف يستطيع هذا الرجل أَنْ يحمل ثورا على كتفه!

(١٠) أطلب منك طلبا واحدا يا أخي، وهو أَنْ تكتب إليّ رسالة في كلّ شهر.

(١١) أودّ أن أزور القصر الإمبراطوريّ، هل ترغب في أَنْ تذهب معي؟

(١٢) غادر الضيوف مدينة بكين بعد أَنْ زاروا سور الصين العظيم.

(١٣) لولا البنّاءون، ما تمكّنّا من أَنْ نسكُن في مثل هذه العمارات الجميلة!

(١٤) كلّ إنسان لا بدّ (من) أَنْ يتعاون مع غيره في هذه الحياة.

(١٥) وصلنا إلى المحطّة قبل أَنْ يتحرّك القطار بربع ساعة.

(١٦) نحن مضطرّون إلى أن نتّخذ خطّة جديدة نتيجة لتغيّر الأحوال.

(١٧) يصعُب عَلَيَّ أَنْ أوفّر مثلَ هذا المبلغ في هذه المدّة القصيرة.

(١٨) إنّنا نأمل أَنْ تكون بيننا مراسلاتٌ ليستفيد بعضُنا من بعض.

(١٩) اسمَحوا لي في هذه المناسبة أَنْ أقدّم إليكم تحيّة وسلاما.

(٢٠) يسرّنا سرورا عظيما أَنْ نلتقي اليوم في بكين عاصمتكم الجميلة.

٥. أَكْمِل ما يلي من الجمل:

(١) أنا عازم على أَنْ ________________.

(٢) أودّ أَنْ ________________.

(٣) يُستحسن أَنْ ________________.

(٤) هل تريدون أَنْ ________________.

(٥) فكّرْ قليلا قبل أَنْ ________________.

(٦) أتمنّى لكم أَنْ ________________.

(٧) من المُمكن أَنْ ________________.

(٨) يجب عليكم أَنْ ————————————.

(٩) تحبّ ذكيّة أَنْ ————————————.

(١٠) هل ترغبين في أَنْ ————————————.

(١١) يساعدنا الأستاذ دائما من أجل أَنْ ————————————.

(١٢) أرجو منك أَنْ ————————————.

(١٣) أكتب الواجبات بعد أَنْ ————————————.

(١٤) شجّعنا الأستاذ على أَنْ ————————————.

(١٥) ليس بالضرورة أَنْ ————————————.

(١٦) عليك أن تخبريني قبل أَنْ ————————————.

(١٧) لا يستطيعون أَنْ ————————————.

(١٨) الواجب علينا أَنْ ————————————.

٦. حاول أن تشرح الجمل الآتية بعبارات من عندك:

(١) أقرأ هذه العبارة البسيطة بكلماتها مثل بساطتكم أنتم، العظيمة بمعانيها مثل عظمتكم أنتم.

(٢) إنّها رسوم صامتة ولكنّها تتكلّم بألف فم، جامدة ولكنّها تتحرّك بألف ذكرى.

(٣) الجنديّ يرمي بنفسه في نار الحرب، تَحْدُوه غايةٌ سامية.

(٤) هو الذي آثَرَ غيرَه على نفسه.

(٥) هو مثال المواطن الذي يجب أنْ يُقْتَدَى به في كلّ المجلّات.

(٦) إنّ الذين يقاتلون في ميدان الجهاد والدفاع عن الوطن لهم على الشعب وأبنائه حقُّ التكريم لِمَا قاموا به من تضحية بأَعَزِّ شيء

وهو النفس.

٧. اقرأ ما يلي من الجمل، ثمّ كوّن جملة مفيدة بما يتقدّم كلّ مجموعة منها:

كافَحَ

(١) كافح جدّه عشرات السنين من أجل تحرّر البلاد.

(٢) إنّ الذين يكافحون من أجل ازدهار الوطن وسعادة الشعب يستحّقون أَنْ نُكرّمهم وأَنْ نُمجّد مآثرهم (فضلهم).

(٣) يجب أن نكافح في سبيل التخلّص من التلوّث.

أَحْيَى ذِكرَى...

(١) الطلّاب في معهدنا سيُقيمون نشاطات كثيرة لإحياءِ ذكرى "حركة رابع مايو".

(٢) عقدت الجامعةُ اجتماعا جماهيرّيا لإحياء الذكري السبعين لِانْتِصَار حرب مقاومة اليابان.

فاض

(١) يفيض النيل في كلّ سنة مرّة.

(٢) ذهب خِرِّيجُو الجامعة للعمل في أنحاء البلاد، وصدُورُهم تفيض آمالا عريضة.

حَمَى من...

(١) الجيش يحمي البلاد من الأعداء ليعيش أهاليها في أمن وسلام.

(٢) نواظب على الرياضة البدنيّة لنحمِيَ أجسامنا من الأمراضِ.

استمدّ منه شيئا

(١) بخشوع نقف أمام نصب الشهداءِ، نستمدّ القوّة من بطولاتهم

والشجاعة من تضحياتهم.

(٢) الشخص الذكيّ هو الذي يعرف كيف يستمدّ من الفَشَل درسا مفيدا.

(٣) كلّما تصفّحنا ما يُفيدنا من كُتُب أو مجلّات، اسْتَمْدَدْنا منه علما ومعرفة.

تعلّق بـ ...

(١) الجنديّ يرمي بنفسه في نار الحرب، لا يفكّر في نفسه ولا في مَنْ يتعلّق به.

(٢) كلّ قضيّة تتعلّق بمصالح الشعب تهمُّنا نحن.

(٣) بَحَثَ رجالُ الحكومة مسائلَ عديدة فيما يتعلّق بوضع الإنتاج في الصناعة والزراعة في الوقت الحاليّ.

(٤) قام الطرفان بمحادثات فيما يتعلّق بتعزيز العلاقات بين البلدين.

٨. أجب عمّا يلي من الأسئلة:

(١) أين تقع ساحة تيان آن من؟

(٢) هل زرت نصب الشهداء الذي في وسط هذه الساحة؟

(٣) لماذا يَتَزَاحَمُ الناس حول هذا النصب؟

(٤) ما العبارة المكتوبة عليه؟

(٥) لماذا نقول إنّ الشهداء لم يموتوا، بل يَحْيَوْنَ في قلوبنا؟

(٦) لماذا نحبّ الشهداء ونقدّس ذكراهم؟

(٧) لماذا نُقِيم الأنصابَ التذكاريّة للشهداء في أنحاء البلاد؟

(٨) ماذا يجب أن نفعل من أجل إحياء ذكرى الشهداء؟

٩. اقرأ ما يلي من الفقر ثمّ أعد محتوياتها بالعربيّة:

تحيّاتنا إلى الجيش

الجيش يحمي الوطن من الأعداء، ويُوفّر الأمن للبلاد، فيعمل الأهالي فيها مُطْمَئِنِّين (安心地) ويعيشون سعداءَ.

فالجيش يقوم بواجب عظيم يستحقّ منّا التقدير، ويستحقّ منّا التحيّات.

بلادي

ما أَحَبَّ إِلَيَّ بلادي، ففيها عاش أَجْدادِي وآبَائِي كِرامًا، وفيها نعيش أَعِزَّةً (أي أَعِزَّاءَ)، وسوف يعيش أولادي على أرضها سُعداءَ ... وواجبُ كلّ منّا أن يُخْلِصَ (忠诚) في خدمة بلاده، ويدافعَ عنها برُوحه ودَمِه.

الوطن

الوطن أَغْلَى شيءٍ، ينبغى للإنسان أن يحرِص عليه، فعلى أرضه وُلد، وتحت سمائه نَشَأ، شرِب من مائه، ونعِم (享受) بخَيْراته، وفيه عاش بين أهله وأقاربِه، وأصحابه وجيرانه، ولَهُ في نفسه ذكريات جميلة، لا يمكن أن ينساها ولَوْ غاب عنه أو بَعُدَ.

١٠. أسند ما يلي من الأفعال إلى ضمائر الرفع المتّصلة:

كَافَحَ يُكَافِحُ، لَاقَى يُلاَقِي، قَدَّسَ يُقَدِّسُ، تَعَذَّبَ يَتَعَذَّبُ

المطالعة

معنَى الحياة

الحياةُ بحر.. والحياة مزرعة للتجارب ...

الحياة دَمْعَة وابْتِسامَة، فَرَح وشَقاء، وهي صِراعٌ بين الحقِّ والباطِل، صراعٌ بين قُوَى الظلام والظُّلْم وبين قوى النور والحقّ.

وهي إمتحان للإنسان في عمل يقوم به.

والحياة يومٌ لك ويوم عليك.

الحياة لكلّ إنسان يُناضِل من أجل تحقيق السلام والعَدل ولكلّ شخص يُدافع عن وطنه وعن وجوده.

فعِشْها أخي ... فعشها سعيدا.. سعيدا بما تقدّمه، سعيدا بما تُنجزه من عمل لأجل إسعاد الآخرين.

(عن ((المزمار)) العراقيّ)

الماراثون رياضة الشجاعة والصبر

لا شكّ أنّكم قد عرفتم أنّ بلادنا نظّمت بُطُولات عديدة في ركض"الماراثون"، وربّما كثير منكم شاهد مَجْرَيات السباق حيثُ قطع المُشاركون فيه مسافة ٤٢ كيلومترا و١٩٥مترا. وبالتأكيد فإنّ مسافة السباق قد لفتتْ نظركم وتَساءَلْتُمْ من أين جاء هذا الرقم؟

ونحن نجيب بأنّ لهذه المسافة حكايةً، بطلُها جنديّ يونانيّ خرج مع ألف جنديّ من زملائه لوَقْفِ تقدُّمِ العدوّ الزاحِف نحو العاصمة أثينا.

وتمكّن الجنود الشجعان (من) أنْ يُوقفوا غَزْوَ تسعة آلاف جنديّ من جُنود العدوّ في منطقة "ماراثون" التي تبعُد عن العاصمة أثينا مسافة ٤٢ كيلومترا و١٩٥مترا. وليس ذلك فحسب بل تمكنوا أنْ يُوقعوا خَسَائِرَ فادحة بعدوّهم وأنْ يَطرُدوه خارج الحدود.

وبعد أن تمّ النصرُ رجع الجنديّ الشجاع إلى أثينا راكضا كلّ تلك المسافة، ولمّا وصلها وبشّر قومَه بالنصر سقَط أرضا مُفارقا الحياة. كان ذلك في عام ٤٩٠ قبل الميلاد.

وتكريمًا لبطولة ذلك الجنديّ الشجاع جعل اليونانيّون القدماء رَكْضَ المسافة بين ماراثون وأثينا تقليدا سنويّا يشارك فيه آلافُ المواطنين، واستمرّ هذا التقليد حتّى تَحَوَّلَ إلى رياضة أَوْلُمْبِيَّة تُمارسها شعوب العالم أَجْمَعَ.

المفردات

泪，泪珠	دَمْعَة
不幸，苦难	شَقاء
斗争，搏斗	صِراع
虚假的；谬误	باطِل
压迫，暴虐	ظُلْم
正义	عَدْل
使幸福	أَسْعَدَ إسعَادًا فلانا
马拉松比赛	المَارَاثُون
赛程	مَجْرَيَاتُ السِّباقِ

67 第三课

引人注目	لَفَتَ ـِ لَفْتًا النظرَ
问，询问	تَسَاءَلَ تساؤُلًا
制止，阻止	وَقَفَ ـِ وَقْفًا الأمرَ
爬行的，行进的，进攻的（军队）	زاحِف م زاحِفَة
雅典	أثِينَا
使受损失	أوْقَعَ إيقَاعًا به خَسارَةً
损失	خَسارَة ج خَسائِرُ
沉重的，难以承受的	فادِح م فادِحَة
驱逐，赶走	طَرَدَ ـُ طَرْدًا فلانا
胜利	نَصر
报喜	بَشَّرَ تَبْشيرًا فلانًا بكذا
离开，离别，分手	فَارَقَهُ مُفارَقَةً وفِراقًا فهو مُفارِق
去世	فارَقَ الحياةَ
生命，灵魂	نَفْس ج أنْفُس ونُفُوس

الواجبات

١. أكمل ما يلي من العبارات:

———— سامِيَة   الرايَة ————   الاِسْتِقْلال ————

———— خالِدَة   مَعْهَد ————   ———— المُواطِنِينَ

———— السَّنَوِيَّة   مَشرُوعٌ ————   في ———— المَجالات

٢. ترجم ما يلي من العبارات:

烈士陵园	重大的损失	艰苦的斗争
英勇果敢	友谊的象征	坚强的意志
政府首脑	民族独立	国家的安全

٣. ترجم ما يلي من الجمل إلى العربيّة:

（1）多少烈士为了我们今天的幸福献出了他们的鲜血和生命。

（2）同学们簇拥在英雄周围，争先恐后和他握手。

（3）英雄们常给人以鼓舞，人们可以从他们身上汲取力量和勇气。

（4）为祖国的繁荣、人民的幸福而奋斗是多么美好啊！

（5）我们决心在这次考试中取得优异的成绩。

（6）我多么希望能在北京再次见到你们啊！

（7）你的朋友可真不少，我常见到有人来看你。

（8）小伙子们，太阳落山以前，咱们一定要收割完毕。

（9）你（女）稍等一会儿吧，我干完活就回家。

（10）这篇文章用词虽然简单，可是内容却很深刻。

٤. كوّن جملة مفيدة بكلّ ممّا يلي:

كَمْ، كافَحَ، عازِمٌ على...، تَعَلَّقَ به، اِسْتَمَدَّ منه شيئا

٥. ترجِم نصّ الدرس إلى الصينيّة.

٦. استظهِرْ نصّ الدرس.

٧. استمِعْ إلى التسجيل، ثمّ حاولْ أن تُعيد مُحْتَوَياتِه بالعربيّة.

استمع وضع الحركات

الجنديّ

الجنديّ يرْمي بنفسه في نار الحرب، تحدوه غاية سامية، فيلاقي أهوالها لا يفكّر في نفسه ولا في من يتعلق به، وهو الذي آثر غيره على نفسه، وطرح راحته ليريح الآخرين ودخل فيما يخافه الناس ليأمنوا على أرواحهم

وأموالهم. فهو رمز للتضحية وإنكار الذات، وهو مثال المواطن الذي يجب أن يقتدى به في كلّ مجالات العمل في الحياة.

الجنديّ المجهول

إنّ الذين يقاتلون في ميدان الجهاد والدفاع عن الوطن لهم على الشعب وأبنائه حقّ التكريم لما قاموا به من تضحية بأعزّ شيء وهو النفس. فيجب أن يذكرهم مواطنوهم، وأن يمجّدوا بطولتهم اعترافا بجميلهم، وليكونوا قدوة حسنة لغيرهم في الكفاح والجهاد.

بعض هؤلاء المجاهدين قد يستشهدون في ساحة القتال، وتذهب جثثهم دون أن يعرف لها أثر أو مكان دفنت فيه، ولهذا اتّجهت الشعوب إلى أن تكرّم هؤلاء تكريما رمزيّا، فأقامت قبرا تذكاريّا لذلك الجنديّ المجهول، وهو ليس لجنديّ معيّن معروف، بل لكلّ جنديّ استشهد في القتال، أي إنّ هذا القبر رمز للتضحية في سبيل الوطن والدفاع عن حرّيّة الشعب واستقلاله.

(من المحفوظات السودانيّة)

第四课 الدرس الرابع

句型：	بلغ صلاح الدين أنّ الملك "قلب الأسد" مريض
课文：	صلاح الدين الأيّوبيّ
语法：	根化名词子句（الجملة المسبوقة بأنّ المصدريّة）

تركيب الجملة

بَلَغَ صَلاحَ الدِّينِ
سَمِعَ صلاحُ الدين
أَخْبَرُوهُ بـ } أَنَّ الملكَ "قلبَ الأَسَدِ" مريضٌ.

المثال:

١. يَبْدُو أنَّها قصَّةٌ معروفة.

٢. كان كلّ منهم يَدَّعِي (بـ) أنّه على حقّ.

٣. أظنّ أنّ المُسْلِمِينَ كانوا المُنْتَصِرِينَ.

الحوار

حديث بين طالب وأستاذ

– يا أستاذ، هل لكم أن تشرحوا لنا ما الحروب الصليبيّة؟

– هذا موضوع كبير، غيرَ أنّني أحاول أن أشرح لكم بصورة مبسّطة.

– حسنا، وهذا ما نرجوه منكم.

- الحروب الصليبيّة هي سِلْسِلَة حروب وقعت بين أوربّا والشرق الأَدْنَى أو بعبارة أخرى، بين المَسِيحِيِّينَ الأُوربّيّين والمُسلمين في الشرق.
- متى وقعت هذه الحروب؟
- بين نهاية القرن الحادِيَ عشرَ ونهاية القرن الثالثَ عشرَ.
- وكيف ترى هذه الحروب؟
- أرى أنّها من الحروب التوسُّعيّة لأنّ الأوربّيّين حاولوا أن يحتلّوا القدس وغيرَها من البلاد العربيّة الإسلاميّة.
- مَنِ انْتَصَرَ في هذه الحروب؟
- استمرّ العرب في الحرب ضدّ الصليبيّين نحو مائتَيْ سنة حتّى انْتَصَرُوا عليهم في آخر الأمر عام ١٢٩١.

النصّ

صَلاحُ الدِّينِ الأَيُّوبِيُّ

اشتعلت الحروبُ الصليبيّة عام ١٠٩٦ بين الأوربّيّين والعرب، واستمرّتْ حتّى عام ١٢٩١، وكان أهمّ ميدان للحرب هو بلادَ الشام.

وفي النصف الثاني من القرن الثانِيَ عشرَ قَاتَلَ العربُ الجيوشَ الصليبيّة وانتصروا عليها بقيادة الملك صلاح الدين الأيّوبيّ.

ومن طريف ما حَدَثَ في أثناء تلك الحروب، أنّ ملكَ بريطانيا ريتشارد المُلَقَّبَ بقلب الأسد أُصيب بالحمّى، واشتدّ مرضُه حتّى أَعْيا الأطبّاءَ الأوربّيّين وكان الأطبّاء العرب أمهَرَ من أُولِئكَ في الطبّ. وبلغ صلاحَ الدين أنّ عدوّهُ الكبير ريتشارد مريض وأنّ أطبّاءَه عجَزوا عن مُداواته،

فأرسل طبيبه إليه، وأوصاه أن يعتني به، ويبذل جهده في تطبيبه إلى أن يشفِيَهُ اللهُ من دائه.

ذهب الطبيب العربيّ إلى مُعَسْكَرِ الأوربيّين، فتلقّاه الحرس، وأَوْقَفُوه وسألوه عن مُراده، فأخبرهم أنّه طبيب صلاح الدين، جاء لِيُطبِّب ملكهم، فأخبروا الملك ريتشارد بذلك فرضي، ولكنّ حاشيته وأطبّاءه أَبَوْا وأشاروا عليه بألّا يسمَح لطبيب عربيّ أن يطبّبه، وقالوا: "إنّ هذه حيلة من عدوّك صلاح الدين، أرسل هذا الطبيب لِيَدُسَّ لك السُّمّ، فلا تُدخله عليك، إنّنا نخاف عليك أيّها الملك الشجاع."

غيرَ أنّ قلب الأسد لم يُصْغِ إلى أقوالهم، وأَذِنَ للطبيب العربيّ بالدخول عليه. فلمّا دخل الطبيب أَدْناه ريتشارد منه وقَرَّبَه إليه، وأمسك يدَه من الرُّسغ وجَسَّ نبضَه، فوجد أنّه طبيعيّ، وعلِم من ذلك أنّه لا يُضمِر له سُوءا، وأَذِن له أن يُداويه فشرع الطبيب في مداواة ريتشارد، ولم تَمْضِ أيّام حتّى صحّ وتعافَى. فسُرَّ به الملك، وأعاده مكرَّما إلى صلاح الدين شاكرا له حُسْنَ صنيعه، وعلم أنّ قوما يتحلَّوْن بهذه الأخلاق لا يُغلبون.

المفردات

萨拉丁	صَلاحُ الدِّينِ
国王，君主	مَلِك جـ مُلُوك
狮子	أَسَد جـ أُسُود
穆斯林	مُسْلِم جـ مُسْلِمُونَ
胜利者	مُنْتَصِر جـ مُنْتَصِرُونَ

十字军战争	اَلْحُرُوبُ الصَّلِيبِيَّةُ
简化的，简易的	مُبَسَّط م مُبَسَّطَة
简要地	بِصُورَةٍ مُبَسَّطَةٍ
发生	وَقَعَ الأمرُ
近东	الشرقُ الأَدْنَى
基督徒	مَسِيحِيّ جـ مَسِيحِيُّونَ
扩张的	تَوَسُّعِيّ م تَوَسُّعِيَّة
占领	اِحْتَلَّ اِحْتِلالًا المكانَ
耶路撒冷	القُدْسُ
燃起，着火	اِشْتَعَلَ اِشْتِعالًا الشيءُ
英国	بريطانِيَا
理查德	رِيتشَارْد
别号为……，绰号为……	مُلَقَّب م مُلَقَّبَة بـ ...
有趣的，新鲜的	طَرِيف م طَرِيفَة
使无能为力，使束手无策	أَعْيَا يُعْيِي إِعْيَاءً فلانًا
比……更高明，比……更熟练	أَمْهَرُ مِنْ ...
治疗，医治	طَبَّبَ تَطْبِيبًا فلانًا
军营，营地	مُعَسْكَر جـ مُعَسْكَرات
迎上去	تَلَقَّى فلانًا
卫兵，哨兵	حارِس جـ حَرَس وحُرَّاس
阻止，拦阻	أَوْقَفَهُ إِيقافًا

目的，意图	مُراد
侍从	حاشِيَة جـ حَواشٍ (اَلْحَواشِي)
毒药	سُمّ جـ سُمُوم
下毒药，投毒	دَسَّ ـُ دَسًّا السمَّ في...
倾听	أَصْغَى إِصْغاءً إلى...
话，话语	قَوْل جـ أَقْوال
允许，许可	أَذِنَ ـَ إِذْنًا له في كذا أو به
来到跟前	دَخَلَ عليه
使接近	أَدْنَى فلانًا مِنْ...
使接近	قَرَّبَ تَقْرِيبًا فلانًا إليه
手腕	رُسْغ جـ أَرْساغ
号脉，诊脉	جَسَّ ـُ جَسًّا نَبْضَهُ
心怀	أَضْمَرَ إِضْمارًا له كذا
祸害，恶意	سُوء
着手，动手	شَرَعَ ـَ شَرْعًا في الأمر
康复，痊愈	تَعافَى تَعافِيًا
受敬重的，体面的	مُكَرَّم جـ مُكَرَّمُونَ
行为，善行，善举	صَنِيع
人群，民众	قَوْم جـ أَقْوام
战胜，压倒	غَلَبَ فلانًا أو عليه
艾尤布王朝	اَلْأُسْرَةُ الْأَيُّوبِيَّةُ

75 第四课

军事的，战争的	حَرْبِيّ م حَرْبِيَّة
军事才能	اَلْمَقْدِرَةُ الْحَرْبِيَّةُ
击败，打垮	هَزَمَ ـِ هَزْمًا العدوَّ
人群	جَمْع ج جُمُوع
击溃，打散	فَرَّقَ تَفْرِيقًا جُمُوعَهُمْ
保护，守卫，使免受	حَفِظَ الْمكانَ من كذا
和平，安宁	سِلْم/ سَلام
常胜的，战无不胜的	مُظَفَّر
少见的，不可多得的	نادِرُ الْمِثال
人物；人格	شَخْصِيَّة ج شَخْصِيَّات

من أمثال العرب والحكم

لِكُلِّ زَمانٍ رِجالٌ. (时势造英雄。)

مَنْ صَبَرَ ظَفِرَ. (有恒心才能取胜。)

الملاحظات

١. الشام

叙利亚、黎巴嫩、约旦、巴勒斯坦在历史上的统称。

٢. ومن طريف ما حدث في أثناء تلك الحروب أنَّ ملك بريطانيا ...
أُصيب بالحمَّى.

这是一个倒装名词句。طريف 和连接名词 ما 构成正偏组合。

٣. أعاده مكرّما إلى صلاح الدين شاكرا له حسنَ صنيعه

句中 مكرّما 是宾语 ه 的状语；شاكرا 是主语（指暗藏代名词 هو，即 ريتشارد）的状语，حسنَ صنيعه 是 شاكرا 的宾语。

القواعد

根化名词子句（الجملة المسبوقة بأنّ المصدرية）

1. 根化名词子句是一个以 أنّ 开头的陈述性名词句，用以充当独立句中的一个成分。如：

بلغ صلاحَ الدين أنّ عدوّه "قلب الأسد" مريض.

أظنّ أنّكم لم تقرأوا هذه القصّة في الماضي.

2. 根化名词子句在句中可作不同的成分。如：

（1）作主语（فاعل）：

جاء في القصّة أنّ فلّاحا اشترى خمس خوخات ...

يبدو أنّك لا توافقين على هذا الاقتراح.

（2）作宾语（المفعول به）：

أرى أنّ صلاح الدين من أشهر القوّاد في تاريخ العرب.

وجد ريتشارد أنّ الطبيب العربيّ لا يُضمر له سوءًا.

（3）作介词的受词（المجرور）：

كان كلّ منهم يَدَّعِي (بـ) أنّه على حقّ.

تدلّ هذه القصّة على أنّ قوما يتحلّون بهذه الأخلاق لا يُغلبون.

（4）作偏次（المضاف إليه）：

كثيرا ما كنتُ أقدّم إليه نصائحَ، غير أنّه قلّما يُصغي إليَّ.

أتصوّر أنّ مدينتكم جميلة، مع أنّني لم أشاهدها بعيني.

（5）作起语（المبتدأ）：

من المعروف أنّ الصين دولة مُحبّة للسلام.

معلومٌ أنّ شنغهاي أكبر مدينة صناعيّة في بلادنا.

（6）作述语（الخبر）：

والجوابُ الصحيح أنّ الدم الأحمر هو الدم النقيّ.

أوّلُ ما لاحظت في هذه المباراة أنّ اللاعبين ذَوُو أخلاق رياضيّة حميدة.

3.使用根化名词子句的条件：

（1）说话者要陈述的内容是主观认定的既成事实或即将发生的事实。如：

سمعت أنّ في تلك البلاد طبيبًا ماهرا أقصِدُه ليصف لي دواء لـمَعِدَتي.

عندنا معلومات تُؤكّد أنّكِ شيوعيّة.

وجد قائد السريّة أنّ الشدّة لا تنفعُ مع الفتاة المُناضلة.

بلغني أنّ الأستاذ حميدا سيسافر إلى شنغهاي.

يُحكى أنّ رجلا عجوزا يُدْعَى الشيخ الجاهل...

سَرَّنِي أنّك فزت في هذه المسابقة.

من الواضح أنّكم تُحيطون العمّال برعاية كبيرة.

والمعروف أنّ بلادنا تشتهر بالصناعة اليدويّة منذ الزمن القديم.

（2）表示观点、看法、信念或猜测等。如：

أرى أنّ البلاد سوف تتابع جهودها في تنمية هذه الصناعات.

أعتقد أنّ مثل هذه الزيارات ستساعد على تعزيز الروابط الودّيّة بين البلدين.

ونحن على ثقة تامّة بأنّ الصين ستدخل في صفوف الدول المتقدّمة في

مستقبل غير بعيد جدًّا.

يبدو أنّك لا توافقين على ملاحظتي.

أظنّ أنّ هذا المبلغ يكفينا في شراء هذه الكتب.

（3）常与根化名词子句衔接的动词有：

يَعْرِفُ (الـمَعْرُوف)، يَعْلَمُ (الـمَعْلُوم)، يَسْمَعُ، يُخْبِرُ، يَذْكُرُ، يَرَى، يَجِدُ، يَعْنِي، يَعْتَقِدُ، يُؤَكِّدُ، يَثِقُ، يَشْعُرُ، يُحِسُّ، يُحْكَى، يَظُنُّ، يَدَّعِي بـ ....، دَلَّ على، بَلَغَهُ أَنَّ ....، إلخ.

التمرينات

١. أشِرْ إلى نوع كلّ من الكلمات الآتية:

مُصغٍ	مُسْلِم	طَرِيف	شاكِر
حَرْبِيّ	طَبيعِيّ	مُكَرَّم	مُبَسَّط
مُداواة	مُراد	حارِس	مَسِيحِيّ
أَمْهَر	مُظَفَّر	مُعَسْكَر	مُلَقَّب
مُنْتَصِر	تَوَسُّعِيّ	تَفْرِيقًا	أَدْنَى

٢. اقرأ ما يلي من الجمل مع مراعاة إعراب المصدر المُؤَوَّل من أنّ وما بَعْدَهُ وهو الجملة المسبوقة بأنّ المصدريّة:

(١) ظلّ الأستاذ حسن يتابع الصحف والإذاعة مع أنّه مشغول جدًّا.

(٢) يبدو أنّ عدد سكّان الصين قد تجاوز الآن مِلْيار (ألف مليون) نسمة.

(٣) من المعروف أنّ عدد السكّان بالأرياف في هذا البلد أكثَرُ منه في المدن بكثير.

(٤) وأوّلُ ما لاحظت هنا أنّ كلّ فرد من أبناء الشعب يهتمّ بتقدّم البلاد.

(٥) من المؤكّد أنّ الصين سوف تحقّق هدفها السامي في منتصف هذا القرن.

(٦) أصبح الناس يصدّقون أنّ الصين سوف تدخل صفوف الدول المتقدّمة اقتصاديّا في مستقبل غير بعيد جدّا.

(٧) أُعلن أنّ رئيس الدولة سيسافر إلى أوربّا في زيارة ودّيّة لبعض الدول في الشهر القادم.

(٨) يُحْكَى أنّ رجلا عجوزا يُدْعَى الشيخ الجاهل، كان يقيم مع عائلته في شمال الصين.

(٩) فطِنوا في آخر الأمر أنّ الكنز الذي تركه أبوهم إنّما هو نتيجة العمل والجدّ والمُثابرة.

(١٠) كلُّ التجارب تدلّ على أنّ التعاوُن الاقتصاديّ الدوليّ ضروريّ.

٤. رَتِّبْ كلّ مجموعة من العبارات الآتية في جملة مفيدة:

(١) الشماليّة – أظنّ – الآن – في – أنّنا – الضاحية

(٢) سوف – في – أنّكم – التجربة – أؤكّد – تنجحون

(٣) من الأيّام – ستدرك – الخطأ – أنّها – في يوم – هذا – أرى

(٤) سيرجع – المدير – بأنّ – في – أَخْبَرُوني – القادم – الأسبوع

(٥) مُصابة – أنّك – بالإنفلونزا – يبدو

(٦) نوعان – الدم – أنّ – المعروف – من – الأسود – الدم – الأحمر – الدم – و

(٧) الحياة – قوام – يدلّ – وذلك – على – عمادها – الدم – أنّ – و

(٨) مستقبلنا — على — سيكون — بأنّ — إشراقا — ثقة — نحن — أكثر

(٩) بوضوح — أنّ — قضية — نعلم — ما نقوم — عظيمة — به — هو

(١٠) الشرق — وقد — أهمّ — قرأنا — الأوسط — البترول — ممّا — تبيّن — منطقة — أنّ — تصدّر

٤. أَدْمِجْ كلّ مجموعة من مجموعات الجمل الآتية في جملة مفيدة باستعمال حرف "أنّ":

(١) الشعب لا يُغْلَبُ.

وقد دلّ التاريخُ على ذلك.

(٢) القُدْسُ عاصمةُ فلسطين.

وهذا شيء معروف.

(٣) حدثت الحروبُ الصليبيّة بين القرنَيْنِ الحاديَ عشرَ والثالثَ عشرَ.

وقد علّمني ذلك أستاذُ التاريخ.

(٤) الجيوش الصليبيّة قويّة.

هزمها العرب أشدّ هزيمة.

(٥) حقّق المسلمون انتصارات عديدة في تلك الحروب.

هذه هي الحقيقة.

(٦) صلاح الدين أسّس الأسرة الأيّوبيّة في مصر.

وهذا ممّا قرأنا في كتاب التاريخ.

(٧) صلاح الدين لم يُضمر لريتشارد سوءا.

سرعان ما وجد ريتشارد هذه الحقيقة.

(٨) كان صلاح الدين سياسيّا بعيد النظر.

وقد علمتُ ذلك من خلال هذه المقالة.

(٩) صلاح الدين بطل عربيّ نادر المثال.

جاء هذا في نصّ الدرس.

٥. أكمِلْ ما يلي من الجمل:

(١) وقعت الحروب الصليبيّة بين ______ و ______، وكان ميدان الحرب ______.

(٢) كان صلاح الدين يقاتل ______ الملقّب بـ ______.

(٣) استمرّ العرب في الحرب ضدّ الصليبيّين نحو مائتَيْ سنة حتّى ______ ______.

(٤) أرسل صلاح الدين ______ ماهرا إلى ______ وأوصاه ______.

(٥) في أوّل الأمر لم يثق ______ ريتشارد بذلك الطبيب ظنّا أنّه ______.

(٦) وجد ريتشارد أنّ الطبيب العربيّ في حالة طبيعيّة عندما ______، فعلم من ذلك ______.

(٧) شفي الملك ريتشارد من ______ بفضل ______ الناجحة لطبيب صلاح الدين.

(٨) علمنا من هذه القصّة أنّ صلاح الدين ______

٦. ضَعْ كلمة أو عبارة مناسبة في كلّ مكان خالٍ ممّا يلي:

(١) عندما يجتاز القطار هذا المكان، يوقف ______ على طول

هذا الطريق.

(٢) بلغني أنّ ______ القادمة من المهرجان الرياضيّ ستُقام في ______ بعد سنتين.

(٣) لا أصدّق أنّ مثلَ هذا ______ الطيّب القلب ______ لغيره سوءا.

(٤) الطبيب هو مَنْ ______ المريض، وواجبُه أَنْ ______ المريض من آلامه.

(٥) وقد سرّني ______ أنّ الفيلم المصريّ ((صلاح الدين)) لقي ______ عظيما في بلادكم.

(٦) ومن طريف ______ قرأت عن جحا أنّه يحمل الرحى(磨盘) ______ ظهره وهو يركب الحمار.

(٧) لا تخافوا ______ فرقتنا، لا بدّ أنْ نغلبهم في الشوط ______.

(٨) لقد ______ الأعداء وكسبنا الأصدقاء، ومِلءُ صدورنا ______ و ______.

٧. اقرأ ما يلي من الجمل، ثمّ حاولْ أن تكوّن جملة مفيدة بما يتقدّم كلّ مجموعة منها:

بصورة...

(١) هذا موضوع كبير، ولكنّني أحاول أنْ أشرحه بصورة مبسّطة.

(٢) أرجو من كلّ زميل أن يحضر الدرس بصورة جدّيّة.

(٣) إذا أردت أن تعيش بصورة أفضلَ، فلا بدّ أن تعمل بصورة أفضلَ.

انتصر

(١) كانت اليابان تحاول أن تُنْهِيَ تلك الحرب باحتلال الصين، غير أنّ الصين انتصرت عليها في آخر الأمر.

(٢) لقد مضتْ عشراتُ السنين على انتصار ثورة الصين.

أعياه

(١) كان مرضُه شديدا حتّى أعيا جميعَ الأطبّاء.

(٢) لا أعتقد أنّ مثل هذه المشكلة تُعْيِينا نحن، إنّنا سنهتدي إلى طريقة ناجحة لحلّها.

(٣) لا يزال السَّرَطان (癌) من الأمراض التي تُعْيِي الأطبّاء في الوقت الحاليّ.

أصغى إليه

(١) كان جميعُ الحاضرين يُصغون إلى كلمته والهدوءُ يسود القاعة كلّها.

(٢) الإنسان المتواضع يُصغي إلى كلّ نصيحة.

(٣) لو كنتَ مُصْغِيًا إليَّ، لَمَا وقعتَ في ذلك.

أَذِنَ له بكذا

(١) لا تدخُلْ بدون إِذْن!

(٢) أَذِنَتِ الْممرّضة لي بالدخول على الطبيب عندما انتهى من فَحْصِ المريض الذي قبلي.

(٣) لماذا لا توافق أنت؟ وهذا بإِذْنٍ خاصّ من الرئيس.

أَضْمَرَ شيئا

(١) لا داعِيَ (无需) للخوف، إنّه لا يُضمر لك سوءا.

(٢) غضِبَتْ عليَّ سعادُ لمّا سمعت كلامي، وفي الحقيقة لم أضمرْ لها سوءا.

(٣) وأخيرا عرض المهندس على لجنة الإدارة فكرتَه التي ظلّ يُضمرها في صدره منذ شهور.

شرع في الأمر

(١) شرع الطبيب العربيّ في مداواة ريتشارد حتّى صحّ وتَعافَى.

(٢) شرعت الصين في اتّباع سياسة الانفتاح منذ بداية الثمانينات.

(٣) شرعت البلاد في تَنْفِيذِ (执行) مشروع جديد للسنوات الخمس.

غلبَه أو عليه

(١) أعتقد أنّ الفرقة الأولى ستغلِبُ الفرقة الثانية في هذه المباراة.

(٢) غلب كامل جميعَ الزملاء في المسابقة العلميّة التي جَرَتْ أمس.

(٣) لنا قيادة صحيحة، ولنا شعب لا يُغلب، فنحن على ثقة تامّة بأنّ قصيّتنا ستنتصر حَتْمًا (一定).

نادِر المثال

(١) حَظِيَ شو أن لاي بِاحْتِرام واسع في الصين وخارجها، إذ كان رجلا نادر المثال من بَيْنِ السياسيّين في العالم.

(٢) كانت جميلة فتاةً مُناضلة نادرة المثال، إذ واجهت العدوّ بشجاعة عظيمة.

٨. أجِبْ عمّا يلي من الأسئلة:

(١) مَنْ صلاح الدين؟ تحدّثْ إلينا عنه قليلا.

(٢) مَنْ ريتشارد؟ تحدّثْ عنه قدر إمكانك (尽可能地).

(٣) متى أُصيب ريتشارد بالحمّى؟

(٤) هل كان أطبّاؤه قادرين على مداواته؟

(٥) ماذا فعل صلاح الدين عندما عجَز أطبّاء ريتشارد؟

(٦) لماذا أبى حاشية ريتشارد أن يقبَلوا الطبيب العربيّ؟

(٧) وهل قبل ريتشارد هذا الطبيب؟

(٨) هل بقي هذا الطبيب عند الملك مدّة طويلة؟

(٩) كيف أعاده ريتشارد إلى صلاح الدين؟

(١٠) ماذا أدرك ريتشارد عندما شفي من مرضه وتعافى؟

٩. قُصَّ على زملائك قصّة صلاح الدين بكلام من عندك.

١٠. اقرأ القصّة الآتية، ثمّ حاول أن تُعيد محتوياتها بالعربيّة:

المرأة الذكيّة

يُحكى أنّ امرأة عجوزا اشتدّ عليها الفَقْرُ (贫穷)، فلم تجد ما تأكله، فذهبت إلى حاكِم (长官) البلد لتسألَه شيئا. فلمّا أُدْخِلَتْ عليه، وجدتْ عنده عددا كبيرا من الرجال، فخَجِلَتْ (羞怯) منهم، ولم تذكُرْ للحاكم ما تريد، فقال لها الحاكم: "مرحبا بك، ماذا تريدين؟" فسكتت قليلا ثمّ قالت: "أيّها الحاكم، إنّني أشكُو إليك قلّة الفِئْران في بيتي."

فهم الحاكم كلامها، ونادى أحد الخَدَم وأمره بأنْ يملأ بيتها قمحا وتمرا، فخرجت المرأة، وهي فرِحة. ولمّا خرجت قال الحاكم لِمَنْ معه: "هل فهمتم كلامها؟" قالوا: "لا".

فقال لهم: "إنّها خجِلتْ منكم، وقد قصدتْ أنّ بيتها فارغ(خالٍ)، ليس فيه شيء تأكله الفئران."

فعجِب (تَعَجَّبَ) الحاضرون من ذكاء المرأة.

١١. هات الأفعال الماضِيَة والمضارِعَة التي تَشْتَقُّ منها الأسماء الآتية:

حارِس	مُلَقَّب	مُسْلِم
مُراد	مُكَرَّم	مُبَسَّط
مَرِيض	مُظَفَّر	مُعَسْكَر
مُصْغٍ	مُنْتَصِر	تَوَسُّعِيّ

المطالعة

عِيسَى الغَوَّاصُ

ظهر نور الصباح، وعاد عيسى الغوّاص من صيده يحمل كيسا وضع فيه السمك الذي اصطاده، وآثار التعب ظاهرة عليه، فقد قضى الليل في كفاح مع البحر والأمواج.

وأشرقت الشمس، وعيسى في الطريق إلى كوخه، وبينما هو سائر رأى جماعة من فُرْسان الجيش العربيّ، يركَبون الخيل، وسيوفُهم تلمَعُ في ضوء

الشمس، وكلّهم حماسة وقوّة.

نظر عيسى إلى الفرسان في إعجاب، واستمرّ ينظر إليهم حتّى غابُوا عن عينيه، وقال: "نَصَرَكَ اللهُ يا صلاحَ الدين، ونصَر جُنْدَكَ الأبطالَ، إنّهم ذاهبون إلى الحرب، وهم فرِحون، كأنّهم في يوم عيد."

ثمّ قال عيسى في نفسه: "أنا عربيّ مثلُهم، ووطنهم وطني، وأعداؤهم أعدائي، فلماذا لا أشترك معهم في الجِهاد ضدّ الصليبيّين المُعْتَدِينَ؟"

وصمّم عيسى على شيء...

قصد عيسى إلى معسكر الجيش العربيّ، واستأذن ودخل على أحد القوّاد في خيمته، وقال له: "إنّي أريد أن أشترك في الحرب مع المجاهدين العرب، ولكنّي لا أُحسن استعمال السلاح وركوب الخيل."

قال القائد: "وما عملك قبل مجيئك إلى هنا؟"

قال عيسى: "أنا صيّاد فقير، ولكنّي أُجيد الغَوْصَ والسباحة."

وفكّر القائد، ثمّ قال لعيسى: "حسن، أنت سبّاح وغوّاص ماهر، عندنا لك أعمال كثيرة في الأسطول العربيّ."

وأدّى عيسى عمله في الأسطول بإِخْلاصٍ ومَهارَة حتّى عرفه جميعُ البحّارة وأُعْجِبُوا ببطولته، وتحدّثوا عن شجاعته وجُرْأَتِه.

وكتب اللهُ لجيش صلاح الدين النصرَ، وهُزم الصليبيّون أمام جيشه في البرّ والبحر.

لم يَرْضَ الصليبيّون بالهزيمة، فأَتَوْا بكثير من الجنود والأسلحة والسفن الحربيّة، وحاصروا من كلّ جانب مدينة عكّا على ساحل البحر المتوسّط.

كان صلاح الدين يفكّر في عكّا وفي العرب المَحْصُورِينَ خلف

أسوارها. وأرسل يطلب عيسى الغوّاص. فلمّا دخل عليه، قال له: "أنت يا عيسى جنديّ شجاع، وغوّاص ماهر، تستطيع أن تتسلّل في ظلام الليل سابحا بين سفن الأعداء، فتحمل رسائلي إلى جنود العرب داخل مدينة عكا، وتُوصل إليهم ما تقدِرُ على حمله من أكياس الذهب والفضّة وتعود إليّ بأخبارهم."

وقام عيسى بالمُهمّة التي كُلّف بأدائها على خير وجه، وكان يصل بالرسائل وأكياس الذهب إلى عكّا ويرجع إلى صلاح الدين بالأخبار.

وكم لاقى في هذه المغامرات الليليّة من شدّة البرد وقسوة الأمواج والظلام، ولكنّه كان سعيدا بجهاده وتضحيته في سبيل الوطن.

وذات مساء تسلّل كعادته بين سفن الأعداء، ولكنّه لم يصل إلى عكّا، وانتظر صلاح الدين رجوعَه، فلم يرجع.

وجاء حَمامُ الزاجل من عكّا يُخبر صلاح الدين أنّ عيسى لم يحضر، وقلق الجميع من أجله.

وبعد أيّام طار الخبر إلى صلاح الدين بأنّ عيسى الغوّاص قد أصابه سَهْمٌ من سِهام الأعداء، فحزن صلاح الدين لهذا الخبر أشدَّ الحزن.

لقد مات هذا البطل شهيدا، وسجّل اسمه بين الخالدين.

المفردات

伊萨（人名）	عِيسَى(اسم)
潜水	غَاصَ ـُ غَوْصًا في الماءِ
潜水员	غَوّاص

显现的，明显的	ظاهِر م ظاهِرَة
骑士，骑兵	فارِس ج فُرْسان
剑，马刀	سَيْف ج سُيُوف
箭	سَهْم ج سِهَام
闪光	لَمَعَ ـَ لَمْعًا لَمَعَانًا الشيءُ
帮助，协助	نَصَرَ ـُ نَصْرًا فلانًا
真主赐他胜利	نَصَرَهُ اللّٰهُ
军队	جُنْد ج جُنُود
侵略者	مُعْتَدٍ (اَلْمُعْتَدِي) ج مُعْتَدُونَ
帐篷	خَيْمَة ج خِيام
游泳的，泅水的	سابِح
游泳家，游泳运动员	سَبَّاح
水兵，海员	بَحَّار ج بَحَّارَة
失败，败北	هَزِيمَة
包围，围困	حاصَرَهُ مُحاصَرَةً
阿卡（城市名）	عَكّا
被包围的，被围困的	مَحْصُور ج مَحْصُورُونَ
城墙，栏杆	سُور ج أَسْوار
潜入某地	تَسَلَّلَ تَسَلُّلًا إلى مكان
很好地	على خَيْرِ وَجْهٍ
冒险	مُغَامَرَة ج مُغامَرات

حَمامُ الزَّاجِل	信鸽
قَلِقَ ـَ قَلَقًا	不安，担心
أُسْطُول ج أَساطِيلُ	船队，舰队
مَهارَة	娴熟，熟练

الواجبات

١. أكمِلْ ما يلي من العبارات:

مُظَفَّر ________　　مُبَسَّطَة ________　　المَسِيحِيّ ________

الشَّرْقُ ________　　وَطَنِيَّة ________　　التَوَسُّعِيَّة ________

حاشِيَةُ ________　　بِصُورَةٍ ________　　المُسْلِمِينَ ________

٢. أدخِلْ كلّا ممّا يلي في جملة مفيدة:

يُحْكَى، يَبْدُو، ظَنَّ، بَلَغَهُ أَنّ، عَلِمَ أَنَّ، أَخْبَرَهُ بأَنَّ، غيْرَ أَنَّ، أَذِنَ، أَصْغَى، بِصُورَةٍ مُبَسَّطَةٍ

٣. ترجِم الفقرة الآتية إلى العربيّة:

萨拉丁

在阿拉伯国家，萨拉丁是一位家喻户晓的人物。他以自己出色的军事才能和英勇果敢的精神击败了欧洲十字军，保卫了自己的神圣（مُقَدَّسَة）领土。

战争期间，曾发生这么一个有趣的故事：狮心王理查德病重，医生们一筹莫展。这时，萨拉丁派去一位高明的阿拉伯医生。理查德接受了这位医生的治疗，病很快就好了。

萨拉丁不仅是一位伟大的军事家（إستراتيجي），而且也是一位不可多得的政治家。他的许多故事至今还在阿拉伯人民中间流传。

٤. أَعِدْ صِياغَةَ قصّة صلاح الدين بأسلوبك.

٥. استمِعْ إلى التسجيل، ثمّ أعِدْ محتوياتِه بالعربيّة

استمع وضع الحركات

صلاح الدين الأيّوبيّ

عاش صلاح الدين في القرن الثاني عشر، وأسّس الأسرة الأيّوبيّة بمصر.

كان صلاح الدين من قوّاد المسلمين العظماء، حارب الأوربّيّين في الحروب الصليبيّة، وهي حروب قامت بين المسلمين والمسيحيّين. وكان المسيحيّون يريدون أن يحتلّوا القدس وفلسطين والأقطار العربيّة الأخرى، فأرسلوا جيشا عظيما، اشتركت فيه دول أوربّا، ولكنّ صلاح الدين استطاع بشجاعته ومقدرته الحربيّة أن يهزم هذا الجيش، ويفرّق جموعه، ويحفظ للمسلمين بلادهم من الاحتلال.

كان صلاح الدين رجلا عظيما في الحرب وفي السلم، وكان قائدا مظفّرا، وكان إنسانا نادر المثال. والقصّة التي جاءت في هذا الدرس هي إحدى القصص الكثيرة التي تدلّ على عظمة هذه الشخصيّة المعروفة في تاريخ العرب.

第五课 الدرس الخامس

句型：	سواء أكان الجوّ حارّا أم باردا.
课文：	الكهرباء
语法：	1. سواء أ ... أم ... 的用法
	2. 工具名词（اسم الآلة）

تركيب الجملة

سَوَاءٌ أَ { كان الجوّ حارًّا أَمْ بارِدًا. / مُحَمَّدٌ جَاءَ أَمْ حَسَنٌ. }

المثال:

١. وسواءٌ أَ استخدمتَ التلفون أمِ التلغراف، فأنتَ تتَّخذ من الكهرباء رسولا لك.

٢. نحبّ الأدب، سواءٌ القديمَ منه أو الحديثَ.

٣. هذه الأجهزة تجد إقبالا شديدا عليها سواءٌ في المدن أو في الريف.

الحوار

في معرض الأجهزة الكهربائيّة

(حديث بين زائرتين)

– الله، ما أشدَّ الازدحامَ هنا! إنّ الزبائن يُقبلون على الأجهزة الكهربائيّة

هذا الإقبالَ الشديدَ!

- الأجهزةُ الكهربائيّة المنزليّة بضاعةٌ رائجة، سواءٌ في المدن أو في الأرياف.

- ولِمَ لا يشترون، وجيوبُهم مليئة بالفلوس.

- يا عزيزتي، الزبائن يشترون الحاجات لا لِكثرة الفلوس فقط، بل للفوائد التي تمتاز بها، وهذا أوّلًا وقبل كلّ شيء.

- نعم، هذا صحيح، وبوُجود هذه الأجهزة في بيوتنا، نعالج الشئون المنزليّة بدُونِ مشقّة ولا عَناء.

- انظُري! هذه غسّالة حديثة، تَقْدِرُ على العمل أُوتُوماتِيكِيًّا، يُمكنك أن تغسلي الثياب فيها، بينما أنت تُعدّين الطعام في المطبخ أو تقرئين رواية وأنتِ مُستندة إلى الأريكة.

- عندي غسّالة مثلها، إنّها تُخفّف عنّي المتاعب في الغسل وتُوفّر لي الوقت.

- ما رأيك في هذه الثلّاجة؟

- آه، لا بأس بها، التصميم جيّد، واللونُ لطيف.

- وجهاز التلفزيون الذي في بيتك، هل هو من النوع الجديد؟

- نعم، من النوع الجديد، وشاشة عرضه بالبلّورات السائلة، غير أَنَّ المشكلةُ مشكلة الأولاد، إنّهم يقضُون أوقاتا كثيرة أمام التلفزيون.
- ولا يَهُمَّكِ يا أختي العزيزة، لا تنسَيْ أنّ شاشة التلفزيون هي مدرسة من المدارس.

النص

الكهرباء

هل شاهدتَ البرقَ وهو يُضيء ظلام الليل في ليالي الصيف؟ والبرق من هذا النوع عبارة عن شحنة كهربائيّة ضخمة.

ونحن نستطيع الحصول على شَحَنات من الكهرباء بالِاحْتِكاك ونستخدم المولّداتِ وحِجارةَ البطاريّة في الحصول على التيّار الكهربائيّ الذي نستفيد منه في حياتنا فائدة عظيمة.

والتيّار الكهربائيّ يَسْرِي في سُهُولة ويُسْر خلال بعض الموادّ بينما لا يسري بسهولة في أجسام أخرى. والمعادن جميعا جيّدة التوصيل للكهرباء، فتُصنع أسلاك الكهرباء غالبا من النحاس لأنّه مُوصِّل جيّد، وتُغَطَّى الأسلاك بمادّة رديئة التوصيل كالقطن والمطّاط حفْظًا لحياة الناس من خطر الكهرباء.

ونحن نستخدم الكهرباء لتُعْطِيَنا الضوء والحرارة، فبواسطتها تُضاء المنازلُ والشوارع والميادين العامّة، وعن طريقها تُؤدّي المواقدُ والأفران والمَكاوِي الكهربائيّة وظائِفَها على خير الوجوه.

والكهرباء تؤدّي وظائفها بإدارة المحرّكات الكهربائيّة وهذه المحرّكات تدفع

آلات أخرى لتعمل وتشتغل، فكما أنّ هناك مُحرّكات كهربائيّة صغيرة تُدير المِصْعَد الكهربائيّ وماكنات الخِياطَة والمراوِحَ وغيرَها، كذلك نجد محرّكات كبيرة كالتي تُدير بعض القطارات وكثيرا من الآلات في المصانع الكبرى.

إذا كان واحد في أسرتك يعمل في مدينة بعيدة عنك وأردتَ أن تَبْعَثَ إليه برسالة، فماذا تفعل؟ قد تطلُبه بالتلفون وقد تُرسل إليه برقيّة. وسواءٌ استخدمتَ التلفون أو التلغراف، فأنتَ تتّخذ من الكهرباء رَسُولا لك، فالكهرباء تحمل الرسائل بسرعة عظيمة.

وإذا جلست إلى المذياع تستمع إلى أغنيَة جميلة أو أمام التلفزيون تشاهد البرامج اللطيفة، فالكهرباء هي التي يَسَّرَتْ لك كلّ هذه المتعة الجميلة.

والآن هل توافقني على أنّ الكهرباء قد ذلّلت لنا كثيرا من الصعوبات التي كانت تُواجه الناسَ في الماضي، وجمّلت لنا وجه الحياة فصار مشرقا سعيدا.

المفردات

سَواءٌ أَ ... أَمْ	是……还是……都一样
التِّلِغْرَافُ	电报
رَسُول ج رُسُل	使者
زَبُون ج زَبائِنُ	顾客
كَهْرَبائِيٌّ م كَهْرَبائِيَّة	电的
مَنْزِلِيّ م مَنْزِلِيَّة	家庭的，家用的

رَاجَ ـُ رَواجًا الشيءُ فهو رائِج	畅销
مَلِيءٌ م مَلِيئَة بـ...	充满的
فِلْس جـ فُلُوس	铜钱，钱
مَشَقَّة جـ مَشاقُّ ومَشَقَّات	麻烦，困难
عَناء	麻烦，劳累
غَسَّالَة جـ غَسَّالَات	洗衣机
أُوتُوماتِيكِيّ م أُوتُوماتِيكِيَّة	自动的
مَطْبَخ جـ مَطابِخُ	厨房
مَتاعِبُ	劳累，麻烦
ثَلَّاجَة جـ ثَلَّاجَات	冰箱
تَصْمِيم جـ تَصامِيمُ	设计
بَالُّورَات سائلة	液晶
عَمَّ ـُ عُمُومًا الشيءُ	普及，流行
بَرْق	闪电
شَحْنَة جـ شَحَنَات	电荷
اِحْتَكَّ اِحْتِكاكًا بـ...	摩擦，接触
مُوَلِّد جـ مُوَلِّدات	发电机
حِجارَةُ الْبَطَّارِيَّة / البَطَّارِيَّة	电池
تَيَّار جـ تَيَّارَات	潮流，气流，（电）流
سَرَى يَسْرِي سَرَيَانًا الشيءُ	潜行，运行
وَصَّلَ تَوْصِيلاً الحرارةَ أو الكهرباءَ	导（电、热），传导

导体	مُوَصِّل
铜	نُحاس
覆盖，遮盖	غَطَّى تَغْطِيَةً الشيءَ
低劣的，不良的	رَدِيء م رديئَة
橡胶	مَطّاط
通过，用……方法	بِوَاسِطَةِ...
通过，取道	عَنْ طَرِيقِ...
炉灶	مَوْقِد ج مَواقِدُ
炉子	فُرْن ج أَفْران
熨斗	مِكْواة ج مَكاوٍ(اَلْمَكاوِي)
职能，作业	وَظِيفَة ج وَظائِفُ
很好地	على خَيْرِ الْوُجُوهِ
运转，管理	أَدارَ إدارَةً الشيءَ
发动机	مُحَرِّك ج مُحَرِّكات
缝纫机	ماكِنَةُ الْخِياطَةِ
扇子	مِرْوَحَة ج مَراوِحُ
电报	بَرْقِيَّة
使容易，给予方便	يَسَّرَ الأمرَ لِفُلانٍ
容易；富足	يُسْر
克服，战胜	ذَلَّلَ تَذْلِيلًا الصعوبةَ
光辉的，灿烂的	مُشْرِق م مُشْرِقَة

享受，享有	نَعِمَ ـَ نَعْمَةً بِـ ...
钥匙，开关，电门	مِفْتاح ج مَفاتِيحُ
安静，寂静	سُكُون
使人愉快的；歌手	مُطْرِب م مُطْرِبَة
悠闲的，休息的	مُسْتَرِيح
照亮	أَنارَهُ إِنارَةً
教育，教养	هَذَّبَهُ تَهْذِيبًا
电击，触电	اَلصَّدْمَةُ الْكَهْرَبائِيَّةُ
干的，干燥的	جافٌّ م جافَّة
救护，急救	أَسْعَفَ إِسْعافًا فلانًا
急救，抢救	إِسْعاف ج إِسْعَافات
锐利的	قاطِع م قاطِعَة
把，柄	مِقْبَض
被制造的	مَصْنُوع م مَصْنُوعَة
绝缘物	مادَّةٌ عازِلَةٌ
需要	اِسْتَدْعَى اِسْتِدْعاءً الأمرُ الشيءَ
关于，属于	خَصَّ يَخُصُّ خُصُوصًا الأمرُ فلانًا
由……造成的	مُتَسَبِّب م مُتَسَبِّبَة عن كذا أو منه
烧伤	حَرْق ج حُرُوق
录像机	فِيدِيُو

من أمثال العرب والحكم

مَنْ طَلَبَ شيئًا وَجَدَهُ. (有所追求才能有所发现。)

اَلْحَرَكَةُ بَرَكَةٌ. (福从动中来。)

القواعد

1. سواءٌ أَ ... أَمْ ... 的用法

（1）سواءٌ أ ... أم ... 的基本含义是“不管是……还是……都一样”，“……也好……也好，都一样”。如：

تلقى هذه البضائعُ إقبالًا شديدًا، سواءٌ أ كانَتْ في داخل البلاد أم في خارجها.

（不管国内还是国外，这类商品都很受欢迎。）

نُواظب على الرياضة البدنيّة، سواءٌ علينا أ كان الجوّ حارًا أم باردا.

（不管天热还是天冷，我们都坚持体育锻炼。）

这种句子可列入倒装名词句范畴，سواء (على ...) 在句首作述语，表示“一样”“等同”。后面由 أ ... أم ... 构成子句作倒装名词句的起语，总括起来表示两种情况都一样。

为加深理解，下面再举两个例子：

سواءٌ عَلَيَّ أ كنتَ مُوافقا أم غيرَ موافق. (...أ وافقتَ أم لم توافقْ.)

（你同意也好，不同意也好，我都不在乎。）

تُدرَّس اللغةُ الانكليزيّة في الصين، سواء أ كانت في المدارس الثانويّة أم في المدارس العُليا.

（在中国不管是中等学校还是高等学校都教授英语。）

（2）当疑问虚词 أ 省略时，أم 改用 أو ，这时 سواء 后可以是短语或句子。如：

عاد الربيع إلى البلاد، سواءٌ في الجنوب أو في الشمال.

（春回大地，不管是南方还是北方都如此。）

وسواء استخدمتَ التلفون أو التلغراف، فأنت تتّخذ من الكهرباء رَسولا لك.

（不管是使用电话还是电报，你都是把电作为自己的使者。）

2. 工具名词（اِسْمُ الآلة）

表示工具名称的词叫工具名词。阿拉伯语的工具名词有两类，一类是词型不一的原生名词。如：

قَلَم، جَرَس، سِكِّين، مُشْط (梳子)، فَأْس (斧子) ، قَدُوم

另一类是派生名词，其中大部分由三母简式及物动词派生而来，常见的有下列几种形式，如：

(١) مِفْعَل: مِصْعَد، مِضْرَب، مِدْفَع، مِقَصّ(剪刀)

其复数形式为：

مَصاعِدُ، مَضارِبُ، مَدافِعُ، مَقاصُّ

(٢) مِفْعال: مِفْتاح. مِصْباح، مِذْياع، مِنْشار (锯子)، مِحْراث (犁)

其复数形式为：

مَفاتِيحُ، مَصابِيحُ، مَذايِيعُ، مَناشِيرُ، مَحارِيثُ

(٣) مِفْعَلَة: مِنْضَدَة، مِرْوَحَة، مِمْسَحَة (板擦)، مِحْفَظَة، مِدْفَأَة (火炉，暖气)، مِكْنَسَة (扫帚)

其复数形式为：

مَناضِدُ، مَراوِحُ، مَماسِحُ، مَحافِظُ، مَدافِئُ، مَكانِسُ

另外，مِسَرَّة، مِبْراة، مِمْحاة، مِكْواة، مِرْآة 也属于这一形式。

而 مِقْلَمَة، مِحْبَرَة （墨水瓶）等词虽然并非由动词直接派生，但也可并入这一形式。

(٤) فَعَّالَة: سَيَّارَة، ثَلَّاجَة، دَرَّاجَة، سَمَّاعَة، غَسَّالَة، جَرّارَة

这些 فعّالة 式的名词从功用上看也可归入工具名词，其复数形式为：

سيّارات، ثلّاجات، درّاجات، سمّاعات، غسّالات، جرّارات

(٥) طائِرَة، باخِرَة، حاسِبَة (计算机)، مُوَلِّد، مُحَرِّك، مُسَجِّل ...

现代阿拉伯语中，这些主动名词也可以归入工具名词。

التمرينات

١. هات اسم الآلة المُشْتَقّ من الأفعال الآتية:

غَسَلَ	صَعِدَ	حَرَثَ	مَسَحَ
كَنَسَ	فَتَحَ	دَفَعَ	قَطَعَ
سَجَّلَ	قَبَضَ	ضَرَبَ	سَمِعَ
حَرَّكَ	طَارَ	طَوَى	وَلَّدَ

٢. ضَعْ في المكان الخالي ما يناسبه من العبارات التي ترِدُ في الملحق:

(١) لقِيَتْ اقتراحاتُنا تأييدا واسعا، ________.

(٢) أذهب إلى العمل كلّ يوم، ________.

(٣) كلّ هِرَّة تصيد الفئران هي هرّة نافعة، ________.

(٤) كلّ فرد في المصنع يجب أن يلتزم نظامَه، ________..

(٥) شهدت قضيةُ التربية والتعليم نموًّا واضحا، ________.

(٦) أحبّ السمك، ——، ——.

(٧) نواظب على (نُداوم على) الرياضة البدنيّة، ——..

(٨) كلّ إنسان، ——، لا بدّ أن يموت في يوم من الأيّام.

(٩) يحسن بنا أن نعطيهم جوابًا، ——.

(١٠) من المؤكَّد أنّ مثل هذه المُنْتَجات سوف تَرُوجُ سوقها، ——

——.

الملحق:

(١) سواء في الداخل أو في الخارج.

(٢) سواء أ كانت بَيْضاء أم سوداء

(٣) سواء علَيَّ أ كان الجوّ جيّدا أم رديئا

(٤) سواء أ كان مديرا أم عاملا بسيطا

(٥) سواء أ كانوا راضين أو غير راضين

(٦) سواء في الصيف أو في الشتاء

(٧) سواء عَلَيَّ أ كان نهريّا أم بحريّا

(٨) سواء كان غنيّا أو فقيرًا

(٩) سواء في الشرق أو في الغرب

(١٠) سواء في المدن أو في الأرياف

٣. حاول أن تستعمل "سواء أ ... أم ..." أو "سواء ... أو ..." في الجمل الآتية:

(١) لا تَهُمُّنا الرياحُ أو المطرُ، إنّنا سنتحرّك في الموعد المحدّد.

(٢) قد تَرْضَى، وقد لا ترضى، غير أنّني سوف أتقدّم باقتراحي.

(٣) ليس عندي مانع، تبقى أو تسافر، فأنت حُرّ (自由的).

(٤) نستطيع أن نحصُل على التيّار الكهربائيّ بالبطّاريّة أو بالمولّد.

(٥) سوف تقام (هذه) الحفلةُ في الموعد المحدّد، وإن لم يكنْ لدينا متّسع من الوقت.

(٦) أحبّ الموسيقى الصينيّة كما أحبّ الموسيقى الأجنبيّة.

(٧) هم جادّون (认真的) في كلّ عمل، في الأعمال العظيمة والأعمال البسيطة.

(٨) أركُض ألفا وخمسمائة مترا يوميّا، في الجوّ الحارّ وفي الجوّ البارد.

(٩) قد عمّتْ الإنترنت في كلّ البلاد، في المدن وفي الأرياف.

(١٠) من عادتي أن أعود إلى بلدتي في عطلة الشتاء وعطلة الصيف لزيارة أهلي.

٤. أكمِلْ ما يلي من الجمل:

(١) جئت اليوم إلى هذا المعرض التجاريّ لا لـ __________ فقط، بل لـ __________.

(٢) والناس يقبلون على هذا النوع من الدرّاجات سواء في __________ أو __________.

(٣) نقصد بالأجهزة الكهربائيّة المنزليّة __________ و __________ و __________ و __________ وغيرها.

(٤) عندما نستعمل الغسّالة الأوتوماتيكيّة في غسل الملابس يمكننا أن __________ أو __________ في آن واحد.

(٥) والناس يحبّون الغسّالة الأوتوماتيكيّة لأنّها __________

و ____________.

(٦) انظري إلى هذه الثلّاجة، تصميمها ____________ ولونها ____________ وثمنها ____________.

(٧) البرق هو عبارة عن ____________.

(٨) التيّار الكهربائيّ يسري في سهولة ويُسْر خلال ____________ لأنّه ____________.

(٩) تُغَطَّى الأسلاكُ النحاسيّة بـ ____________ لأنّها ____________.

(١٠) قد ذلّلتْ لنا الكهرباءُ كثيرا من الصعوبات التي ____________.

٥. اقرأ ما يلي من الجمل، ثمّ كوّن جملة مفيدة بكلمة أو عبارة ممّا يتقدّم كلّ مجموعة:

يروج

(١) الذي يرغب فيه التاجر هو أن تروج بضاعتُه.

(٢) المُنتجات اليدويّة الصينيّة تروج في الأسواق الدوليّة.

(٣) هذا النوع من الدرّاجات بضاعة رائجة، في المدن وفي الأرياف.

أَعَدَّه

(١) ما رأيك أن أغسل الملابس وأنت تعدّين العشاء؟

(٢) ما البرامج الفنّيّة التي أَعْدَدْتُمُوها؟

(٣) أرجو من كلّ زميل أن يُعدّ دفترا جديدا في الأسبوع القادم.

غَطَّى

(١) تُغطّى الأسلاك بمادّة رديئة التوصيل كالقطن والمطّاط حِفْظًا لحياة الناس من خطر الكهرباء.

(٢) والآن أصبحنا قادرين على تَغْطِيَةِ (满足) طلبات الأسواق لهذا النوع الجديد من الماكنات.

(٣) أصبحت الدنيا مُغَطَّاةً بثوبٍ فِضِّيٍّ بعد أن نزل الثلج ليلة كاملة.

عَمَّ

(١) بدأت الشبكةُ الدوليّة تعمّ توما بعد يوم.

(٢) أخذ الإنتاج من هذا النمط يعمّ وينتشر في بلادنا، في المدن وفي الأرياف.

(٣) وفي الوقت نفسه تُرى الدرّاجات في كلّ مكان، ويعمّ استعمالُها من جديد وعلى صورة جديدة.

سَرَى

(١) الدم يسري في العروق بِاسْتمرار، وإنْ توقّف عن السَّرَيان توقّفت الحياة.

(٢) بينما يسري التيّار الكهربائيّ في سُهولة ويُسْر خلال بعض الموادّ، لا يسري بسهولة في أجسام أخرى.

بواسطة ...

(١) ومحطّة توليد الكهرباء تُوصل التيّار الكهربائيّ إلى المصانع والبيوت بواسطة الأسلاك الكهربائيّة.

(٢) وبواسطة اِلاحتكاك بالجماهير تعرّفنا على أحوال جديدة لم يكن لنا عِلْمٌ بها في الماضي.

(٣) أثّرت الحضارة الصينيّة في الغرب بواسطة العرب.

عن طريق ...

(١) ستُنقل هذه المجموعة من البضائع إلى الكويت عن طريق البحر.

(٢) إنّ مثل هذه المشاكل لا يمكن حلّها إلا عن طريق التشاور.

(٣) تُوَزَّعُ معظمُ المجلّات وتصل إلى أيدي القرّاء عن طريق البريد.

(٤) وأنت تستطيع أن تتكلّم عن طريق التلفون مع أيّ صديق لك في العالم.

على خير الوجوه / على خير وجه

(١) كلّ عمل كبيرا كان أو صغيرا، يجب أن نُؤدّيه على خير الوجوه.

(٢) انظرْ، كلّ ماكنة في المصنع تشتغل جيّدا، وكلّ عمل فيه يجري على خير وجه.

(٣) قام عيسى بالمهمّة التي كُلّف بأدائها على خير وجه.

يَسَّرَ له شيئا

(١) العمل الخلّاق هو الذي يُيسّر لنا الحياة السعيدة.

(٢) نحاول أن نيسّر لكم فرصة لزيارة هانغتشو.

(٣) يجب أن نيسّر للعلماء كلّ الأسباب اللازمة (الضروريّة) لإنجاز البحوث العلميّة.

٦. أجب عمّا يلي من الأسئلة:

(١) ماذا يعني البرق؟ ومتى يمكن أن نراه؟

(٢) كيف نحصُل على شحنات الكهرباء؟

(٣) لماذا تُصنع أسلاك الكهرباء بالنحاس؟

(٤) لماذا تُغَطَّى أسلاك الكهرباء بالقطن والمطّاط؟

(٥) اذكر لنا فوائد الكهرباء واحدة واحدة.

(٦) اذكر لنا بعض الأجهزة الكهربائيّة المنزليّة.

(٧) قُلْ لنا فوائد الراديو(المذياع) أو المسجّل.

(٨) تحدَّثْ إلينا عن فائدة الثلّاجة.

(٩) هل في بيتك غسّالة؟ وما فائدتها؟

(١٠) هل تحبّ التلفزيون؟ لماذا؟

٧. أسنِدْ ما يلي من الأفعال إلى ضمائر الرفع المتّصلة:

أَعَدَّ يُعِدُّ، غَطَّى يُغَطِّي، هَذَّبَ يُهَذِّبُ، ذَلَّلَ يُذَلِّلُ

المطالعة

التلفزيون

إذا جلستَ أمام صندوق أنيق له شاشة زجاجيّة وحرّكتَ مفتاحه، رأيتَ المذيع وهو يقرأ نشرة الأخبار أو رأيتَ المُطرب وهو يُغنّي أمامك، أو شاهدتَ العازفين وهم يلعبون على آلاتهم الموسيقيّة، شاهدت كلّ هذا أمامك في وضوح تامّ.

وهذا هو التلفزيون، ينقل لك الصورة والصوت في وقت واحد. ويحدث هذا بأن يجلس المغنّي والعازفون أمام آلات التصوير التلفزيونيّة في المحطّة المخصّصة لذلك، ثمّ تُرْسَلُ الأصواتُ والصورُ في موجات كهربائيّة تلتقطها الأجهزةُ الموجودة في البيوت وتحوّلها مرّة أخرى إلى أصوات وصور.

لقد كان هذا الاختراع نتيجةَ دراساتٍ وأبحاثٍ كثيرة قام بها العلماء سنين عديدة. وبعد الحرب العالميّة الثانية بدأ ينتشر قليلا قليلا في العالم.

وأجهزة التلفزيون تختلف في أحجامها، منها الصغيرُ حجمُ ١٤ بوصة، والمتوسّطُ حجمُ ١٨ بوصة، والكبيرُ ٢٠ بوصة أو أكثر.

وقد بدأ التلفزيون الملوّن يعمّ وينتشر في كثير من البلدان المتقدّمة، فإذا جلست أمامه ترى فيه الأشجارَ خضراءَ والأزهارَ حمراءَ وصفراءَ، وشروقَ الشمس وغروبَها، والملابسَ الملوّنة، وكلّ ما يَسُرُّ نفسك، ويُبْهِجُك، فقد يَسَّرَ لك العلماءُ كلّ سُبُل الحياة واخترعوا لك كلّ جديد وجميل، فالمستقبل ينتظرك والحياة تفتَح ذراعَيْها لك وتبتسم في وجهك، فكُنْ طالبا مجدّا نشيطا مُنْفَتِحَ الذهن مُقبلا على العلوم والمعارف.

الإرسال الإذاعيّ

هل فكّرت وأنت تُدير مفتاح المذياع لتستمع إلى الأغاني والموسيقى والأحاديث، في الرجل العظيم الذي اخترع لك هذه الآلة العجيبة، وأنت تضعها أحيانا في جيبك وتسير بها، وهي تُرسل إليك الأخبار والمسرحيّات.

وفي سنة ١٨٩٥ قام العالم الإيطاليّ ماركوني بدراسة موجات الكهرباء المغنطيسيّة، واستطاع أن ينقل الكلام أو الموسيقى لاسِلْكِيًّا (بلا أسلاك) من الإذاعة فيتحوّل إلى موجات كهربائيّة، تنتشر في الجوّ، فيلتقطها المذياع ويحوّلها إلى كلام أو موسيقى مرّة أخرى.

وظهر أوّلُ مذياع سنة ١٩٢٠، وبمرور السنين انتشر المذياع في جميع أنحاء العالم، وأصبحت لكلّ دولة محطّة إذاعة. وأنت إذا حرّكت مُؤَشِّرَ المذياع سمعتَ: هنا الخَرْطُوم، هنا القاهرة، هنا لندن ... واستمعتَ إلى كلّ أحداث العالم وأنت راقد على سريرك، وقضيتَ وقتا مُمتعا مع الأغاني الشعبيّة أو المسرحيّات ... ولو كنت راكبا عربةً أو قطارًا أو سفينةً.

109 第五课

وفي ميادين القتال يُوجّه القائد جنودَه عن طريق الإذاعة اللاسلكيّة، فيتحرّكون ويُطلِقون المدافع ويدخلون الخَنادِق ويَنْسَحِبُونَ. ويتحدّث بُوليس النجدة مع رِئاسَتِه، أو يوجّه أفراد قوّته المُنتشرين في المدينة.

ثمّ أتى التلفون اللاسلكيّ فيتحدّث الطيّارون مع المطارات ويُبلّغون عمّا يحدُث لهم. وتتحدّث السفنُ في المُحيطات مع أيّ جهة تريد. وتستطيع أنت عن طريق التلفون اللاسلكيّ أن تتكلّم مع أيّ صديق لك في العالم، حتّى ولو كان على سطح القمر.

المفردات

乐师，演奏者	عازِف جـ عازِفُونَ
音乐的，音乐家	مُوسِيقيّ م مُوسِيقيّة
歌手，歌唱家	مُغَنٍّ (الْمُغَنّي)/ مُطرِب
摄像机	آلَةُ التَّصْوير التِّلِفِزِيُونيّة / فيديو
专门的，特别的，指定的	مُخَصَّص م مُخَصَّصَة
波，波浪	مَوْجَة جـ مَوْجات
电磁波	مَوْجاتُ الكَهْرَباءِ الْمِغْناطِيسِيَّة
捡起，拾起，接收	الْتَقَطَ الْتِقاطًا الشيءَ
体积，大小	حَجْم جـ حُجُوم وأحْجَام
英寸	بُوصَة جـ بُوصات
日出	شُرُوقُ الشَّمْسِ/ طُلُوعُها
使喜悦，使愉快	أَبْهَجَ إبْهاجًا فلانا

سَبِيل ج سُبُل	道路，方法，手段
مُنْفَتِحُ الذِّهْنِ	思路开阔的
لاسِلْكِيّ م لاسِلْكِيَّة	无线的
حَرَّكَ تَحْرِيكًا الشيءَ	摇动，搅动，拨动
مُؤَشِّر	仪表，指示器，指针
لُنْدُن	伦敦
وَجَّهَ تَوْجِيهًا فلانًا	指挥，对某人发出指示
أَطْلَقَ الْمِدْفَعَ	开炮，炮轰
خَنْدَق ج خَنادِقُ	战壕，壕沟
اِنْسَحَبَ اِنْسِحابًا	撤退
بُولِيسُ النَّجْدَةِ	救援警察
طَيَّار ج طَيَّارُونَ	飞行员
ذِراع ج أَذْرُع	手臂

الواجبات

١. أكمِلْ ما يلي من العبارات:

سارٌّ ______	اَلْمَنْزِلِيَّة ______	أُوتُوماتِيكِيَّة ______
مُطْرِب ______	الرَّدِيئَة ______	الخِياطَة ______
مُشْرِق ______	كَهْرَبائِيّ ______	مِنَ الْمَطَّاطِ ______

٢. ترجِمْ ما يلي من العبارات إلى العربيّة:

电工　　电荷　　电线　　电风扇　　电冰箱

电炉　　电流　　彩电　　电熨斗　　发电站

٣. ترجِمْ الفقرة الآتية إلى العربيّة:

电与日常生活

不管是城市，还是乡村，家用电器都已普及。由于这些电器，人们的日常生活发生了许多变化。电视机让人们坐在家里便能了解世界或观看各种文艺节目；而电冰箱和洗衣机则大大减轻他们的家务劳动，大大节约他们的时间。可以说，这是一个电的时代，在这个时代，人们生活不能没有电，电正在人们的生活中发挥越来越大的作用（تعلب دورا مُتَزايِدا）。

٤. أدخِلْ كلّا ممّا يلي في جملة مفيدة:

على خَيْرِ الْوُجُوه، بواسِطَة ...، عن طَرِيق ...، أَعَدَّه، بدُونِ مَشَقَّةٍ ولا عَناءٍ، بَعَثَ إِلَيْه بكذا، مَلِيءٌ بـ ...، يَرُوجُ

٥. اكتبْ مقالةً قصيرة تحت عنوان ((تتحسّن معيشتُنا سنة بعد سنة)).

٦. استمعْ إلى التسجيل، ثمّ أعِدْ محتوياتِه بالعربيّة.

استمع وضع الحركات

المذياع

انتشر المذياع وعمّ استعماله في المدن والقرى، وأصبح الناس ينعمون به في كلّ مكان، يستمعون إليه في المنازل والأندية والطرق والقطارات والسيّارات، ويتمتّعون به في إقامتهم وسفرهم، وحركتهم وسكونهم دون مشقّة ولا عناء.

وأيّ عناء في أن تحرّك مفتاحا صغيرا فتسمع الموسيقى المطربة والأغاني الجميلة، وأنت في مكانك هادئ مستريح.

والمذياع يقدّم للسامعين برامج مختلفة مثل الأخبار اليوميّة والدروس العلميّة والقصص أو الحكايات ... فتنير العقول وتهذّب الأخلاق وتسرّ النفوس. إنّه قد أصبح مدرسة عظيمة الفائدة.

الإصابة بالتيّار الكهربائيّ

قد يحدث في حياتنا اليوميّة أن يصاب أحدنا بالصّدمة الكهربائيّة، والإهمال هو السبب الأوّل للإصابة بها.

وقد يكون تأثير الصدمة الكهربائيّة أقلّ حينما يكون الجلد جافًّا خاليا من الرطوبة بما فيها الماء والعرق وغيرهما. وعلى الشخص الذي يسعف المصاب أن يقطع التيّار الكهربائيّ لحماية نفسه باستعمال آلة قاطعة ذات مقبض مصنوع من مادّة عازلة كالخشب والمطّاط. وبعد ذلك ينقل المصاب بعناية من مكانه، ويبدأ بعمل التنفّس الصناعيّ له. وقد يستدعي نقله إلى المستشفى، حيث تبدأ العناية والإسعافات فيما يخصّ القلب وعلاج الحروق المتسبّبة عن الصدمة الكهربائيّة.

(عن ((المزمار)))

第六课 الدرس السادس

课文:	نحن والعلم
语法：همزة 的写法（في كتابة الهمزة）	

النصّ

نحن والعلم

قامتْ في الماضي حضاراتٌ بلغتْ غايةً بعيدة من التقدّم والرقيّ، وما زالت آثارُ تلك الحضارات باقيةً في كثير من بقاع الأرض. فقد ساهم العلماءُ مساهمةً فعّالة في خَلْقِ تلك الحضارات، لذا نجد أسماءهم لا تزال تتردّد على ألسنة الناس حتّى يومنا هذا.

إنّ المتتبّع للحضارة المُعاصرة يجد أنّ العلوم تلعب دورا حاسما فيها كما لعبت في الحضارات القديمة. فإنّ كلّ ما يستعمله الإنسان وما يأكله أو يشربه أو يلبسه ما هو إلّا نتيجةً لعمله الخلّاق وجَهْدِهِ الدائم وثمرةً لمَساعِي العلماء في سبيل رفاهِيَةِ البشر وإسعادهم وتوفير الحياة الرَّغْدَة للأجيال القادمة.

إنّ العلوم هي القوّة الدافعة والمِحْوَرُ الذي ترتكز عليه الحضارة المعاصرة، فقد مكّنت العلومُ الإنسانَ من السيطرة على قوى الطبيعة المختلفة، فتحكّم في الهواء وتغلّب على الجاذبيّة الأرضيّة واخترع الصواريخ فغزا الفضاء، وأطلق فيه الأقمارَ الصناعيّة، الأمر الذي مكّن الإنسانَ من معرفة الأرض التي

يعيش عليها، ومن التنبُّؤ عن الطقس بكلّ دقّة، والاتّصال لاسِلْكِيًّا بين مسافات بعيدة، وبثّ برامج التلفزيون إلى أنحاء العالم. فكلّ هذه الأشياء كانت ضُرُوبًا من الخَيال، ولكنّ العلوم جعلتْها حقيقةً واقعة.

وكذلك مكّنت العلومُ الإنسانَ من استغلال الموارد الطبيعيّة، فتَحَكَّمَ في الماء ومصادره. ووَلَّدَ منه الكهرباءَ في الشلّالات، وأقام السدودَ التي ساعدتْ على زراعة المساحات الواسعة من الأراضي، وكلّ ذلك عاد على البشرية بالخير والرفاهية.

إذا التفت الإنسانُ إلى ما حوله وجد أثر العلم واضحا في نواحٍ كثيرة من حياته اليوميّة، فالكهرباء مثلا تُؤدّي وظيفتها في تشغيل الغلّايات والمراوح والمواقد والثلّاجات والماكنات الحاسبة. إنّ العلوم تتطوّر اليوم بخُطًى حثيثة لتعود على الإنسان بالراحة والرفاهية في الحياة.

فالعلوم تعمل دوما وأبدا على رفع المستوى المعيشيّ للإنسان وتقدّمه الحضاريّ.

الحوار

أحاديث في فضل العلم

(تجري بين بعض الطلّاب وأستاذهم)

– فيم نتحدّث اليوم يا أستاذ؟

– نتحدّث في فضل العلم، وقد أخذنا مقالة عن هذا الموضوع.

– أودّ أن أتحدّث قليلا عن أثر العلم في الحياة اليوميّة.

– حسنا، ونحن نستمع إليك.

- إنّ أوّل ما يخطُر بذهني عند الحديث في هذا الموضوع، هو تلك الأجهزةُ والمعدّاتُ التي نستخدمها بكَثْرَةٍ في الحياة اليوميّة، مثلُ المروحة والثلّاجة والتلفزيون ...
- يُستحسن أن نتحدّث كيف تخدمنا هذه الأجهزةُ والمعدّات ... طيّب، تكلّموا واحدا واحدا.
- المروحة تُخفّف عنّا حرارة الجوّ في أحرّ الأيّام صيفا.
- نعم، ومن يتبَع؟
- الثلّاجة تحفظ الأطعمة من التَّلَف، وتُؤَمِّنُ نظافتها.
- التلفزيون، إنّه مثلُ مسرح في البيت، أو نافذة تُطلّ على العالم بأسره.
- يبدو أنّكم نسيتم المصباح الكهربائيّ، ولولا هو ما كان في استطاعتنا أن نقضي الليل كأنّنا في النهار.
- ومن يتحدّث عن العلم وتقدّم العالم؟ هذا الجانب هو الأهمّ ... نعم، تفضّل.
- أرى الكرة الأرضيّة كأنّها أصبحت صغيرة مع تقدّم العلوم، ففي الماضي كانت الرحلة من قارّة إلى قارّة، مثلا من آسيا إلى أوربّا قد تأخذ شهورا، أمّا الآن، فتكفيها بضعَ عشرةَ ساعةً فقط.
- ستكون بضعَ ساعات، إنْ شاء الله.
- كلام معقول، وكذلك تستطيع أن تخاطب تلفونيّا أيّ صديق لك قريبا كان أم بعيدا، وأنت تسمعه يتكلّم بوضوح كأنّه في غرفة مجاورة.
- زرت مصنعا في العام الماضي، ورأيت ماكنة حاسبة تتحكّم بالآلات دونَ عناء، وتُشرف على عمليّات الإنتاج بدقّة.

- وقد أصبح لدينا الآن الرُّوبُوط أي الإنسانُ الآليّ، وهو يقدر أن يقوم بأعمال كثيرة بدلا من الإنسان نفسه.
- نعم، ومن يُكَمِّلُ؟
- عندما نفتَح عيوننا على العالم، نجد الإنسان قد صار أقوى مِنْ ذِي قَبْلُ، إذ تغلّب على الجاذبيّة الأرضيّة، فأطلق الأقمار الصناعيّة إلى الفضاء بنجاح مرّة بعد مرّة ...
- كلّ ذلك يدلّ على التغيّرات الهائلة التي أَحْدَثَها تطوُّرُ العلم في هذا العالم.
- حسنا جدّا، نستريح بعض الدقائق، ثمّ نتابع الدرس.
- عفوًا، ألا نمرّ على الكمبيوتر والإنترنت؟
- ... كلاهما موضوع كبير، يستحسن أن نتحدّث عنه في وقت آخر؟
- حسنًا، دعنا نتابع الدرس.

المفردات

رُقِيّ	进步，提高
باقٍ(اَلْباقِي) م باقِيَة	留下的，剩下的
بُقْعَة ج بِقاع	地区，地带
فَعَّال م فَعَّالَة	有成效的，起作用的
تَرَدَّدَ تَرَدُّدًا في الأمر	犹豫，拿不定主意
يَتَرَدَّدُ الأمرُ على أَلْسِنَةِ ...	传颂，流传
تَتَبَّعَ تَتَبُّعًا الأمرَ فهو مُتَتَبِّع	注意，关注

起作用	لَعِبَ دَوْرًا
决定的，果断的	حاسِم م حاسِمَة
努力	مَسْعًى جـ مَساعٍ (اَلْمَساعِي)
舒适，安逸	رَفاهِيَة
人，人类	اَلْبَشَر / اَلْبَشَرِيَّة
使幸福，造福于	أَسْعَدَ إِسْعادًا فلانًا
富裕的，舒适的	رَغْد م رَغْدَة
推动的	دافِع م دافِعَة
轴，轴心，中枢	مِحْوَر جـ مَحاوِرُ
依靠，依赖	اِرْتَكَزَ اِرْتِكازًا على ...
使能够，使可能	مَكَّنَ تَمْكِينًا فلانًا مِنْ ...
控制，统治	سَيْطَرَ سَيْطَرَةً على ...
自然	طَبِيعَة
控制，垄断	تَحَكَّمَ تَحَكُّمًا في كذا أو به
机器人	اَلرّوبُوت / اَلرّوبُوط / اَلْإِنْسانُ الْآلِيُّ
吸引力	جاذِبِيَّة
地球的，土地的	أَرْضِيّ م أَرْضِيَّة
袭击，进犯，征服	غَزَا يَغْزُو غَزْوًا البلدَ أو غيره
空地，空间，太空	فَضاء
人造卫星	قَمَرٌ صِناعِيٌّ جـ أَقْمارٌ صِناعِيَّة
发射卫星	أَطْلَقَ قمرًا صناعِيًّا

تَنَبَّأَ تَنَبُّؤًا بـ ...	预言，预告，预示
طَقْس	天气，气象，气候
بِكلِّ دِقَّةٍ	十分精确地
لاسِلْكِيّ م لاسِلْكِيَّة	无线的
بَثَّ ـُ بَثًّا شَيْئًا	传播，播送，发送
ضَرْب ج ضُرُوب	种，种类
خَيال	幻想，想象，幻影
واقِع م واقِعَة	现实的，实际的
مَصْدَر ج مَصادِرُ	来源，源泉
وَلَّدَ تَوْلِيدًا الشيءَ	产生，发生
شَلَّال ج شَلَّالَات	瀑布
سَدّ ج سُدُود	水坝
شَغَّلَ تَشْغِيلًا الماكِنَةَ أو غيرَها	使工作，使运转，开动
غَلَّايَة ج غَلَّايَات	热水器，水壶
اَلْماكِنَةُ الْحاسِبَةُ / الحاسِبَةُ	计算机
حَثِيث م حَثِيثَة	快的，迅速的
دَوْمًا وأَبَدًا	始终，总是，永远
مَعِيشِيّ م مَعِيشِيَّة	生活的
حَضارِيّ م حَضارِيَّة	文明的
أَبْعَدَ إِبْعادًا شيئًا	排除，消除
تَلَف	腐败，腐坏，损坏

حَفِظَ الطعامَ مِنَ التَّلَفِ	防腐
أَمَّنَ تَأْمِينًا الأمرَ	保证，保障
كَفَى يَكْفِي كِفايَةً الشيءُ فلانًا	够，足够
تِلِفُونِيّ م تِلِفُونِيَّة	电话的
عَمَلِيَّة ج عَمَلِيّات	过程，程序
بَدَلًا مِنْ ...	代替
مِنْ ذِي قَبْلُ	比以前，比过去
أَحْدَثَ إِحْداثًا شيئًا	创造，发生，引起
رَاقَبَ مُراقَبَةً الأمرَ	观察，注意
بُخارِيّ م بُخارِيَّة	蒸气的
أَيْلُول / سَبْتَمْبَر	九月
ضَجَّة / ضَجِيج	吵闹声；轰动
أَحْدَثَ ضَجَّةً	轰动
مُسَقَّفٌ م مُسَقَّفَة	带棚的，有顶的
عَلَى الْإِطْلاقِ	绝对地
تَبَعًا لِذلِكَ	因此
صَالَة ج صالَات	厅，堂
فَحْم	煤
كمبيوتر / العقل الإلكترونيّ	电脑
إنترنت / الشبكة العالميّة	互联网

من أمثال العرب والحكم

لِكَيْ يَكُونَ شغلُك نافِعًا لَكَ اِجْعَلْهُ أَوَّلًا نافِعًا لِلنَّاسِ.

（辛劳旨在为公，个人才能受益。）

العامِلُ الْمُجْتَهِدُ مِثْلُ الْمِقَصِّ يُطْبِقُ شَفَتَيْهِ عِنْدَ مُباشَرَةِ الْعَمَلِ.

（勤奋者似剪刀，干活时决不可松劲。）

الملاحظة

كلّ ما يستعمله الإنسان وما يأكله أو يشربه أو يلبسه ما هو إلّا نتيجةً لعمله الخلّاق وجهده الدائم ...

句中出现的前两个 ما 都是连接名词，第三个 ما 是否定虚词，其作用相当于残缺动词 ليس。

القواعد

همزة 的写法 (في كتابة الهمزة)

字母 همزة 的书写形式不外 أ (إ، ا)، ئ (ئـ)، ؤ، ء 这几种，下面就词首、词中、词尾的写法分别做出说明。

1. 词首 همزة 有 إ، أ، ا 三种形式。如：

أَبٌ، أَمْسِ، أَمْرٌ، أَكَلَ، أُمٌّ، أُسْرَةٌ

إِبْرَةٌ، إِنْسَانٌ، إِبْطٌ، إِرَادَةٌ، إِخْوَانٌ، إِبْرِيقٌ

اِسْمٌ، اِذْهَبْ،اِجْلِسْ، اُكْتُبْ، اِجْتَهِدْ، اِسْتَقْبِلْ

2. 词中 همزة 的写法与前一字母密切关联。为便于说明，我们先将动符和静符按强弱程度排成 ـِ 最强、ـُ 次强、ـَ 弱、ـْ 最弱的顺序。

由此，词中 همزة 的写法有三种情况：

（1）当 همزة 的音符等于或强于前一字母的音符时，همزة 的书写形式由自身的符号决定。即开口符写作 أ，齐齿符写作 (ئ) ئـ ،إ，合口符写作 ؤ 。如：

سَأَلَ، يَسْأَلُ، مَسْأَلَة،

سُئِلَ، سَئِمَ، رَئِيسٌ، قَائِلٌ، نَائِمٌ، مُطْمَئِنٌّ

رُؤُوسٌ، رَؤُوفٌ، شُؤُونٌ، مَسْؤُولٌ

但也有人将 رُؤُوسٌ، رَؤُوفٌ، شُؤُونٌ، مَسْؤُولٌ 等一类词语写成 رُءُوسٌ، رَءُوفٌ، شُئُونٌ،مَسْئُولٌ。

（2）当 همزة 的音符弱于前一字母的音符时，همزة 的写法由前一字母的音符决定，即前一字母是开口符时写作 أ，是齐齿音符时写作(ئـ ، ئ)，是合口音符时写作 ؤ 。如：

رَأْس، بَأْس، مَأْلُوف، قَرَأْتُ، طُمَأْنِينَة، بِئْر، ذِئْب، مِئَات، مِئْذَنَة،

اِطْمِئْنَان، بُؤْس، يُؤْخَذُ، فُؤَاد، سُؤَال، مُؤَدَّبٌ

（3）当 همزة 本身带开口符，而前面是表示长音的 ألف 时，همزة 就写作 ء 。如：

سَاءَلَ، لَاءَمَ، تَسَاءَلَ، تَفَاءَلَ، تَشَاءَمَ

3.词尾的 همزة 有两种情况：

（1）همزة 前的字母带静符或为长音时，همزة 一律写作 ء 。如：

بَدْء، مَرْء، شَيْء، ضَوْء، عِبْء، جُزْء، جَاءَ، شَاءَ، ذَكَاء، مَسَاء،

غِذَاء، أَبْنَاء، أَصْدِقَاءُ، صَحْرَاء، خَضْرَاء، مَلِيء، بَطِيء، مَجِيء،

يَجِيءُ، سُوء، لُجُوء، مَمْلُوء

词尾 همزة 和代名词相连时有三种写法：

① همزة 前是一般静符字母时，همزة 的形式由自身的符号决

定。如：

جُزْأَهُ جُزْئِهِ جُزْؤُهُ، عِبْأَهُ عِبْئِهِ عِبْؤُهُ

② همزة 前是静符 ياء 时，则一律写在作 ـئـ 。如：

مَجِيئَهُ مَجِيئِهِ مَجِيئُهُ يَجِيئَانِ يَجِيئُونَ

③ همزة 前是柔弱字母 ألف 或 واو 时，همزة 的写法随自身
   符号的变化而变化，即 همزة 带开口符时，仍保留其原
   来形式，带合口符或齐齿符时分别写在与其符号相对应
   的 واو 或 ياء 上。如：

ضَوْءَهُ ذَكَاءَهُ أَبْنَاءَهُ، أَسْمَاءَهُمْ جَاءَا شَاءَا

ضَوْؤُهُ ذَكَاؤُهُ أَبْنَاؤُهُ، أَسْمَاؤُهُمْ جَاؤُوا شَاؤُوا

ضَوْئِهِ ذَكَائِهِ أَسْمَائِهِمْ

但 جَاؤُوا، شَاؤُوا 等也可写成 جَاءُوا، شَاءُوا 的形式。

（2）همزة 前的字母是动符时，همزة 的写法由前面字母的音符来
   决定。如：

نَبَأ، خَطَأ، مَبْدَأ، قَرَأ، مَلَأ، لَجَأ، اِخْتَبَأ، تَبَاطَأ، لُؤْلُؤ، جَرُؤ يَجْرُؤُ،
تَنَبُّؤ، دَافِئ، شَاطِئ، مُنْشِئ، ظَمِئ، يُهَنِّئُ

词尾 همزة 和代名词相连时形式可以不变。如：

خَطَأُهُ، شَاطِئُهُ، قَرَأَهُ قَرَأُوا، يَجْرُؤَانِ، يَجْرُؤُونَ، يُهَنِّئَانِ

但也可相应地写成：

خَطَؤُهُ، قَرَءُوا، يَجْرَآنِ، يَجْرَءُونَ

4. همزة 后连接词尾 ة 时，其写法通常遵照词中的书写规则。如：

نَشْأَة، اِمْرَأَة، مُكَافَأَة، فِئَة، هَادِئَة، سَيِّئَة، تَهْنِئَة، لُؤْلُؤَة، قِرَاءَة،
كَفَاءَة، مُضَاءَة، مُلَاءَة

而 همزة 前面的字母是带静符 ياء 时，همزة 则必须写作 ـئـ ；而带静符的 واو 时，همزة 则写作 ء 。如：

هَيْئَة، مَلِيئَة، خَطِيئَة، مُرُوءَة، نُبُوءَة، مَمْلُوءَة

التمرينات

١. تَأَمَّلْ في الكلمات الآتية، ثمّ أشِرْ إلى قاعدة كتابة الهمزة في كلّ منها:

أَرْض	عباءَة	صَفْراء	جُرْأَة
مُؤَكَّد	مَأْكَل	هائِل	بِيئَة
تَنَبُّؤ	مِدْفَأَة	مُلاءَمَة	هَنَّأَ
ناشِئَة	مَأْخُوذ	جِئْتُ	تَأْمِين
أَبْناؤُهُ	لَجَأُوا	فَضاء	مَبْدَأ
إِنْسان	أَسْئِلَة	أَصْدِقاءُ	يَسْأَلُ

٢. اقرأ ما يلي من الجمل مع مُراعاة كتابة الهمزة:

(١) بَدْءُ عملٍ ما عِبارَةٌ عن نصف نجاحه.

(٢) هؤلاء جميعا كرماء.

(٣) إذا حدث شيء، فأنا المسئول عنه.

(٤) الإنسان يدفع عجلة التاريخ إلى الأمام دائما وأبدا.

(٥) القراءة تَزيدنا علما ومعرفة.

(٦) هذه قائمة الطعام الصينيّ وهذه قائمة الطعام الأَفْرَنْجِيّ.

(٧) الإنسان إذا عاش بين الأصدقاء فكأنّه بين أهله وأقربائه.

(٨) بدأت الطائرةُ تتحرّك ببُطء على الأرض. ثمّ أسرعت وأسرعت،

وفجأة ارتفعت إلى الفضاء.

(٩) أَعْجَبَنِي جوُّ الإسكندريّة المُعتدل، وسماؤُها الصافِيَة وشواطئُها الجميلة.

(١٠) ذات ليلة رأيت رُؤْيَا مُخيفة.

(١١) لا أعرف مَنْ جاء مساء أمس، إذْ كنتُ قد استغرقتُ في النوم.

(١٢) هل اشترك في هذه الحفلة رئيسُ اتّحاد الطلبة؟

(١٣) هذه المقالة مأخوذة عن إحدى الجرائد العربيّة.

(١٤) قابل المسؤولون (المسئولون) الممثّلين الفائزين بالجوائز.

(١٥) لا بأس ... ننتظر حتّى تأتي السفرة القادمة.

٣. ضَعْ في كلّ مكان خال ممّا يلي كلمة أو عبارة مناسبة:

(١) ما زالت آثار الحضارات القديمة ______ في كثير من ______ الأرض.

(٢) تتردّد أسماءُ أولئك العلماء على أَلْسِنَةِ البشر، لأنّهم ______ ______.

(٣) نجد أنّ العلوم ______ دورا حاسما في خلق ______.

(٤) إنّ كلّ ما نستعمله ونأكله ونشربه ونلبسه ليس هو إلّا نتيجة لـ______.

(٥) إنّ القوّة الدافعة التي ترتكز عليها الحضارة المُعاصِرَة في كلّ بلد ما هي إلّا ______.

(٦) مكّنت العلومُ الإنسانَ من التغلّب على ______ الأرضيّة ومن اختِراع ______ حتّى أطلق في الفضاء ______ الصناعيّة.

(٧) في هذا العصر أصبحت ضروبٌ من الخيال ________ بفضل ________.

(٨) الكهرباء تؤدّي وظيفتَها في تشغيل ________ و ________ و________ و ________ و ________.

(٩) إنّ الحاسبة تستطيع أن ________ الماكنات دون عناء، وتُشرف على ________ الإنتاج بكلّ ________.

(١٠) تقدِرُ الغسّالة الأوتوماتيكيّة على ____________ بدلا من ________ نفسه.

٤. استمِعْ وانقل ما يلي من الجمل إلى الصينيّة، ثمّ حاول أن تكوّن جملة مفيدة بكلّ ممّا يتقدّم كلّ مجموعة منها:

تَرَدَّدَ

(١) ظَلَّتْ مآثرُ أولئك الشهداء تتردّد على ألسنة أبناء الشعب، كأنّهم ما زالوا يعيشون.

(٢) إذا دَعَتِ الضرورةُ، يستطيع رجالُنا المقاتلون أن يقدّموا كلّ ما يملكون حتّى حياتهم دون تردّد.

(٣) يَلْزَمُنا أن نتّخذ الآن قَرارًا (决定)، إنّ الظروف لا تَسْمَحُ لنا بأن نتردّد باستمرار.

(٤) كثيرا ما نتردّد إلى الأماكن الفسيحة كالساحات العامّة والحدائق والحقول لنتنفّس الهواء النقيّ.

تتبّع الأمر فهو متتبّع

(١) مئات الملايين من أفراد الشعب يتتبّعون أخبار الفريق الرياضيّ

الصينيّ في الدورة الأولمبيّة.

(٢) إنّ المتتبّع للحضارة المعاصرة يجد أنّ العلوم تلعَب دورا حاسما فيها كما لعبتْ في الحضارات القديمة.

(٣) ... ومن ذلك الحين أصبح من السهل دراسةُ الجراثيم وتتبّع مراحل نموِّها واكتشاف الدواء الذي يقتُلها.

أَسْعَدَه

(١) يُسْعِدُني أن أُلبِّي هذه الدعوة الكريمة.

(٢) يُسعدني كلَّ السعادة أن نلتقِيَ في هذه المناسبة الجميلة بأصدقائنا الأعزّاء الذين جاءوا من مختلف البلدان.

(٣) إنّ ما يُسعدنا هو أن نعمَل ونبذُل جهودَنا في رفاهية الشعب وفي توفير الحياة الرَّغْدَة للأجيال القادمة.

مَكَّنَهُ من كذا

(١) ما هي القوَّةُ التي تُمَكِّنُكَ من التغلُّب على هذه الصعوبات؟

(٢) إنّ سياسة الانفتاح التي تسير عليها البلاد مكَّنَتْنا من اسْتِيرادِ التَّكْنولُوجِيَا المتقدِّمة واستغلال الأموال (资金) الأجنبيَّة، الأمر الذي عَجَّلَ (加速了) خطوات تحديث البلاد.

(٣) ... وأخيرا اخترع العلماء نظّارة مُكَبِّرَة (放大的) تُسَمَّى الْمُجْهِر (显微镜)، الأمر الذي مكّنهم من رُؤْيَة تلك المخلوقات الدقيقة التي تُسبّب الأمراض.

سَيْطَرَ على ...

(١) ... مكّنت العلومُ الإنسانَ من السيطرة على قوى الطبيعة المختلفة.

(٢) يمتاز العالم العربيّ بموقعه الجغرافيّ وثرواته الغنيّة وخصوصا البترولَ والقطنَ، ولذا كثيرا ما تحاول القوى الطامعة أن تُسيطر عليه.

(٣) خاضت شعوبُ العالم الثالث نضالاتٍ مريرةً (艰苦的)، وبذلتْ تضحيات عظيمة من أجل الاِسْتِقْلالِ والتحرُّرِ من سَيْطَرَةِ الأجانب.

تَحَكَّمَ بكذا أو فيه

(١) إنّ أهمّيّة موقع العالم العربيّ تظهَرُ في أنّ هذه البلاد تتحكّم بعدّة منافِذَ بحريّة، هي مضيق جبل طارق وقناة السويس وباب المَنْدَب.

(٢) قناة السويس تتحكّم في المواصلات البحريّة بين البحر المتوسّط والبحر الأحمر.

(٣) إنّ معظم عمليّات الإنتاج في هذه الورشة تتحكّم بها الماكناتُ الحاسبة.

بكلّ دِقّةٍ / بدقّة وعناية

(١) فحص المُهندس هذه الآلة بدقّة وعناية حتّى وجد ما أصابها من خَلَل (毛病).

(٢) إنّ العلوم الحديثة تُمكّننا من التنبُّؤ عن الطقس بكلّ دقّة.

(٣) الإنسان الآليّ قادر على أداء العمل بكلّ دقّة كما يُؤدّيه الإنسانُ نفسُه.

أَمَّنَ كذا

(١) الثلّاجة تحفَظ الأطعمة من التَّلَف، وتؤمّن نظافتها.

(٢) هدفُنا من إقامة هذا المشروع هو أنْ نؤمّن تَزْوِيدَ (供应) مدينتِنا وما

يُحيط بها من الأرياف بالكهرباء.

(٣) في السنوات الأخيرة شَهِدَتْ قضيّةُ التَّأْمِين (保险) الشعبيّ تطوُّرا سريعًا مع تطوُّر البناء الاقتصاديّ في البلاد.

بَدَلًا من ...

(١) البلاسْتِيك (塑料) مادّة تُستخدم في مختلف الأَغْراض (目的) بدلًا من الخشب أو المعادن.

(٢) ما وجدتُ الإجّاص الجيّد، فاشتريتُ كِيلُو من التفّاح بدلا منه.

(٣) أُصِبْتُ بالزكام، فاشترك كاملٌ في هذه المباراة بدلا منّي.

(٤) زرع الأبناءُ الثلاثة حقلَهم قمحًا بدلا من أن يترُكوه مُهْمَلًا.

أَحْدَثَ شيئًا

(١) هل تعرف ما هي تنبُّؤات العلماء حول التغيُّرات التي ستُحدثها هذه الثورةُ التكنولوجيّة على نطاق (范围) العالم؟

(٢) إنّ ظهور شبكة الإنترنت أحدث في العالم كلّه تغيّراتٍ هائلة.

(٣) التجديد الذي طبّقه المديرُ في لوائح المصنع وأنظمته أَحْدَثَ تأثيرا فعّالا على عمليّات الإنتاج.

٥. أكمِلْ ما يلي من الجمل:

(١) نحن خَدَمٌ للشعب، يجب أن ________ في سبيل رفاهية هذا الشعب و ________ الحياة الرغدة لـ ________.

(٢) إنّ العلوم والتكنولوجيا هي الأخرى قوّة مُنْتِجَة، وبدون تطوّرهما، لا يُمكن أن ________ الإنتاج الاجتماعيّ.

(٣) الإنتاج الاجتماعيّ هو المِحْوَرُ الذي ________ كلّ

النشاطات الاجتماعيّة، وبدُونه لا ______ المجتمع البشريّ.

(٤) أَنْشَأْنَا ______ عام ١٩٤٩، وبذلك أَعْلَنّا ______ عهد (عصر) قديم، هو العهد الذي ______ فيه الأقليّة بالأغلبيّة، و______ عهد جديد، هو العهد الذي يكون ______ ______ فيه سَادَةَ البلاد.

(٥) فمنذ ذلك الحين قامت الصينُ في الشرق على قدم ثابتة (稳定的)، مُعلنةً نحو العالم أنّها قد تَخَلَّصَتْ من ______ النفوذ الأجنبيّ إلى الأبد.

(٦) إنّ شعبنا منذ ______ على زِمام السُّلْطَة جعل يبني البلاد وواصل الجهود في ذلك لمدّة ______ حتّى ______.

(٧) كلّ النتائج والنجاحات التي ______ تدلّ على تقدّم البلاد وتطوّرها، غير أنّها ______ تعني أبدا أنّ البلاد قد ______ نهائيّا، من كلّ ما هو قديم ومتخلّف، سواء أكان مَعْنَوِيّا (精神的) أم مادّيّا.

(٨) إنّ الأصدقاء الذين يتتبّعون ______ الصين يجدون في سرور ______ أنّ الجهود التي ______ ها هذه البلاد عظيمة، وأنّ التغيّرات التي ______ ها شعبها مشجّعة.

٦. رَتِّبْ كلّ مجموعة من الكلمات في جملة أو جملتين:

(١) القديمة – على – والرقيّ – الحضارة – تدلّ – الصينيّة – من –

بلغت — الآثار — التقدّم — ما — هذه — الماضية — في — العصور

(٢) خلق — العلماء — الزاهرة — ساهم — الحضارة — القدماء — مساهمة — في — الصينيّة — عظيمة

(٣) لي شي تشن (李时珍) - ماهرا — أسرة مينغ — طبيبا — في — كان - اسمه — ألسنة — يتردّد — الناس — ظلّ — وقد — على

(٤) الصين — الأقمار — المعروف — أطلقت — الصناعيّة — من — قد — عديدا — الفضاء — إلى — أنّ

(٥) البلاد — لأنّها — العلوم — الدافعة — تهتمّ — القوّة — الإنتاج — بتَنْمِيَة — الاجتماعيّ — لتطوّر — هي

(٦) القمر — كان — إلى — خيالا — الوصول —العلماء — ذلك — غير أنّ — جعلوا — حقيقة

(٧) يتنبّأ — بكلّ — الإنسان — أن — دقّة — قد — الطقس — استطاع — عن

(٨) قصْدُنا — تنمية — توليد — السدود — مِنْ - إنشاء — العالية — الأنهار — هو — الزراعة — و — الكهرباء — أوّلا — على — ثانيا

٨. أَجِبْ عمّا يلي من الأسئلة:

(١) علام (على+ ما) تدلّ آثار الحضارات الباقية في كثير من بقاع الأرض؟

(٢) هل الحضارات الحديثة استمرار للحضارات القديمة؟ ولماذا؟

(٣) لماذا يُحترم العلماء في كلّ أمّة؟

(٤) لماذا تُشجّع كلّ دولة على تنمية العلوم؟

(٥) لماذا يُطلق الإنسان أقمارا صناعيّة إلى الفضاء، وهو يعلم أنّ ذلك

يُكلّفه أموالا باهِظَة (بالغة)؟

(٦) علام يدلّ نجاح الإنسان في إطلاق الأقمار الصناعيّة؟

(٧) صِفْ لنا بعض الجهود التي بذلها الإنسان في استغلال الموارد الطبيعيّة.

(٨) تحدَّثْ إلينا عن أثر العلم في حياتنا اليوميّة.

٨. أسنِدْ ما يلي من الأفعال إلى ضمائر الرفع المتّصلة:

بَثَّ يَبُثُّ، غَزَا يَغْزُو، شَغَلَ يَشْغَلُ، سَيْطَرَ يُسَيْطِرُ على ...

المطالعة

أثر العلم في حياتنا

كان الإنسان القديم يعيش في الغابات وكُهوف الجبال كما تعيش الوُحوش، عُرْضَةً لِشدّة الشمس في الصيف ولِقَسْوَةِ البرد في الشتاء، وكثيرا ما كانت الأمراض تُهدّده.

وكان طعامه من ثمار الأشجار، فإذا لم يجدْ أكل أيَّ شيء من نبات الأرض. وكلّ جماعة كانوا يعيشون في مكان، لا يعرفون شيئا عن غيرهم، فإذا جاء الليل عاشوا في الظلام. أمّا الإنسان اليوم، فكلّ شيء مَيْسُور له، يسكُن البيوت ويُزَوِّدُها بالأثاث ليحمِيَ نفسه وولده ومتاعه من تقلُّبات الجوّ وعواصفه، ويعيش آمِنا من أَنْيابِ الوحوش وأَيْدِي اللُّصوص، ويُحَصِّنُ نفسَه من كثير من الأمراض، فقَدِ اهْتَدَى إلى حقيقتها وعرف أسباب وجودها، وتبيّن طريقةَ الوِقاية منها، فكانت هناك أمراضٌ تذهب بنظره، وأخرى تُهدّد حياته، وبفضل العلم ضَمِنَ لنفسه السلامةَ من أخطارها.

ويَرْتَدِي الإنسانُ الملابس القطنيّة والحريريّة والصوفيّة وغيرها، بعد أن كان يعيش عاريَ الجَسَدِ أو يتّخذ من جُلُود الحيوانات رداءً له.

ويستطيع أن ينتقل إلى أيّ مكان في العالم بوسائل المواصلات الحديثة، من طائرات تسبَحُ في الجوّ، وسفنٍ تعبُرُ المحيطات، وسيّارات تَنْطَلِقُ فوق الأرض.

وكان قديما لا يسافر إلّا في قافلة ماشيا أو راكبا دابّته. فإذا كان السفر بعيدا فربّما لا يعود، وربّما يسافر صغيرا ويعود شيخا كبيرا، وكان مهدَّدا في سفره بالجوع والعطَش ولقاء الوحوش. وبفضل العلم استطاع في ساعات قليلة أن يصل إلى أبعد بلاد العالم.

وسخّر الطبيعةَ لخدمته، فكيّف الهواءَ وقطّر الماءَ وأَخْرَجَ الخيراتِ من باطن الأرض، وحَوَّلَ الصحراءَ زرعًا وماءً، وغزا الفضاء ليعرف أسراره ويستفيد منها.

كلّ ذلك بفضل العلم.

المفردات

洞，洞穴	كَهْف جـ كُهُوف
容易的，方便的	مَيْسُور
供给，供应	زَوَّدَهُ تَزْوِيدًا بكذا
变化，变更	تَقَلُّب جـ تَقَلُّبَات
使获免疫力	حَصَّنَهُ من مَرَضٍ
贼，强盗	لِصّ جـ لُصُوص

133 第六课

方法，情况	كَيْفِيَّة
消灭	قَضَى ـ قَضَاءً عَلى كذا
保证，担保	ضَمِنَ ـَ ضَمَانًا الشيءَ
穿衣	اِرْتَدَى اِرْتِداءً المَلابسَ
棉质的	قُطْنِيّ م قُطْنِيَّة
绸子的	حَرِيرِيّ م حَرِيرِيَّة
毛的，毛织的	صُوفِيّ م صُوفِيَّة
光着的，赤裸裸的	عارٍ (الْعارِي) م عارِيَة
衣服，外套，披风	رِداء جـ أَرْدِيَة
商队，驼队	قافِلَة جـ قَوافِلُ
受威胁的	مُهَدَّد جـ مُهَدَّدُونَ
利用，强制劳动	سَخَّرَهُ تَسْخِيرًا
调节空气，改变气候	كَيَّفَ تَكْيِيفًا الهواءَ
滤清，淡化	قَطَّرَ تَقْطِيرًا الماءَ
内部	باطِن
改变，改造	حَوَّلَهُ تَحْوِيلًا إلى كذا
秘密，机密	سِرّ جـ أَسْرار

الواجبات

١. أكمِلْ ما يلي من العبارات:

فَعَّالَة ______	حَثِيثَة ______	غَزْوُ ______
الدافِعَة ______	صناعِيَّة ______	عَمَلِيّات ______
المَعِيشِيّ ______	مُسَقَّفَة ______	الجاذِبِيّة ______

٢. ترجِمْ ما يلي من العبارات إلى العربيّة:

高水坝	电热水器	富裕的生活
电话会议	自然资源	幸福的源泉
天气预报	网络时代	造福于人类
现代文明	创造性劳动	决定性作用

٣. ترجِمْ ما يلي من الجمل إلى العربيّة:

（1）今天能到贵公司参观，我们感到十分荣幸。

（2）我们愿意和贵公司加强技术合作与交流，努力学习贵公司的先进经验。

（3）科学家们为人类创造了宝贵的物质财富和精神财富，他们的事迹（مَآثِر），一直为各国人民所传颂。

（4）科学技术没有国界，它是全人类的共同财富，应当为全人类服务。

（5）天气预报是保证工农业生产顺利（بصورة مُوَفَّقَة）进行的重要手段。

（6）中国的某些高端科技产品已经打入国际市场。

（7）人类进入太空这在过去是不可想象的，如今已变成现实。

（8）我们正密切关注这项试验的进展，希望你们取得满意的结果。

（9）科学技术的发展与进步是社会生产发展的强大推动力。

（10）中国正在进行卓有成效的改革，这使她有可能迅速改变国家的面貌（مَلامِح）。

٤. كوّنْ جملة مفيدة بكلّ ممّا يلي:

أَسْعَدَ، أَحْدَثَ، أَطْلَقَ، تَتَبَّعَ، مَكَّنَ، كَفَى، بَدَلًا مِنْ ...

٥. استمعْ إلى التسجيل، ثمّ حاولْ أن تُلخّص مضمونَه بعبارات من عندك.

استمع وضع الحركات

هكذا تطوّر النقل فوق سكّة الحديد

نعود الآن إلى الوراء قليلا لكَيْ نراقب معا كيف تطوّرت القطارات فوق السّكّك الحديديّة.

نحن الآن في عام ١٧٦٠ في بريطانيا .. حيثُ وضعت أوّل سكّة حديد، تسير عليها عربات تجرّها الخيول، هذه العربات تستعمل لنقل الفحم من المناجم إلى الخارج.

وفي عام ١٨٠٤ قام المهندس ريتشارد ترفثيك بتصميم أوّل قطار بخاريّ. ثمّ في ٢٧ أيلول من عام ١٨٢٥ قام أوّل قطار بخاريّ بنقل الرّكّاب، فكان القطار يجرّ خلفه ستّ عربات تحمل الفحم، خلفها عربتان لنقل الرّكّاب، وخلف هاتين العربين ستّ عربات أخرى تحمل الطحين والفحم، فأحدثت هذه الرحلة ضجّة كبيرة. وهكذا أصبح القطار وسيلة لنقل الرّكّاب إلى جانب نقل الفحم والبضائع.

وبعد خمس سنوات من هذه الحادثة، صنعت عربة مسقّفة فيها أماكن للجلوس، وواضح أنّ النقل في تلك الأيّام لم يكن مريحا على الإطلاق.

وحينما أقبل عام ١٨٨٤ فقد تطوّر القطار إلى حدّ بعيد، وأصبحت المسافات التي يقطعها طويلة، لذلك أصبح ضروريّا أن يظلّ الركّاب في القطار ليلة أو أكثر، وتبعا لذلك فقد احتوت القطارات على أماكن للنوم وصالات لتقديم الطعام.

وخلال مائة عام وأكثر مضت على جيل وجيل من المهندسين، لم يقفوا يوما عن عصر عقولهم (绞尽脑汁) في سبيل تطوير التِقْنِيَّات (技术) حول صنع القطار، ولم يقع يوما في بال أحدهم ما إذا كان هناك احتمال لظهور قطار من النمط الجديد للغاية في الصين بمطلع القرن الحادي والعشرين، وسرعة عمله تفوق ٣٥٠ كيلومترا في الساعة، ولذلك أطلق عليه اسما يتناسب مع أدائه (效能) وهو القطار الفائق السرعة.

第七课 الدرس السابع

句型:	نماذج تدلّ على زمن الفعل.
课文:	الشقيقان
语法:	时态（زمن الفعل）

تركيب الجملة

١. ندرُسُ الآن درسا جديدا. (المضارع)

٢. سوف ندرُسُ نَصَّه دراسةً جيّدة. (المستقبل)

٣. حامد ومحمود شقيقان، مات أبوهما قبل سنوات. (الماضي)

٤. حين مات الأب، كان محمود قد تزوّج. (الماضي في الماضي)

٥. كان حامد يتعلّم في المدرسة لـمّا تزوّج أخُوه. (الماضي المستمر)

٦. في الاثنين القادم نكون قدِ انْتَهَيْنا من هذا الدرس. (الماضي في المستقبل)

الحوار

حصّة تعبير

(حديث بين أستاذ عربيّ وتلاميذه الصينيّين)

– اتّفقنا أمس على أنْ نتحدّث اليوم عن الأحوال في أرياف الصين، لعلّكم مستعدّون.

– أنا (س) أتحدّث قليلا عن قريتي التي تقع في منطقة جبليّة.

– هدوء من فضلكم، نستمع إلى صلاح، إنّه ولد شُجاع.

– كانت قريتي تتعرّض للسيول إذا كثُرت الأمطار، وللقحط إذا قَلَّتْ، ولكنْ تخلّصنا منهما أخيرا.

– حسنا، ولكنْ أَخْبِرْنا كيف تخلّصتم من هذه الكوارث!

– .. بنَيْنا خزَّانًا للمياه، نخزُن فيه المياه إذا كثُرت الأمطار ونَرْوِي الأرض بالمياه المخزُونة فيه إذا قلّت الأمطار، ثمّ إنّ عملَ التشجير يظلّ مستمرّا عندنا.

– لاحظتم؟ هذا ما يُسمّى بتغييرِ الطبيعة، سَجِّلوُا هذه العبارة.

– بل غيّرنا عادتَنا المُتَوارِثَة في الإنتاج أيضا، فكنّا نُنتج الذرة والبطاطا، ولكنّنا اليوم نزرَع الأرز وأشجار الفواكه، كما نُربّي الأسماك، فازداد الدخلُ عندنا كثيرا.

– وهذا ما يُسمّى بتنويع الاقتصاد أو الاقتصاد المتعدّد الجوانب، كتبتم؟ طيّب، لقد أَحْسَنَ صلاح في الحديث، ومَنْ يتبَع الآن؟ ..آ، أنتِ يا دُرِّيّة، أنت من الريف أيضا، يجب أن تُعرِّفينا شيئا عن قريتك.

– إنّ بلدَنا أرضُه مُنخفضة، كانت عُرْضَةً لِلْفَيَضان، فأنشأنا شبكة قنواتٍ وتُرَعٍ لِصَرْفِ المياه، فبدأ إنتاجُ الأرض يزداد سنة بعد أخرى.

– ومتى تمّ إنشاءُ هذه الشبكة؟

– منذ عدّة سنوات، عندما تخرّجتُ مِنَ الْإعْداديّة كانت الشبكة قد تمّ إنشاؤُها.

– تفضّلي استمرّي، إنّني قاطعتُ كلامك.

- وبعد ذلك، بدأنا مشروعات عديدة .. عندنا الآن مزرعة للدواجن والطيور، ومزرعة للبقر الحلوب، و ... عندنا مصنع للأسمدة نَجْني منه خيرا كثيرا.

- عظيم، لقد أحسَنْتُمْ جميعا في هذه الحصّة، وإنّني سُرِرْتُ كثيرا من تقدُّمكم في المحادثة، كما سُرِرْتُ كثيرا من التقدّم العظيم الذي تحقّق في أرياف بلادكم.

النصّ

الشقيقان

حامد ومحمود أَخَوان شقيقان مُتَحابَّانِ، اِقْتَسَمَا الأرض التي تركها لهما أبُوهما، واتَّفقا على زراعتها، فزرعاها أوَّلَ ما زَرَعاها قَمْحًا، وتعهَّدا الزرع بعنايتهما إلى أن نما وكبُر.

ولمّا أَتَمَّا حصادَ القمح، كَوَّمَ كلٌّ من الشقيقَيْنِ قمحَه في أرضه، وكانت الكَوْمتان مُتَساوِيَتَيْنِ، لا تَزيد إحداهما على الأخرى، وكان حامد يودّ أنْ تكون كومةُ أخيه محمود أكبَرَ من كومته، فدبّر فيما بينه وبين نفسه أمرا، كَتَمَه عن أخيه، قال يُخاطب نفسه: إنّ أخي محمودا مُتزوِّج وله

أولاد، ونفقاتُه أكثرُ من نفقاتي، أمّا أنا فما زِلْتُ شابّا، ولستُ متزوّجا، فيجب أن أساعد أخي.

وفي الليل قام حامد من نومه، وقصد إلى الحقل، حيثُ كانت الكَوْمَتَانِ، وأخذ يُضيف من قمحه إلى كومة أخيه في حِرْصٍ ونِظامٍ. وفي الليلة نفسها أَرِقَ محمود وجال في فكره خاطِرٌ، فقال: إنّ أخي حامدًا شابٌّ مُقبل على الزواج، فهو يحتاج أكثَرَ منّي إلى المال، فلا بُدَّ أن أساعده فأُضيف إلى كومته بعضَ القمح. وقام من فَوْرِهِ يُنفّذ ما فكّر فيه.

حاوَلَ كلّ من الشقيقين أن ينقُل من كومته إلى كومة أخيه قَدْرًا من القمح، وشاء القدَرُ ألّا يتقابلا، إذ كان كلّ منهما يعمل في حَذَرٍ وسُكُونٍ، فكان أحدُهما يحمِل من قمحه ويسير في طريقه إلى كومة الآخر، في الوقت الذي يكون فيه الثاني قد أَفْرَغَ حِمْلَهُ، وعاد إلى كومته، وهكذا تكرّرت العمليّة دُون أنْ يرى أحدهما الآخر.

وعلى ضوء الصباح رأى كلٌّ من الشقيقَيْنِ الكومتين، فإذا هما ما زالَتا مُتساوِيَتَيْنِ كما كانَتَا، وكان الجهدُ قد أَعْيَاهما فوَقَفا، وخرج كلّ من خلف كومته يتأمّل الطريق ويتعرّف الحال. وفي هذه اللحظة رأى أحدُهما الآخَرَ وعرف كلّ منهما سِرَّ أخيه، فأسرعا إلى بعضهما وتَعانَقَا عِناقَ المحبّة والوِئام، صَمَّمَا أنْ يزرعا معًا الأرض التي وَرِثاها من أبيهما، وأن يَسْتَثْمِرَا معًا ويعيشا معًا.

(عن القراءة العراقيّة)

141 第七课

المفردات

胞兄弟	شَقِيق جـ أَشِقَّاءُ
安静，平静	هَدَأَ ـَ هُدُوءٍ
洪水	سَيْل جـ سُيُول
旱灾	قَحْط
变少	قَلَّ يَقِلُّ قِلَّةً الشيءُ
灾害，灾难	كَارِثَة جـ كَوَارِثُ
储存	خَزَنَ ـُ خَزْنًا الشيءَ
水库	خَزَّانُ الْمِياه
储存的，库存的	مَخْزُون م مَخْزُونَة
浇，灌溉	رَوَى يَرْوِي رَيًّا الزرعَ
绿化	شَجَّرَ تَشْجِيرًا الجبلَ
改变	غَيَّرَ تَغْيِيرًا الشيءَ
继承的，传统的	مُتَوَارِث م مُتَوَارِثَة
甘薯，红薯	بَطَاطَا
收入	دَخْل
使经济多样化	تَنْوِيعُ الاِقْتِصَادِ
多种经营	اَلاِقْتِصَادُ المُتَعَدِّدُ الجَوانِبِ
水灾，泛滥	فَيَضان
网	شَبَكَة جـ شِبَاك وشَبَكات
运河，水渠，管道	قَناة جـ قَنَوات

沟渠	تُرْعَة جـ تُرَع
排水	صَرَفَ ـِ صَرْفًا الماءَ
初中，初中的	اَلْإِعْدَادِيّة
家禽，家畜	دَاجِن جـ دَوَاجِنُ
奶牛	اَلْبَقَرَةُ الْحَلُوبُ أو البقرُ الحَلُوبُ
肥料	سَماد جـ أَسْمِدَة
摘取，得到	جَنَى ـِ جَنْيًا الشيءَ
相亲相爱的	مُتَحَابّانِ
分配，瓜分	اِقْتَسَمَ اِقْتِسَامًا الشيءَ
照料，经管	تَعَهَّدَ تَعَهُّدًا الأمرَ
完成	أَتَمَّهُ ـُ إِتْمَامًا
堆积	كَوَّمَ تَكْوِيمًا الشيءَ
堆垛	كَوْمَة جـ كُوم وأَكْوام
相等的，平等的	مُتَسَاوٍ (اَلْمُتَسَاوِي) م مُتَسَاوِيَة
超过，多于	زَادَ عن كذا أو عليه
安排，策划	دَبَّرَ تَدْبِيرًا أمرًا
秘密，机密	سِرّ جـ أَسْرَار
隐瞒，保密	كَتَمَ ـُ كِتْمَانًا سِرًّا عن فلان
已婚的	مُتَزَوِّج م مُتَزَوِّجَة
花费，开销	نَفَقَة جـ نَفَقَات
加上，补充	أَضَافَ إِضَافَةً كذا إلى الشيءِ

失眠	أَرِقَ ـَ أَرَقًا
出现一个想法	جَالَ ـُ فِي فِكْرِهِ خاطِرٌ
马上，立即	فَوْرًا أو مِنْ فَوْرِهِ
执行	نَفَّذَ تَنْفِيذًا الأمرَ
量，分量	قَدْر
想，要	شَاءَ يَشَاءُ مَشِيئَةً كذا
命运	اَلْقَدَر
相会，会见	تَقَابَلَ تَقَابُلًا الناسُ
蹑手蹑脚地，小心翼翼地	فِي حَذَرٍ وسُكُونٍ
担子	حِمْل ج أَحْمَال
卸担子，倒空	أَفْرَغَ إِفْرَاغًا الحِمْلِ
重复，往复	تَكَرَّرَ تَكَرُّرًا
探明，了解	تَعَرَّفَ الحَالَ
筋疲力尽	أَعْيَاه الجُهْدُ
拥抱	تَعَانَقَ الشَّخْصانِ تَعَانُقًا / عَانَقَ كلٌّ مِنْهُمَا الآخرَ
友爱和睦	اَلْمَحَبَّةُ والوِئَامُ
决定，决心	صَمَّمَ تَصْمِيمًا على ...
继承	وَرِثَ ـِ وِرْثًا الشيءَ
淹没	غَمَرَ ـُ غَمْرًا الماءُ المكانَ
驯服，征服；治理	رَوَّضَ تَرْوِيضًا النهرَ
桑树	التُّوتُ

虫子	دُودَة ج دُودٌ وِدِيدَانٌ
蚕	دُودَة الحَرِيرِ / دُودَةُ القَزِّ
诊所	مُسْتَوْصَف
微笑的	بَاسِم م بَاسِمَة
牲口，家畜	مَاشِيَة ج مَواشٍ (الْمَواشِي)
开放的	مُتَفَتِّح م مُتَفَتِّحَة

من أمثال العرب والحكم

لِأَخِيكَ عليك مثلُ الّذي لك عليه. (兄弟之间互有义务。)

رُبَّ أَخٍ لَكَ لَمْ تَلِدْه أُمُّكَ. (相交甚厚，情同手足。)

إنَّ أَخَاكَ مَنْ آسَاكَ. （真朋友急人之难。）

الملاحظات

١. فزرعاها أوّل ما زرعاها قمحًا.

此句译作"他们俩一开始就在地里种上了麦子。" أوّل ما زرعاها 相
当于 أَوَّلَ زَرْعِهما لِلأْرضِ，是一个复合时间宾语。

٢. ودبّر فيما بينه وبين نفسه أمرا كتَمه عن أخيه.

意思是"他瞒着兄弟暗自作了安排"。

٣. فتَعانَقَا عِناقَ المحبَّةِ والوِئام.

句中绝对宾语 عِناق 是个借用词根。

٤. ... فإذا هما ما زالتا مُتَساوِيَتَيْنِ كما كانتَا.

此句译作“没想到那两个垛子还是原来那么一般大小。”句中 إذا 是个虚词，这里表示“突然”“想不到”这个基本含义。

القواعد

时态（زَمَنُ الفعل）

阿拉伯语的动词有过去式、现在式和命令式三种，但语句的时态却有过去时、过去进行时、现在时、将来时以及过去完成时和未来完成时等多种形式。现将这几种时态的基本用法归纳、说明如下：

1. 过去时（الماضي）

由过去式动词构成，表示动作已经发生。如：

تزوَّج محمود قبل سنوات.

زرع الشقيقان الأرضَ قمحًا.

过去时的否定形式为 ما فَعَلَ 或 لَمْ يفعلْ 。如：

ما فهمتُ (أو لَمْ أفهمْ).

2. 现在时（المُضارع）

由现在式动词构成，通常有以下几种情况：

（1）表示动作正在进行。如：

نستمع الآن إلى الموسيقى.

يلعَب الزملاء بكرة السلّة هناك.

（2）表示习惯动作或表示动作持续进行。如：

نتناول في اليوم ثلاث وجبات.

تعمل أختي في هذا المُسْتَوْصَفِ.

（3）表示某种真理或某种规律。如：

تقع الصين في شرقيّ آسيا.

تدُور الأرض حول الشمس.

现在时的否定形式为 لا يفعل。如：

هو لا يتأخّر عن عمله ولا يُهمل واجِبَه.

3. 将来时（المستقبل）

由 سين+ يفعل 或 سوف + يفعل 构成，表示动作在未来时间内发生。如：

سنُنجز هذا المشروع بعد شهرين.

سوف نُرسل وفدا ثقافيّا إلى السودان.

但句前有疑问词或从上下文可以看清它的时态时，سين 或 سوف 可以省略。如：

– متى تستريحون؟

– نستريح غدًا.

– ماذا تعملين هذا المساء؟

– أزور صديقا لي.

将来时的否定形式为 لن يفعلَ 或 سوف لا يفعلُ。如：

كُنْ مُطْمَئِنًّا، فلَنْ أتأخَّرَ!

سوف لا نشترك في هذه المسابقة.

4. 过去进行时（الماضي المُستَمِرّ）

过去进行时的形式为 كان يفعل。如：

كان كلّ منهما يعمل في حَذَرٍ وسُكُونٍ.

كنتُ أكتب اليوميّات كلّ يوم.

5. 过去完成时（الماضي في الماضي）

由 قد فعل + كان 构成，表示过去时间内，某一动作在另一动作之前业已发生。如：

لمّا وصلنا إلى المحطّة كان القطار قد تحرّك.

（我们到达车站时，火车已经开走了。）

كان الحصادُ قد انتهى يومَ غادرنا القريةَ.

（我们离开村子那天，收割已经完毕。）

6. 未来完成时（الماضي في المستقبل）

由 قد فعل + (أو يكون) سيكون 构成，表示某一动作在未来某一特定时间之前业已完成。如：

في مِثْلِ هذا الوقت غدًا يكون الوفدُ قد وصل إلى الخرطوم.

（明天这个时候，代表团已经到达喀土穆了。）

في نهاية هذه السنة يكون أخي قَدِ اسْتَوْفَى مدّةَ خدمته في الجيش.

（今年年底我兄弟就服役期满了。）

سيكون طفلُنا قَدِ اسْتَكْمَلَ سنةً واحدة من عمره عندما تعود إلى البيت.

（等你回来时，咱们的孩子就满一周岁了。）

التمرينات

١. هاتِ اسْمَ الفاعل المُشْتَقّ من كلّ من الأفعال الآتية:

سَرَّ	رَجَعَ	نَفَّذَ	زَادَ
فَرَغَ	صَمَّمَ	هَدَأَ	وَرِثَ
اِتَّفَقَ	كَرَّرَ	تَخَرَّجَ	اِحْتَاجَ

أَنْشَأَ　　تَزَوَّجَ　　أَحْسَنَ　　أَقْبَلَ

تَفَتَّحَ　　تَعَهَّدَ　　اِقْتَصَدَ　　أَضَافَ

٢. هاتِ اسْمَ المفعول المُشْتَقّ من كلّ من الأفعال الآتية:

رَدَّ　　زَادَ　　رَوَى　　غَمَرَ　　خَزَنَ　　كَتَمَ

صَرَفَ　　نَوَّعَ　　رَوَّضَ　　وَرِثَ　　كَوَّمَ　　أَضَافَ

٣. اقرأ ما يلي من الجمل مع توضيح زمن الفعل في كلّ منها:

(١) اقتسم حامد ومحمود الأرض التي تركها لهما أبوهما.

(٢) كان كلّ منهما يعمل في حذر وسكون.

(٣) يحبّ جميع الزملاء مثل هذه النصوص.

(٤) الآن نذاكر الدرس السابق، ونقوم ببعض التمارين.

(٥) قامَتْ في الماضي حضارات بلغتْ غايةً بعيدة من التقدّم والرقيّ.

(٦) كانت السيّدة سلمى تتنزّه هي وابنتُها الصُّغرى ليلى في حديقة البيت.

(٧) سوف تُقام حفلة مسائيّة في السبت القادم، تُقدّم فيها تمثيليّةٌ بالعربيّة.

(٨) يُمكن أن تجدني بين الرابعة والخامسة، وبعد هذا الوقت أكون قد عدتُ إلى البيت.

(٩) لن تنجَحوا في الامتحان إلّا إذا اسْتَعْدَدْتُمْ له استعدادا جدِّيًّا.

(١٠) عندما ألقاك بعد خمس سنوات، تكون قد أصبحتَ مُترجمًا ماهرا يُجيد الصينيّة والعربيّة والإنجليزيّة في وقت واحد.

٤. حاول أن تُعبّر عن معاني الجمل الآتية بأساليب أخرى:

(١) دَعِيني أقطف قليلا من العنب، إنّه ناضج الآن.

(٢) لا أعتقد أنّ سعاد ستحضُر، سمعت أنّها مريضة.

(٣) ستكونين خِرِّيجَةً جامعيّة قبل أن تبلُغِي الرابعة والعشرين من عمرك.

(٤) قبل التحاقها بالجامعة، كانت عاملة في أحد المصانع.

(٥) كان دخلُها الشهريّ ألفي يوان فقط.

(٦) بعد يومين تكون أختي في باريس.

(٧) الأستاذ حميد عازم على زيارة الصين في الشهر القادم.

(٨) سوف يَتِمُّ بناءُ هذا الخزّان قبل أن نَتَقَابَلَ في العام القادم.

(٩) قد صَمَّمْنا على إنْشاء مصنع أَسْمِدَة قبل أن تتقدّم بهذا الاقتراح.

(١٠) آمالُنا معلَّقة على الجيل الجديد.

(١١) عندما تعُودين إلى القرية ستجِدين مزرعةَ البقر الحَلُوب قد تمَّ إنشاؤُها.

(١٢) قبل حُلُولِ العام القادم نستطيع أن نُنجز مهمّةَ التشجير في منطقتنا بالتأكيد.

٥. اجعَلْ كلّ مصدر بين القوسَيْنِ فعلًا في زمنه الصحيح، ثمّ اكتُبْه في الفراغ:

(١) ولمّا ________ (إتْمام) حامد ومحمود حصاد القمح، ________ (تكويم) كلّ من الشقيقَيْنِ قمحَه في أرضه، فاتَّفق (碰巧) أن ________ (كَوْن) الكَوْمَتان مُتساوِيَتَيْنِ، ________ (عَدَمُ زِيادَة) إحداهما على الأخرى.

(٢) و________ (كَوْن) كلّ من الشقيقَيْنِ ________ (وُدّ) أنْ ________ (كَوْن) كومةُ أخيه أكبَرَ من كومته.

(٣) وفي الليل ـــــــــ (قَصْد) كلٌّ منهما إلى كومة قمحه، وأخذ ـــــــــ (نَقْل) منها إلى كومة أخيه، وشاء القدرُ ألّا ـــــــــ (تَقابُلُهما) إذ ـــــــــ (كَوْن) كلّ منهما ـــــــــ (عَمَلَ) في حذر وسكون، فكان أحدهما ـــــــــ (حَمْل) من قمحه و ـــــــــ (سَيْرا) في طريقه إلى كومة الآخر، في الوقت الذي ـــــــــ (كَوْن) فيه الثاني قد ـــــــــ (إفْرَاغ) حِمْله و ـــــــــ (عَوْدَة) إلى كومته وهكذا ـــــــــ (تَكَرُّر) العمليّةُ دون أَنْ ـــــــــ (رُؤْيَة) أحدُهما الآخَرَ.

(٤) ولمّا جاء الصباح، ـــــــــ (تقابُل) الأَخَوان ف ـــــــــ (مَعْرِفَة) كلّ منهما سِرَّ الآخر، و ـــــــــ (تعانُق) عِناقَ المحبّة والوئام و ـــــــــ (كَوْن) الجهد قد ـــــــــ (إعْياؤُهما).

٦. اقرأ ما يلي من الجمل، ثمّ حاول أن تكوّن جملة مفيدة بكلّ كلمة تتقدّم مجموعات الجمل:

غَيَّرَهُ

(١) أُضْطُرِرْنا إلى تَغْيِيرِ الخطّة التي وُضعت مِنْ قَبْلُ (以前).

(٢) غيّرنا موعدَ السفر بسبب المطر.

(٣) بينما يُغيّر الإنسان الطبيعة يُغيّر نفسَه.

عَرَّفَهُ كذا

(١) التقى مديرُ المصنع بالزائرين، وعرّفهم أحوال الإنتاج بصورة دقيقة.

(٢) قدّم الأستاذ حَسَن بصِفَتِهِ رئيسًا في كلّيّة اللغة العربيّة تعريفًا شاملًا لتعليم اللغة العربيّة ودراستها في الجامعة.

جَنَى ثَمَرًا

(١) إنَ القطن ناضِج، وحان جَنْيُه الآن.

(٢) عندما يتمّ هذا المشروع الجديد، سنَجْنِي منه خيرا كثيرا.

تَحَقَّقَ الأمرُ

(١) سوف تتحقّق أمنيّتُنَا (أملُنا) في يوم من الأيّام.

(٢) لم يتحقّق ذلك النصرُ العظيم إلّا بعد أن دفعنا ثمنًا غاليا (الثمن الغالي).

تَعَهَّدَه

(١) كلّما زرعنا شجرة تعهّدناها بالريّ والسَّقْي.

(٢) مِنَ الْممكن أن نُحقّق الحصاد الوافر، إذا تعهّدْنا الزروع بالعناية الدقيقة.

أَتَمَّه

(١) إذا أَتْمَمْتُمْ كلَّ هذه الموادّ واجْتَزْتُمْ الامتحانات النهائيّة فيها تحصُلون على الشهادة الجامعيّة.

(٢) كلّما أتمّ البنّاءُون مشروعًا انتقلوا إلى موقع عمل جديد.

زاد على ...

(١) زُرْنا مزرعة للشاي، وجدنا أنّ دَخْلَ كلّ فرد فيها لا يزيد على خمسة آلاف يوان شهريّا.

(٢) اكتُبْ نصّا قصيرًا لا يزيد على مائتَيْ كلمة.

دَبَّرَ أمرًا

(١) سنَخْتارُ شخصا يُحْسِنُ تَدْبِيرَ الأمور ليتوَلَّى هذا العمل.

(٢) نحاول أن نُدَبِّرَ لكم نزهةً في البحيرة.

(٣) دَبِّرْ حيلة يا عزيزي ماذا نفعل بهذه المشكلة؟

أضاف كذا إلى ...

(١) أضاف حامد من قمحه إلى كومة أخيه في حِرْص ونظام.

(٢) أعطيتُه خمسين يوانا أوَّلَ الأمر، ثمّ أضَفْتُ إليه عشرةَ يواناتٍ أخرى.

(٣) بالإضافة إلى (除外) إنتاج الحبوب الغذائيّة نُرَبّي الدواجن والطيور ونزرع الخضروات.

فَوْرا أو مِنْ فَوْرِه

(١) يجب أن نتحرّك فورا فلا يَجُوزُ أَنْ نتأخّر دقيقة أخرى.

(٢) لـمّا تلقّى رسالةَ أهله أرسل جوابا من فوره.

(٣) سأتّصل بك تلفونيّا فورَ ما أصل إلى نانجينغ.

نَفَّذَه

(١) الجنديّ يجب عليه أن يُنفِّذ أَوَامِرَ القائد.

(٢) يجب أن نضع هذه الخطّةَ موضعَ التنفيذ في الحال.

(٣) هذا المشروع سيبدأ تنفيذُه في الشهر القادم.

أَفْرَغَ الشيءَ

(١) أفرغَ العمّالُ كلَّ ما في السفينة من البضائع في الميناء.

(٢) لقد أفرغتُ كلَّ ما في جَيْبِي من المال لشراء هذا المسجّل.

(٣) أفرغ الرفاقُ كلَّ جهودِهم في إنجاز هذه المهمّة.

صَمَّمَ على ...

(١) صَمَّمْنا أن نقوم برحلة إلى الشمال بالدرّاجات صيفًا.

(٢) صمّمتُ ألّا (أن + لا) أُدخّن (吸烟) فيما بَعْدُ، إنّ التدخينَ يضُرُّ الصحّة حقّا.

(٣) نحن مُصمّمون على إنجاز هذا المشروع قبل نهاية هذه السنة.

٧. تَوَسَّعْ في الكلام على أساس ما يلي من العبارات:

المثال:

مطلوب منك أن تحضُر إلى الكلّيّة فورا.

مطلوب منك أن تحضر إلى الكلّيّة فورا، فهُمْ يريدون أن يتشاوَرُوا معك في أمر هامّ، إنّهم في انْتِظَارِك الآن.

(١) سُرِرْتُ كثيرًا.

(٢) ما زِلْتَ صغيرا.

(٣) على ضَوْءِ المصباح

(٤) لا أكتُمُ شيئًا عنك أبدا.

(٥) لحظة، دَعْنِي أفكّر قليلا.

(٦) نَفَقاتُ أختي أكثَرُ من نفقاتي.

٨. أجِبْ عمّا يلي من الأسئلة:

المجموعة الأولى

(١) من حامد ومحمود؟ وماذا اقتسما؟

(٢) علام اتّفق الشقيقان بعد ذلك؟

(٣) ما أوّل عمل قاما به بعد أن أتمّا الحصاد؟

(٤) ماذا وجد كلٌّ من الشقيقين لمّا كوّم قمحه؟

(٥) لماذا أراد حامد أن يساعد أخاه؟

(٦) ماذا فعل هو في تلك الليلة؟

(٧) لماذا أراد محمود أن يساعد أخاه؟

(٨) ماذا فعل هو في تلك الليلة؟

(٩) لماذا تَعَانَقَ الشقيقان لـمّا تَقابَلا في صباح اليوم التالي؟

(١٠) علام صمّم الشقيقان بعد ذلك؟

المجموعة الثانية

(١) هل سبق لك أن عِشْتَ في الريف؟

(٢) هل سبق لك أن شاهدتَ خزّان المياه؟ وما القصدُ من بنائه؟

(٣) كيف يُكافح الفلّاحون القحط أو الفَيَضان إذا حدث؟

(٤) هل تهتمّ بلادنا بالتشجير؟ لماذا؟

(٥) قل لنا ماذا يجلِبُ الحصادُ الوافرُ للفلّاحين؟

(٦) ماذا يعمل الفلّاحون بالإضافة إلى إنتاج الحبوب الغذائيّة؟

(٧) كيف تجد حياة الفلّاحين الآن؟

(٨) ما الذي أدّى إلى زيادة دخلهم سنة بعد أخرى؟

(٩) ماذا تعني الزراعةُ الحديثةُ على ما تتصوّر؟

(١٠) هل يمكن أن تتحدّث عن قريتك أو عن قرية زرتَها؟

٩. صرّفْ ما يلي من الأفعال:

رَوَى، أَتَمَّ، نَفَّذَ، صَمَّمَ، اِقْتَسَمَ

المطالعة

مَحَبَّةُ الوالدَينِ

إذا فكَّرتَ فيما لأمِّك وأبيك من النِّعَم العديدة عليك، فلن ترى أحدًا أحقَّ منهما بمحبّتك.

فأمُّك هي التي تُشفق عليك أكثَرَ من شَفَقَتِها على نفسها، وتعتني بك اعتناءً زائدًا لا يمكن أن يَصدُرَ عن أَحَدٍ غيرِها. إنّها تُوقظك من نومك صباحا، وتُجهِّز لك ما تُفطِرُ به ولا تَتْرُكُ شيئا لراحتك إلا فعلتْه لك.

وإذا ألَمَّ بك مرضٌ أو أصابك مَكْرُوهٌ تظلّ مشغولةَ الفكر مَهْمُومَةً حزينةً إلى أن تعود إليك صحَّتُك وعافِيَتُك.

وأبُوك يخرُج كلّ يوم من البيت ويُقاسِي شدَّةَ الحرّ تارةً، وألَمَ البرد تارة أخرى، ويُعاني أنواع المشقّات بصَبْرٍ شديد ونفس طَيّبة، لا يَشْتَكِي من التعب ولا يَتَضَجَّرُ من المشقَّة لأنّه يعرف أنّه يشتغل من أجل جميع أفراد المُجْتَمَع ويتعَب لأولاده الذين يحبّهم أَكْثَرَ من نفسه.

فعليك أيُّها الولدُ أن تُحِبَّ والدَيْك وأن تحترمَهما وتَحْنُوَ عليهما وتبذُلَ كلَّ جهدك كي يَرْضَيَا عنك. وعليك أن تتذكَّر أنّك مَهْما عملتَ لهما، ومهما قَدَّمتَ لهما من العَطْف والاهتمام فلن تُجازِيَهُمَا. فاحْرِصْ أن يكونا في شَيْخُوخَتِهِمَا مُعَزَّزَيْنِ مُكَرَّمَيْنِ، وأنْ يعيشا في راحةٍ واطْمِئْنانٍ.

(عن المطالعة السودانية بتصرف)

المُرُوءَةُ النادِرَةُ

اشتهر رجلٌ من أهل العراق بالكَرَم يُقال له خُزَيْمَةُ بْنُ بِشْر. وكان ذا

مال وفَضْل، يعطف على الفقراء والمَساكِين حتّى أنفق جميعَ ما يملكه في هذا السبيل.

وكان الوالي على العراق يومَئذ رجلا عُرِفَ بالبَذْلِ والسَّخاءِ، يُقال له عِكْرِمَة. فبينما هو جالس في ديوانه. ذات يوم، وعنده جماعة من كِبار أهل البلد، جرى ذِكْرُ خُزَيْمَة. فسألهم عن حاله، فقالوا: إنّه في أَشْقَى حال من الفقر. فأمسك عن الحديث ألماً وحُزْنا.

ولمّا جاء الليل، أخذ مبلغًا كبيرا من المال، وجعله في كيس، وركب حصانه وخرج سِرّا ومعه غلامٌ يحمِل الكيس، وكان الليل قَدِ انْتَصَفَ. فلَمْ يَزَلْ سائرا حتّى دنا من بيت خُزَيْمَة. فنزل عن حصانه بعيدا منه، وأَسْلَمَه لغُلامِه وأخذ منه الكيس ومشى وحدَه إلى البيت.

ولمّا قرع الباب، خرج إليه خُزَيْمَة. فقال عكرمة وقد نَكَّرَ صوتَه: خُذْ هذا وأَصْلِحْ به حالَك. فتناول خزيمة الكيس فرآه ثقيلا، فوضَعه وقبَض على رِداءِ عِكْرِمَة وقال له: أَخْبِرْني مَنْ أنت؟ فقال عكرمة: ولكنّي لا أريد أن يعرفني أحدٌ. فقال خزيمة: واللّه لن أَقْبَلَه إنْ لم تُخْبِرْني من أنت. فقال عكرمة: أنا عَوْنُ المُحْسِنِينَ. فقال خزيمة: زِدْني إيضاحا. فقال عكرمة: يكفيك هذا. تخلّص منه وانصرف من غيرِ أن يعرفه إنسانٌ.

(عن المطالعة السودانيّة بتصرّف)

المفردات

نِعْمَة ج نِعَم	恩惠，恩德，恩泽
شَفَقَة	疼爱；同情，怜悯

发生，发出	صَدَرَ ـُ صُدُورًا الشيءُ
得病	أَلَمَّ به المَرَضُ
不幸，讨厌的事	مَكْرُوه
焦虑的，担心的	مَهْمُوم م مَهْمُومَة
健康	عافِيَة
时而……时而……	تارَةً ... و ... تارَةً أُخْرَى
诉苦，抱怨	اِشْتَكَى يَشْتَكِي
烦恼，厌烦	تَضَجَّرَ تَضَجُّرًا
怜惜，同情	حَنَا يَحْنُو حُنُوًّا عَلَيْه
报答，报偿	جَازَى مُجازاةً فلانًا
被珍重的，得到爱抚的	مُعَزَّز ج مُعَزَّزُونَ
胡宰买·本·比什尔（人名）	خُزَيْمَةُ بْنُ بِشْر
花钱	أَنْفَقَ إِنْفَاقًا المالَ
省长，地方官	وَالٍ (الْوَالِي)
那时，那天	يَوْمَئِذٍ
慷慨	سَخاء
依克利迈（人名）	عِكْرِمَة
官府，衙门，府第	دِيوان ج دَواوِينُ
最不幸的，最倒霉的	أَشْقَى
贫困，贫穷	فَقْر
沉默不语，一言不发	أَمْسَكَ عَنِ الْحَدِيث

حِصان ج أَحْصِنَة	马，公马
اِنْتَصَفَ اللَّيْلُ	到半夜了
أَسْلَمَ شيئًا لَهُ	交给
قَرَعَ ـَ قَرْعًا الباب	敲门
نَكَّرَ الرجلُ نفسَهُ	乔装，伪装，假扮
أَصْلَحَ إِصْلاحًا شيئًا	改善，改良；修理
عَوْن ج أَعْوان	助手
مُحْسِن ج مُحْسِنُونَ	行善的，做好事的，善人
أَوْضَحَ إِيضاحًا الأمرَ	解释，说明，阐明

الواجبات

١. أَكْمِلْ ما يلي من العبارات:

مُتَحابَّتانِ ______ تَغْيِيرُ ______ مُقْبِل على ______

الدخلُ ______ تَنْوِيعُ ______ كَوْمَة مِنْ ______

الكوارِثُ ______ تَرْوِيضُ ______ على ضَوْءِ ______

٢. ترجِمْ ما يلي من العبارات إلى العربيّة:

执行计划　开办工厂　教育经费　改变主意　饲养家禽

张张笑脸　绿化首都　增加收入　盛开的花朵　社会成员

٣. تَرْجِمْ ما يلي من الجمل إلى العربيّة:

（1）我想请你介绍一下村子的发展情况。

（2）要是你同意，我们可以约定一个时间。

（3）我们村本来是个穷村，可现在不是从前的样子了。

（4）乡亲们绿化山岭，兴修水利，改变了生产环境，也改善了生活条件。

（5）三年前我从部队回来时，家乡就已经发生了很大的变化。

（6）从前这里不种水稻，可现在水稻成了这里的主要农产品之一了。

（7）我们实行了一系列改革措施，人均收入有了很大提高。

（8）我们在这里养了几十万尾鱼，明年夏天你再来时，这些鱼就长成大鱼了。

（9）这个奶牛场将于明年秋天建成，到那时我们就可向居民供应鲜奶了。

（10）我们的收入一部分用来改善生活，一部分用于发展各项事业的经费，其余的用作发展生产的资金。

٤. كوّنْ جملة مفيدة بكلّ ممّا يلي:

فَوْرًا، غَيَّرَ، نَفَّذَ، صَمَّمَ، اقْتَسَمَ، زَادَ على ....، أَضافَ كذا إلى ....، في حَذَرٍ وسُكُونٍ

٥. استمِعْ إلى التسجيل، ثمّ أَعِدْ مضمونَه بالعربيّة.

استمع وضع الحركات

القرية السعيدة

وصلنا إلى قرية تشيالي.

إنّ نهرها اليوم هادئ صاف، ولكنّه كان في الماضي يسبّب الكوارث كلّ سنة عندما كان الفيضان يغمر الحقول الزراعيّة الواسعة.

وخلال السنوات الأخيرة بنى الفلّاحون خزّانا كبيرا للمياه، وحفروا قنوات توصل مياه النهر إلى بحيرة تايهو. وهكذا روّضوا النهر ترويضا تامّا ...

هذه الحقول الزراعيّة الواسعة تحرثها الجرّارات فتعطي حصادا وافرا.

وهذه هي بساتين التوت لتربية دود الحرير وهذه هي بيوت المواشي..
وهذه هي المدرسة والمستوصف.. وهذه هي روضة الأطفال ترى فيها
الوجوه الباسمة.

إنّ تشالي اليوم هي قرية سعيدة حقّا ...

وعندما غادرنا القرية كانت زهور الخوخ والتفّاح متفتّحة في البساتين،
وكانت الجرّارات تحرث حقول الرزّ وتدفن القشّ ليكون سمادا للمزروعات.

第八课 الدرس الثامن

课文:	الزرّاع المتعلّم
复习与实践:	المراجعات والتطبيقات

النصّ

الزرّاع المتعلّم

أتمّ إبراهيمُ دراستَه الثانويّة الزراعيّة بنجاح، وكان كلّما أُسْنِدَتْ إليه وظيفةٌ رفَضها. ولمّا فعل ذلك ثلاث مرّات خاطَبَهُ والدُه قائلا: "لقد كنتَ تلميذا ممتازا في دراستك، ونجحتَ في كلّ امْتِحاناتِك بتفوُّق، والآن تأتيك الوظائفُ فترفُضها، فهل تُفضّل أن تبقى عاطِلا يا إبراهيم؟" قال إبراهيم: "يا والدي، لا أريد أن أكون عاطلا، ولكنّني في الوقت نفسه لا أريد أن أشتغل بعملٍ غير مُناسب لي. إنّني الآن عامل زراعيّ ماهر، وكلُّ الوظائف التي تأتيني بعيدةٌ عن العمل الزراعيّ، ولَوْ قبلتُ وظيفةً منها لفقدتُ مهارتي، ونسِيتُ ما تَعَلَّمْتُه."

كان لإبراهيم أصدقاءُ مثلُه، وقَدِ اجْتَمَعَ هؤلاء الأصدقاء وتقدّموا برَجاء إلى وزارة الزراعة والإصلاح الزراعيّ لكيْ تُسَلِّمَهُمْ قطعةَ أرض في مُحافظة واسط ليعملوا فيها ويُصلحوها. فلَبَّتِ الوزارةُ طلبَهم وتَعاوَنَتْ معهم في إصلاح هذه الأرض وتحويلها إلى مزرعة. مَضَتْ على الأصدقاء في العمل خمس سنوات. وإذا أردت أن تعرف ماذا حصَل يكفي أن تستمع لإبراهيم

وهو يقول لوالده: "نحن يا والدي ناجحون في عملنا لأنّنا نفهَمه، وقد عَلَّمَتْنا الحياةُ في المزرعة أَكْثَرَ ممّا تعلّمنا في المدرسة. نحن يا والدي نكسِب كثيرا من هذه المزرعة، ولكنّ هذا ليس مُهِمًّا، إنّ الذي يُسعدنا حقًّا هو أنّ الحكومة تُثَمِّن عملنا وتحترمنا، وأنّ الناس أيضا يثمّنون عملنا ويحترموننا. إنّ كلّ الخضروات في محافظة واسط من محاصيل مزرعتها، وعن قريب سيَصيرُ جزءٌ كبير من فواكه هذه المحافظة من محاصيل هذه المزرعة، والشخصُ المُحْتَرَمُ يا والدي هو الشخص المُنْتِجُ الذي يشعر الناسُ بقيمة إنتاجه، ويُحِسُّونَ بأنّ حياته بينهم مُفيدة. وهذا لا يمكن أن يحدُث يا والدي إلّا إذا كان كلّ شخص في العمل المناسب له."

(عن القراءة العراقيّة)

المفردات

易卜拉欣（人名）	إِبْراهِيمُ
有文化的农民	اَلزَّرَّاعُ الْمُتَعَلِّمُ
委任，委派	أَسْنَدَ إِسْنادًا إليه وظيفةً
超过，超越，占优势	تَفَوَّقَ تَفَوُّقًا على ...
优异地，出色地	بِتَفَوُّقٍ
适合的	مُناسِب م مُناسِبَة
技能，本领，手艺	مَهارَة
提出	تَقَدَّمَ إِلَيْهِ بكذا
部	وِزارَة ج وِزارات

163　第八课

改良，修理	أَصْلَحَ إِصْلَاحًا الشَّيْءَ
省，县	مُحَافَظَة جـ مُحَافَظَات
改造，改变	حَوَّلَ تَحْوِيلًا شيئًا إلى شيء
发生	حَصَلَ ـُ حُصُولًا الأمرُ
高度评价，重视	ثَمَّنَ تَثْمِينا الأمرَ
让他有机会，给予机会	أَتاحَ يُتِيحُ له الفرصةَ
缺点	نَوَاقِصُ
村长	عُمْدَةُ الْقَرْيَةِ
户主，主人	رَبُّ الْبَيْتِ
银行	الْبَنْكُ
协会，联合会	رَابِطَة
社团，协会	جَمْعِيّة جـ جَمْعِيّات
宴会，酒会	وَلِيمَة
欢迎……	على شَرَفِ ...
传统的	تَقْلِيدِيّ جـ تَقْلِيدِيّة
发展的	نَامٍ (النامِي) م نامِيَة
形式，样式	شَكْل جـ أَشْكال
（我们）衷心地	مِنْ صَمِيمِ قُلُوبِنا
征兆，迹象，标志	عَلامَة جـ عَلامات
仔细的，认真的	مُدَقِّق م مُدَقِّقة في ...

من أمثال العرب والحكم

يُقاسُ المرْءُ بِهِمَّتِهِ ونَشاطِهِ لا بسِنِّهِ. （人论志气，不论年岁。）

قَتَلَ أرضًا عالِمُها. （土地任熟手摆布。）

التمرينات حول النصّ

١. اقرأ نصّ الدرس قراءةً صحيحة.

٢. أشِرْ إلى ما في النصّ من جمل مسبوقة بأَنِ المصدريّة أو مسبوقة بأَنَّ المصدريّة مع توضيح إعراب أَنْ وما بعدها أو أَنَّ وما بعدها في كلّ جملة منها.

٣. حاول أنْ تَطْرَحَ بعضَ الأسئلة حول النصّ لتُناقِشَها مع زملائك.

٤. حاوِلْ أنْ تُخَلِّصَ مضمونَ النصّ بعبارات من عندك.

٥. اقرأ ما يلي من الجمل، ثمّ حاول أن تكوّن جملة مفيدة بكلّ كلمة أو عبارة تتقدّم كلّ مجموعة من الجمل فيما يلي:

بِتَفَوُّقٍ

(١) نجَح الزملاء في صفّنا في أداء مسرحيّة عربيّة بتفوّق.

(٢) نجحتْ سلوى في امتحان نهاية الفصل الدراسيّ بتفوّق.

(٣) أتمّ المهندس وانغ بتفوّق مُهِمَّةَ التجربة في صُنْع آلة جديدة.

تَقَدَّمَ إليه بكذا

(١) تقدّم إلينا الضيفُ العربيّ برجائه في زيارة أسرة فلّاح.

(٢) إنّ عميد (رئيس) الكلّيّة يُثمّن الاقتراحات التي تقدّمنا بها أمس في الجلسة.

(٣) أرى أنّ الملاحظات التي تقدّم بها العمّالُ حول إنتاج المصنع تَسْتَحِقُّ البحث والدراسة بدقّة.

أَصْلَحَ

(١) وقفتْ ساعتي، سأذهب بها إلى محلّ الإصلاح.

(٢) وبعد تأسيس الجمهوريّة، جرى الإصلاحُ الزراعيّ على نِطاقِ (范围) البلاد كلّها.

(٣) تعاون الشبّانُ بعضُهم مع بعض في إصلاح هذه الأرض وحَوَّلُوها إلى مزرعة حديثة.

حَوَّلَ شيئًا إلى شيء

(١) الحرارة تُحوِّل الماء إلى بُخار.

(٢) هل تعرفون مَنِ الذين حوّلوا هذه الأراضِيَ الجَرْداءَ (不毛之地) إلى حقول خضراءَ؟

(٣) نحن عازمون على تحويل صفّنا إلى جماعة ممتازة في هذا الفصل الدراسيّ.

(٤) يلتقط المذياعُ موجاتٍ كهربائيّة ويحوّلها إلى كلام أو موسيقى.

لا ... إلّا ...

(١) لا يمكن أن نَنْجَحَ في أيّ عمل، إلّا إذا بذَلنا فيه الجهود القُصْوَى.

(٢) لا يتغيّب سليم عن الدرس إلّا إذا أُصِيبَ بمرض.

(٣) لا أستريح في المساء إلّا إذا انتهيتُ من أداء الواجبات.

(٤) لا تُقْلِعُ الطائرةُ (飞起) إلّا إذا كانت السماءُ غيرَ مُمْطِرَةٍ.

الواجبات

١. ترجِمْ ما يلي من العبارات إلى الصينيّة:

وِزارَةُ الْخارجيَّةِ	وزارة التَّرْبِيَة والتَّعْلِيمِ	إِصْلاحُ التُّرْبَةِ
وزارة التِّجارَةِ	وزارة النَّقْلِ والْمُواصَلاتِ	مَزارِعُ حُكُومِيَّة
وزارة الثَّقافَةِ	مَدْرَسَةٌ زِراعِيَّة فَنِّيَّة	اَلتَّفَوُّق الاِقْتِصادِيُّ

٢. تَرْجِمْ نصّ الدرس إلى الصينيّة.

المراجعات والتطبيقات للدروس السابقة

١. حاول أن تتحدّث عدّة دقائق حول كلّ من الموضوعات الآتية:

(١) تحدَّثْ عن الأحوال للأقطار العربيّة.

(٢) اِحْكِ لنا قصّة ((الأسرة السعيدة)) بعبارات من عندك، ثمّ عَلِّقْ عليها.

(٣) حَاوِلْ أَنْ تَحْكِيَ لنا حِكايَةَ ((من سُلُوكِهم تعرِفونهم)).

(٤) لماذا نُقِيمُ الأَنْصابَ التذكاريّة للشهداء في أنحاء البلاد؟

(٥) تكلّمْ عن قصّة ((صَلاح الدين الأيّوبيّ))، ثمّ أَبْدِ مُلاحظاتِك حول شخصيّتِهِ.

(٦) كيف ترى العجوزَ المذكورة في قصّة "المرأة الذكيّة"؟

(٧) ما أَثَرُ الكهرباء في عصرنا الحاضر؟

(٨) لماذا نقول إنّ العلوم هي القوّة الدافعة لتطوُّر الحضارة المعاصرة وتقدّم العالم؟

(٩) لَخِّصْ لنا قصّةَ ((الشقيقان)) بكلام من عندك.

٢. اقرأ ما يلي من الجمل مع مراعاة استعمالات أَنِ الْمصدريّة وأنّ

الْمصدريّة وما دَخَلَتَا عليه:

(١) استطاع صلاحُ الدين بشجاعته ومقدرته الحربيّة أن يَهْزِمَ الصليبيّين ويُفرّق جموعَهم ويَحْفَظَ للمُسلمين بلادَهم من الاحتلال.

(٢) تظهَر أهمّيّة موقع الأقطار العربيّة في أنّها حلقة اتّصال بين أطراف العالم المختلفة.

(٣) بعد أن تَمَّ النصرُ رجَع الجنديّ الشجاع إلى أثينا راكضا.

(٤) ... غير أنّ قلب الأسد لم يُصْغِ إلى أقوال حاشيته، بل أَذِنَ للطبيب العربيّ بالدخول عليه.

(٥) ... أصبحت المسافات طويلة، لذلك أصبح ضروريّا أن يظلّ الركّاب في القطار ليلة أو أكثر.

(٦) وقد قصدت المرأةُ أنّ بيتها فارغ، ليس فيه شيءٌ تأكله الفئران.

(٧) حاول كلّ من الشقيقين أن يَنْقُلَ من كومته إلى كومة أخيه قَدْرًا من القمح وشاء القَدَرُ ألّا (أن + لا) يَتَقابَلا...

(٨) وبعد أيّام طار الخبرُ إلى صلاح الدين بأنّ عيسى الغوّاص قد أصابه سَهْمٌ من سِهام الأعداء.

(٩) وإذا أَلَمَّ بك مرضٌ أو أصابك مَكْرُوهٌ تظلّ أُمُّك مشغولةً مهمومةً حزينةً إلى أن تعود إليك صحّتُك وعافيتك.

(١٠) وواضح أنّ النقل في تلك الأيّام لم يَكُنْ مُرِيحًا على الإطلاق.

(١١) وعليك أن تتذكّر أنّك مهما عملتَ لوالديك ومهما قدّمت لهما من العطف والاهتمام فلن تُجازِيَهما.

(١٢) احرِصْ (على) أن يكون والداك في شيخوختهما معزَّزين مكرَّمين

وأَنْ يعيشا في راحة واطمئنان.

(١٣) تذهب جُثَثُهم دون أَنْ يُعرف لها أثرٌ أو مكانٌ دُفِنَتْ فيه.

(١٤) يبدو أنّكم نسيتم المصباح الكهربائيّ، ولولا هو ما كان في استطاعتنا أن نقضي الليل كأنّنا في النهار.

٣. ضَعْ في كلّ مكان خال ممّا يلي "أنْ المصدريّة" أو "أنّ المصدريّة":

(١) أريد ______ أشترك في الحرب مع المجاهدين العرب.

(٢) وهذا يعني ______ البترول العربيّ يلعب دورا عظيما في الإنتاج والحياة في العالم.

(٣) وأيُّ عناء في ______ تحرّك مفتاحا صغيرا فتسمع الموسيقى المُطربة والأغاني الجميلة.

(٤) والمهمّ ______ ك قد عرفت فائدة الادّخار.

(٥) أنا أخشى ______ تُصاب بداء البُخل متى كبِرت.

(٦) وقد تبيّن لك ممّا ذكرنا ______ الأقطار العربيّة لها مميّزاتٌ كثيرة.

(٧) يسرّني ______ أُهْدِيَ هذا العنقود الشهيّ إلى أبي متى عاد من عمله المُتعب.

(٨) يُحكى ______ أحد الفلّاحين جاء بخمس ثمرات من الخوخ ...

(٩) مات الشهداء من أجل ______ نحيي وتعذّبوا من أجل ______ نسعد.

(١٠) بلغ صلاح الدين ______ ملك بريطانيا ريتشارد أصيب بالحمّى.

(١١) قرّر إخوة أحمد ______ يفعلوا كما فعل أخوهم.

(١٢) والآن هل توافقني على ______ الكهرباء قد ذلّلت كثيرا من الصعوبات؟

(١٣) أودّ ______ أتحدّث قليلا عن أثر العلم في الحياة اليوميّة.

(١٤) علم ريتشارد ______ قوما يتحلّون بهذه الأخلاق لا يُغلبون.

٤. اقرأ ما يلي من الجمل مع تَوْضِيح زمن الفعل في كلّ منها:

(١) إنّي واثقة من أنّك ستكون مترجما ممتازا.

(٢) كان الإنسان في أوّل الأمر يسير على قدمَيْه، وكان يتحمّل كثيرا من المشقّات والمصاعب حين تكون المسافات شاسعة والسفرة طويلة.

(٣) لقد مات هذا البطل شهيدا، وسجّل اسمَه بين الخالدين.

(٤) تشغَل الأقطارُ العربيّة مساحة واسعة تُقدّر بنحو ١٣،٥ مليون من الكيلومترات المربّعة.

(٥) لا أنسى أبدا ذلك اليوم، اليوم الذي أُعْلِنَتْ فيه الجمهوريّةُ قرارَ التأميم.

(٦) كنّا نحسّ بذلك الفرح الحقيقيّ الذي لا يُعادله فَرَحٌ.

(٧) في مثل هذا الوقت من السنة القادمة تكون ابنتي قد انتهتْ من دراستها في الخارج ورجعتْ إلى الوطن.

(٨) ازدادت رغبةُ الناس في السفر والانتقال، وارتبطت البلاد بعضُها ببعض وتقدّمت الزراعة ونشِطتْ حركة التجارة بين القرى والمدن والبلدان.

(٩) فالمستقبل ينتظرك والحياة تفتَح ذراعَيْها لك وتبتسم في وجهك.

(١٠) فكان أحدُهما يحمِل من قمحه ويسير في طريقه إلى كومة الآخَر في الوقت الذي يكون فيه الثاني قد أفرغ حِمْلَه وعاد إلى كومته.

٥. ضَعْ في كلّ مكان خال ممّا يلي فعلا مناسبا مع مراعاة زمن الفعل:

(١) كانت آلاف السيّارات ________ عَليَّ يوميًّا.

(٢) هذا هو التلفزيون، ________ لك الصورة والصوت في وقت واحد.

(٣) كنّا ________ الذرةَ والبطاطا، ولكنّنا اليوم ________ الأرزَ و ________ وأشجار الفواكه كما ________ الأسماك.

(٤) عندما ________ من الإعداديّة كانتْ شبكةُ القنوات قد ________ إنشاؤها.

(٥) ________ غالبيّة العرب بالدين الإسلاميّ.

(٦) ________ لأقف من جديد، بخشوع أمام نصبكم التذكاريّ، ________ القوّة من نضالاتكم والشجاعة من تضحياتكم.

(٧) العلوم ________ دوما وأبدا على رفع المستوى المعيشيّ للإنسان وتقدّمه الحضاريّ.

(٨) ________ سكّان الأقطار العربيّة نحو ثلاثمائة مائتَيْ مليون نسمة.

(٩) إنّ بلدنا أرضُه مُنخفضة، ________ عُرْضَةً للفيضان.

(١٠) لا أريد أن ________ عاطلا، ولكنّني في الوقت نفسه لا أريد أن ________ بعملٍ غير مناسب لي.

٦. اقرأ ما يلي من الجمل مع توضيح المفعول المطلق في كلّ منها:

(١) وهكذا روّضوا النهر ترويضا تامّا.

(٢) فقد ساهم العلماء مساهمة فعّالة في خلق تلك الحضارات.

(٣) فرحت البنت بهذا العنقود فرحا عظيما.

(٤) شكرت البنت أمّها على هديّتها أحسَنَ الشكر.

(٥) حزن صلاح الدين لهذا الخبر أشدّ الحزن.

(٦) الزبائن يُقبلون على الأجهزة الكهربائية هذا الإقبال الشديد.

(٧) يتعب الوالد لأولاده الذين يحبّهم أكثَرَ من نفسه.

(٨) وبعد الحرب العالميّة الثانية بدأ التلفزيون ينتشر قليلا قليلا في العالم.

٧. اقرأ ما يلي من الجمل مع توضيح العبارة التي تُفيد السبب أو الغَرَض:

(١) هذه العربة تُستعمل لنقل الفحم من المناجم إلى الخارج.

(٢) ونحن نستخدم الكهرباءَ لتُعطينا الضوء والحرارة.

(٣) كانت الجرّارات تحرُث حقول الرزّ وتدفِن القشّ ليكون سمادا للمزروعات.

(٤) نعود الآن إلى الوراء قليلا لكي نراقب معا كيف تطوّرت القطارات فوق السّكك الحديديّة.

(٥) إنّ البترول يُسمّى الذهب الأسود، لأنّ له منافعَ كثيرة وفوائد عظيمة.

(٦) اندهشت الأمّ لأنّ أسماءَ استطاعتْ أن تجمع مبلغا من المال لهذه المناسبة السعيدة.

(٧) تُغطَّي الأسلاك بمادّة رديئة التوصيل حِفْظًا لحياة الناس من خطر الكهرباء.

(٨) أَمْسَكَ عن الحديث ألماً وحزنا.

(٩) إنّي سُررت كثيرا من تقدُّمكن في المحادثة.

(١٠) وقد بذلتْ هذه الأقطار جهودًا مشترَكة في سبيل حِماية مصالحها

ومن أجل تنمية اقتصادها الوطنيّ.

(١١) نظرًا لكَثْرَة النفط في الأقطار العربيّة طمَع الاستعمارُ فيه، وحاول أن يستغلّه لِمَنْفَعَتِه.

(١٢) وتكريما لبُطولة ذلك الجنديّ الشجاع جعل اليونانيّون القدماء رَكْضَ المسافةِ بين ماراثون وأثينا تقليدا سنويّا يشارك فيه آلاف المواطنين.

٨. أعِدْ صِياغةَ ما يلي من الجمل:

(١) بخشوع أقف أمامكم يا شهداء بلادي.

(٢) أحاول أن أشرح لكم بصورة مبسّطة.

(٣) نظر عيسى إلى الفُرْسان في إعجاب.

(٤) فقد قضى الليل في كفاح مع البحر والأمواج.

(٥) أدّى عيسى عمله في الأسطول بإخلاص ومهارة.

(٦) قام عيسى بالمهمّة التي كلّف بأدائها على خير وجه.

(٧) يعاني الأب أنواع المشقّات بصبر شديد ونفس طيّبة.

(٨) إنّ العلوم تتطوّر اليوم بخطى حثيثة لتعود على الإنسان بالراحة والرفاهية في الحياة.

(٩) بوجود هذه الأجهزة في بيوتنا، نعالج الشئون المنزليّة بدون مشقّة ولا عناء.

(١٠) بينما التيّار الكهربائيّ يسري في سهولة ويُسْر خلال بعض الموادّ، لا يسري بسهولة في أجسام أخرى.

(١١) الكهرباء تنقل الرسائل بسرعة عظيمة.

(١٢) قد تمكّن الإنسانُ من التنبُّؤ عن الطقس بكلّ دقّة.

٩. اقرأ ما يلي من الجمل مع توضيح الجملة الحالية في كلّ منها:

(١) خرج عكرمة سرًّا، ومعه غلامٌ يحمل الكيس، وكان الليل قد انتصف.

(٢) قال عكرمة وقد نكّر صوتَه...

(٣) يمكنك أن تغسلي الثياب في الغسّالة الأوتوماتيكيّة بينما تقرئين رواية وأنت مُستندة إلى الأريكة.

(٤) إذا جلست أمام شاشة التلفزيون رأيت المذيع وهو يقرأ نشرة الأخبار، أو رأيت المطرب وهو يغنّي أمامك، أو شاهدت العازفين وهم يلعبون على آلاتهم الموسيقيّة.

(٥) ظهر نور الصباح وعاد عيسى الغوّاص من صَيْده يحمِل كيسا.. وآثار التعب ظاهرة عليه.

(٦) رأى عيسى جماعة من فرسان الجيش العربيّ يركبون الخيل، وسيوفهم تلمَع في ضوء الشمس.

١٠. حاول أن تُضيف جملة أو جملتين إلى كلّ مجموعة من مجموعات الجمل الآتية.

(١) لم يكدْ ...حتّى .../ ما إن ...حتّى ...

١) ما كاد المديرُ يهمُّ بالانصراف حتّى دقّ التلفون.

٢) لم يكد الجوّ يصحُو حتّى خرج الأولاد.

٣) ما إن وصل العنقود إلى يد الأب حتّى تذكّر الأمّ.

٤) ما إن رأتْني والدتي حتّى بكَتْ من فرحة اللقاء بعد طول غِيابي.

(٢) كم الخبريّة:

١) كم أنت بخيلة على نفسك، أمّا أنا فلا أحبّ الادّخار...

٢) كم يُحبّكم هذا الشعب يا شهداءَ بلادي!

٣) وكم لاقى عيسى في هذه المغامرات الليليّة من شدّة البرد وقسوة الأمواج والظلام!

(٣) جاء بكذا، ذهَب به، عاد بكذا، وصل به، رجَع به:

١) يُحكى أنّ أحد الفلّاحين جاء بخمس ثمرات من الخوخ.

٢) ذهب به إلى السوق في قرية صغيرة.

٣) كلّ ذلك عاد على البشريّة بالخير والرفاهية.

٤) ... تُوصِلُ إليهم ما تَقْدِرُ على حَمْلِه من أكياس الذهب والفضّة وتعود إليّ بأخبارهم.

٥) وكان عيسى يصل بالرسائل وأكياس الذهب إلى عكّا، ويرجع إلى صلاح الدين بالأخبار.

(٤) دخل عليه، أَدْخَلَهُ عليه:

١) دخل عيسى على أحد القوّاد في خَيْمَتِه.

٢) أَذِنَ ريتشارد للطبيب العربيّ بالدخول عليه.

٣) ولمّا أُدْخِلَتِ المرأةُ على الحاكم وجدتْ عنده عددًا كبيرا من الرجال ...

(٥) حدَث، وقَع:

١) ... ولكنّ الذي حدَث بعد ذلك غَيَّرَ مَجْرَى حياتي.

٢) من طريف ما حدَث في أثناء تلك الحروب أنّ ملك بريطانيا

ريتشارد أُصيب بالحمّى.

٣) الحروب الصليبيّة هي سلسلةُ حروب وقعتْ بين أوربّا والشرق الأدنى.

(٦) ليس ... فحسب بل .../ ليس ... فقط بل ... :

١) إنّ الأقطار العربيّة ليستْ مشهورة فقط بما تُنتجه من القطن الممتاز بل بالبترول الممتاز.

٢) وليس هذا فحسب بل تمكّنوا من أن يُوقعوا بعدوّهم خسائر فادحة.

٣) الزبائن يشترون هذه الأشياء لا لكثرة الفلوس فقط بل للفوائد التي تمتاز بها.

(٧) بواسطة .../ عن طريق .../ عَبْرَ ...:

١) بواسطة الكهرباء تُضاءُ المنازل والشوارع والميادين العامّة.

٢) توصَّل أحدُ النوابغ إلى اختراع آلة جديدة تسير بواسطة البترول.

٣) إنّ مثل هذه المشاكل لا يمكن حلُّها إلّا عن طريق التشاوُر.

٤) وفي ميادين القتال يُوجّه القائد جنودَه عن طريق الإذاعة اللاسلكيّة.

٥) كانت البضائع الشرقيّة تُنقل إلى الغرب عبرَ الأراضي العربيّة وموانيها، ثمّ أصبحت تُنقل عبر قناة السويس.

(٨) أَنْواع، أَلْوان، أَشْكال، ضُرُوب:

١) يُعاني الأبُ أنواعَ المشقّات بصَبْر شديد ونفس طيّبة.

٢) ذاقت الأقطارُ العربيّة ألوانا من العذاب.

٣) يكثُرُ البطّيخ زمنَ الصيف في بلادنا وهو أشكال كثيرة.

٤) ... فكلّ هذه الأشياء كانت ضروبا من الخيال.

(٩) نَحْوَ ...، تَقْرِيبًا، يقرُب من ...:

١) يبلُغ سكّانُ الأقطار العربيّة نحو ثلاثمائة مليون نسمة.

٢) اكتشف جايمس واط قوّةَ البُخار منذ مائتي سنة تقريبا.

٣) ينتج العالم العربيّ ما يقرُب من رُبْع النفط في العالم.

(١٠) وَزَّعَ، قَسَّمَ، اِقْتَسَمَ:

١) وزّع الفلّاح الخوخات الخمس على أولاده وامرأته.

٢) قسّمتْ سلمى العنقود بينها وبين زوجها ووَلَدَيْها.

٣) حامد ومحمود أَخَوان شقيقان اقتسما الأرض التي تركها أبوهما.

(١١) رُبَّما، لَعَلَّ، قد يفعَلُ:

١) ربّما كثير منكم شاهَدَ مَجْرَيات هذا السباق حيثُ قطع المشاركون فيه مسافة ٤٢ كيلومترا و١٩٥ مترا.

٢) اتّفقنا على أن نتحدّث اليوم عن الأحوال في أرياف الصين، لعلّكم مستعدّون.

٣) قد تطلب أحدا بالتلفون، وقد تُرسل إليه برقيّة.

٤) بعض هؤلاء المُجاهدين قد يُسْتَشْهَدُونَ في ساحة القتال ...

(١٢) خَفَّفَ:

١) فهم الحمارُ أنّ الماء خفّف حِمْلَه من الملح.

٢) الناس يُحبّون البطّيخ في الصيف، لأنّه يُخفّف الحرارة والعطش.

٣) إنّ الغسّالة الأوتوماتيكيّة تُخفّف عنّا المتاعب وتُوفّر لنا الوقت.

(١٣) حَوْلَ الموقع الجُغْرافيّ:

١) تَقَعُ الأقطار العربيّة عند مُلْتَقَى القارّات الثلاث – آسيا وإفريقيا وأوربّا.

٢) تمتدّ الأقطار العربيّة بين الخليج شرقا والمحيط الأطلسيّ غربا، وبين البحر المتوسّط وجبال طوروس شمالا والمحيط الهنديّ وإفريقيا جنوبا.

٣) تُطلّ سواحلُ العالم العربيّ على المحيط الهنديّ والمحيط الأطلسيّ، نظرا لذلك ظلّت هذه الأقطار حلقةَ اتّصالٍ بين أطراف العالم برّا وبحرا وجوّا.

١١. تحدّثْ مع زملائك حول موضوع الأستاذ حميد في الصين على أن تستخدموا قَدْرَ الإمكان ما مَرَّ عليكم من الجمل والتعابير الجديدة التي وَرَدَتْ في الدروس الثمانية الماضية:

(١) الحلقة الأولى: في مطار بكين

يصل الكاتب العربيّ الأستاذ حميد إلى مطار بكين، يَلْقَى استقبالا حارّا من أحد مسئولي وزارة الثقافة وغيره.

تعابير مقترحة:

يُسْعِدُني أَنْ أُرحّب بكم باسم ... إذا جاء صديقُك زاد سرورُك. نحن أصدقاء أعزّاء. ما إنْ عرفنا موعد وصولكم حتّى حَجَزْنا لكم شقّة في فندق يقع في منطقة ذات مناظر جميلة بالضاحية الغربيّة. نتمنّى لكم إقامةً طيّبة وزيارةً موفّقة (ناجحة)

(٢) الحلقة الثانية: لقاء بين الأستاذ حميد والمُرافق الصينيّ

تجري أحاديثُ ودّيّة بين الطرفين، يتحدّثان عن الصداقة الصينيّة العربيّة. يُبدي الضيف رغبتَه في أن يبدأ زيارتَه من الريف.

تعابير مقترحة:

بلَغني أنّ بلادكم حقّقتْ تقدُّما عظيما خلال السنوات الأخيرة ولا سيّما في الأرياف. لذا أرجو أن تُتاحَ لي فرصةٌ لزيارة أريافكم أوّلا.

يُسعدنا أن يُتابِعَ أصدقاؤُنا دائما ما يَجْرِي في بلادنا. إذا أحبَبْتُمْ أن تأخُذوا فكرة عامّة عن الأرياف فسنُرتّب لكم جولة في إحدى ضواحي بكين. ونرجو أن تنبّهُونا إلى ما تُلاحِظُونه من نواقِصَ في أعمالنا.

(٣) الحلقة الثالثة: زيارة عُمْدَة قرية

يقدّم العمدة تعريفا عامّا للقرية، مثلَ عدد النفوس وأنواع المحاصيل الزراعيّة عندهم، التقليديّة منها والجديدة. كما يذكُر للضيف ما لَقُوا من المصاعب في الماضي والطرقَ التي لجأوا إليها للتغلّب على تلك الصعوبات، ثمّ يُرافقه في زيارة أماكِنَ مختلفة بالقرية، من ضمنها مرافقُ الحياة. وفي الوقت نفسه يردّ على الأسئلة التي يطرُحها الضيف.

تعابير مقترحة:

أنواعُ المحاصيل الزراعيّة، إنشاءُ خزّان المياه وشبكة القَنَوات والترع، التشجيرُ، تغييرُ تقاليدهم في الإنتاج، تنميةُ الاقتصاد المتعدّد الجوانب، ازديادُ مردود الإنتاج أو قيمته للوحدة القياسيّة

وازديادُ الدَّخْل، روحُ التعاوُن بين أهالي القرية إلخ ...

(٤) الحلقة الرابعة: في بيت فلّاح

أَحْضَرَ ربُّ (صاحب) البيت للضيف الشايَ والفواكه وهي من إنتاج القرية. يقدّم له أفرادَ أسرته، من بينهم ابنُه الذي فَضَّلَ أنْ يكون فلّاحا متعلّما في القرية بعد أن تخرّج من الثانويّة. يُؤكّد الفلّاح أنّ ظروفهم الإنتاجيّة والمعيشيّة تتحسّن سنة فسنة حتّى أصبحت الأجهزة الكهربائيّة المنزليّة منتشرةً عندهم كما هي الحال في المدينة. أمّا الضيف فهو يُقدّر الجهودَ التي بذلتْها أسرةُ ذلك الفلّاح والأسرُ الأخرى في بناء القرية الجديدة.

تعابير مقترحة:

نبني البلاد، ومبدأُنا هو العمل الأجود والكسب الأكثر، ومستوى معيشتنا يرتقي سنة بعد أخرى، والدخل عندنا يزيد على النفقات بكثير، فنوفّر النقود الفائضة في البنك، ابني مقبل على الزواج، نَنْوِي (نعزِم على) أن نبني دارا جديدة ذاتَ طابقين كما ننوي أن نشتري بعض الآلات الزراعيّة الجديدة ...

(٥) الحلقة الخامسة: في حفلة عشاء

تُقيم رابِطَةُ (جمعيّةُ) الكُتّاب في الصين وليمةً على شَرَفِ الأستاذ حميد. على مائدة الوليمة يتحدّث الضيف عما شاهَدَه وما سَمِعَه في الريف. يَعْتَزُّ الطرفان بالنموّ والتقدُّم الجديد للصداقة التقليديّة القائمة بين البلدَيْنِ. يتبادَلون الأَنْخاب (祝酒).

تعابير مقترحة:

إنّ زياراتي لضواحي بكين خلال الأيّام الأخيرة زادتْني معرفةً لِمَا يقوم به الشعبُ الصينيّ من الإصلاحات. فما إن وصلتُ إلى الريف حتّى أَحْسَسْتُ بأنّه قد اختلف عمّا كان.

الصين بلاد مُتَرامِيَةُ الأطراف. أحوالُها تختلف من منطقة إلى أخرى. لا تزال من الدول النامية. نحتاج إلى مساعدات مختلفة الأشكال من أصدقائنا. نرحّب بالتعاوُن معهم. نرجو من صَمِيمِ قلوبنا أن تُشِيرُوا إلى ما في أعمالنا من نواقص.

(٦) الحلقة السادسة: حوار بين الأستاذ حميد والمترجم المرافق

يعود الأستاذ حميد إلى الفندق، يبدو على وجهه شيءٌ من علامات التعبِ، فيقترح عليه المترجمُ أن يستريح في اليوم الثاني، غير أنّه يأبى، إذ يفضّل أن يواصل البرنامج المحدّد، وهو زيارة بعض الأماكن الأثريّة في بكين.

يُثني الأستاذ حميد على المترجم حين يشرَبان الشاي.

تعابير مقترحة:

لا بأس بي، فصحّتي جيّدة، وإنّما تعبت قليلا، فلستُ في حاجة إلّا لِلاِسْتِجْمام لبعض الوقت .. إنّك رجل رقيق القلب يحيط بي العناية الدقيقة. غدا نزور سور الصين العظيم، وهذه فرصة ذهبيّة لا يَجُوزُ أن نَفُوتَهَا.

إنّه ليُسعدني أن أقدّم إليكم أيّة خدمة.. أرجو منكم العفو إذا بدا منّي أيّ تقصير في العمل.

١٢. اكتُبْ موضوعا إنشائيّا تحت عنوانٍ تَخْتارُه بنفسك.

المطالعة

وسائلُ السفر في البرّ قديما وحديثا

لمّا وُجد الإنسان الأوّل على هذه الأرض، كان لا بُدَّ له من الانتقال من مكان إلى مكان سَعْيًا وراء رزقة.

فكان في أوّل الأمر يسير على قدمَيْه، مُستعينا بعصاه، حاملا زادَه ومتاعَه على ظهره أو على رأسه. وكان يتحمّل كثيرا من المشقّات والصِّعاب، حين تكون المسافاتُ شاسعةً والسفر طويلةً.

ثمّ استخدم الإنسانُ في أسفاره بعضَ الحيوانات الأليفة القويّة كالخَيْل والبِغال والجِمال والحَمير والثِّيران وغيرها. فكانت له أكبَرُ مُساعدٍ.

ثمّ توصّل الإنسانُ بقوّة عقله وحِدَّةِ ذَكائِه إلى اخْتِراع العجلة (الدُّولاب)، فصنع العربة من دولابَيْنِ، ثمّ من أربعة دَوالِيبَ، تجرّها الخيلُ والبغالُ، وكان يسافر فيها هو وعائلتُه بسرعة، وينقُل أمتعتَه الثقيلة بسهولة، ويشعُر في أسفاره بشيء من الراحة.

وعندما اكتشف جايمس واط قوّة البُخار، منذ مائتَيْ سنة تقريبا، أخذ يَجِدُّ ويُواصل البحثَ حتّى قادَهُ ذكاؤُه إلى اختراع آلة تسير بقوّة البخار. وبواسطة هذه الآلة اخترع القطار الذي يسير على قُضْبان حديديّة ويقطَع المسافات البعيدة بسرعة، ويُقِلُّ عددا كبيرا من المسافرين وأمتعتَهم ويحمل البضائع الثقيلة.

لم يقف طموحُ الإنسان وعقلُه الخلّاق عند هذا الحدّ، وإنّما انصرف إلى

البحث عن وسائل للسفر البرّيّ، أفضَلَ من القطار وأسرَعَ وأسهَلَ، حتّى توصّل أَحَدُ النوابغ إلى اختراع آلة جديدة تسير بواسطة البترول (البَنْزِين) وذلك في أواخر القرن التاسعَ عشرَ.

وجاء هنري فورد العبقريُّ الأمريكيُّ، فحَسَّنَ تلك الآلةَ حتّى بلغتْ غايةً بعيدة في الإِتْقان والأَناقَةِ والسرعة والراحة، وهي السيّارة التي يعتمد عليها الناسُ هذه الأيّام في أسفارهم البرّيّة، وقد عمّ انتشارُها في العالم أجمَعَ.

أمّا في المدن الكبيرة، فقد استخدم الناسُ الدرّاجات الهوائيّة والناريّة والحافلات الكهربائيّة (التراموي) بالإضافة إلى السيّارات.

وكلّما تحسّنت وسائلُ السفر والنقل كانت تتحسّن معها حالةُ الطرق وتَرْتَقِي، فصارت الأبعادُ الشاسعة قريبةً، وازدادت رغبةُ الناس في السفر والانتقال، وارْتَبَطَتِ البلادُ بعضُها ببعضٍ، وتقدّمت الزراعة وارتقت الصناعة ونشِطت حركةُ التجارة بين القرى والمدن والبلدان.

المفردات

رِزْق ج أَرْزاق	生计，生活资料
مُسْتَعِينٌ بـ ...	求助于
زَادٌ	口粮，粮食
تَحَمَّلَ تَحَمُّلًا الشيءَ	承受，忍受
صَعْبٌ ج صِعاب	困难
سَفَر ج أَسْفار الواحدة سَفْرَة	旅行，出门
أَلِيف م أَلِيفَة	驯服的，家养的

助手	مُساعِد ﺟ مُساعِدُونَ
非常聪明	حِدَّةُ الذَّكاءِ
轮子，车轮	عَجَلَة ﺟ عَجَلات/ دُولاب ﺟ دَوالِيبُ
发现，发明	اِكْتَشَفَ اِكْتِشافًا شيئًا
努力，认真	جَدَّ يَجِدُّ في الأمرِ
铁轨	قُضْبانٌ حَدِيدِيَّةٌ
运，送	أَقَلَّ يُقِلُّ الشيءَ إلى ...
程度，界限；边界	حَدّ ﺟ حُدُود
理想，追求，愿望	طُمُوح
天才，出众的人	نابِغَة ﺟ نَوابِغُ
天才，天才的	عَبْقَرِيّ ﺟ عَباقِرَة
美观，雅致，考究	أَناقَة
电车	حافِلَةٌ كَهْرَبائِيَّةٌ/ التِّرامْوَيْ
此外，外加	بِالإضافَةِ إلى ...
与……联系	اِرْتَبَطَ اِرْتِباطًا بـ ...

第九课 الدرس التاسع

句型：	فاض النيل ماء.
课文：	نبذة عن الصداقة الصينيّة العربيّة
语法：	分词（التمييز）

تركيب الجملة

فَاضَ النيلُ ماءً.

زَرَعُوا الأرضَ قُطْنًا.

تَخْتَلِفُ الدولُ تاريخًا وحَضارَةً.

اِزْدادَتِ الصّداقةُ نُمُوًّا وتَطَوُّرًا.

(التَّمْيِيز)

الحوار

حديث بين مسئول صينيّ وضيف عربيّ

أقام مسئول صينيّ في مدينة كانتون حفلةَ عشاء توديعًا لوفد عربيّ، فجرى بينه وبين رئيس الوفد أحاديثُ ودّيّة على المائدة، وكان جزء من هذه الأحاديث كالآتي:

– كم يوما قضيتم في بلادنا؟

– تسعة أيّام، أربعة أيّام في بكين، يومَيْنِ في شنغهاي وثلاثة أيّام في

هانغتشو.

- لعلّكم مُرتاحون من هذه الرحلة.
- بالتأكيد، وكلّ مدينة زرناها تركتْ في نفوسنا ذِكْرَيات جميلة.
- وأيّةُ مدينة أَحَبُّ إليكم؟ هانغتشو أو غيرُها؟
- لكلّ مدينة صفتُها المميَّزة، بكين تمتاز بكثرة الآثار الحضاريّة فيها، وشنغهاي تمتاز بالصناعات الحديثة المتطوّرة، أمّا هانغتشو فهي مشهورة في العالم بمناظرها الرائعة.
- وكانتون؟
- عندما وصلنا إلى كانتون اِزْدَدْنا سُرورا، لأنّ مناخها أقرَبُ إلى مناخ بلادنا.
- نعم، لكلّ مدينة صفتُها الخاصّة.
- لقد سُررنا من زيارة هذا البلد الصديق، فكلّما وصلنا إلى مدينة، أَحْسَسْنا بالصداقة العميقة التي تربط بين بلدَيْنا.
- إذن أقترح أن نشرَب نَخْبَ الصداقة الصينيّة العربيّة.
- ونشرب نخبَ صحّتكم!

النصّ

نُبْذَةٌ عن الصداقة الصينيّة العربيّة

الصين والعرب أمّتان عريقتان قامت بينهما اتّصالات ودّيّة منذ الْقِدَم، فقد وَرَدَتْ في بعض المصادر التاريخيّة المَوْثُوقَة (موثوق بها) معلوماتٌ تُفِيدُ أنّ هذه الاتّصالات قد سَبَقَتِ الإسلامَ بزمن طويل، وكانت تجري عبرَ

طريقين طريق الحرير البرّيّ وطريق الحرير البحريّ، حتّى أصبحت الصين معروفة لَدَى العرب عند ظُهور الإسلام، بدليل قول النبيّ محمّد "أُطْلُبِ الْعِلْمَ ولو بالصين". ثمّ شهِدت هذه العلاقاتُ تطوُّرًا عظيمًا لا مثيلَ له في التاريخ في زمن الخليفة عُثْمانَ بْنِ عَفّان، إذ أرسل أوَّلَ بَعْثَةٍ إسلاميّة إلى الصين وصلتْ إلى عاصمتها تشآن آن سنة ٦٥١م. ثمّ وفَدت إليها سبعٌ وثلاثون بعثةً أخرى خلال قرن ونصف قرن بعد البعثة الأولى، وقد ساعد ذلك إلى حدّ كبير على نموّ المعاملات في مختلف الميادين بين الأمّتين، ولا سيّما في الميدان التجاريّ، ممّا يَسَّرَ للعرب في القرن الثامن أن يجدوا في أسواق بغداد ما كانوا يشتهون من بضائع صينيّة مثلِ الحرير والخزَف الصينيّ، كما يسّر للصينيّين أن يحصلوا في تشآن آن على ما يرغبون فيه من العقاقير واللُّبان واللؤلؤ وغيرها من البضائع العربيّة.

واصل الطرفان التبادُل والتعاوُن تجاريّا وثقافيّا في العصور المُتعاقِبَة، فاسْتَوْطَنَ الصين عددٌ غيرُ قليل من التجّار والعلماء العرب، وصاهَرُوا الصينيّين، وأصبحوا على مرّ العصور أحدَ عناصر الأمّة الصينيّة.

وأثناء التبادُلات الودّيّة اِقْتَبَسَ العربُ من أهل الصين المُخْتَرَعات الأربعة، ثمّ نقَلوها إلى الغرب، بذلك قدّموا إسْهاماتٍ عُظْمَى في دَفْع عجلة حضارة الإنسان إلى الأمام. وفي الوقت نفسه استفاد أهلُ الصين ممّا عند العرب من علوم الطبّ والرياضيّات والفَلَك، نذكر على سبيل المثال أنّ الطبيب الصينيّ العظيم لي شي تشن (١٥١٨-١٥٩٣) أَوْرَدَ وأَثْبَتَ أنواعًا عديدة من العقاقير العربيّة في مَوْسُوعَتِه الشهيرة «الخلاصةُ الوافية في العقاقير الشافِيَة»، كما أنّ الجداول الفلكيّة العربيّة قد امْتَدَّ استعمالُها في الصين لمدّة

أربعة قرون...

ومنذ مائة سنة أو أكثر خاضت هاتان الأمّتان صراعا مشتركا ضدّ الإمبرياليّة وفي سبيل التحرّر الوطنيّ، وقد كانتا تؤيّد بعضُهما بعضًا وتُشجّع إحداهما الأخرى، فشهدت علاقاتُ الصداقة بينهما تطوّرا وازدادت قوّةً ومَتانَةً.

وبعد إنشاء الصين الجديدة وجد التعاوُن الصينيّ العربيّ مَجالا أوسَعَ في الشئون السياسيّة الاقتصاديّة والثقافيّة وفي الشئون الدوليّة، سَعْيًا وراء حِفْظ السلام العالميّ وتنمية العلاقات بين الطرفين.

وكما جاء في أمثال العرب: الصديقُ ليوم الضيق؛ أخوك مَنْ صَدَقَك، فإنّ الأمّة الصينيّة والأمّة العربيّة عرفتا عبرَ تجاربهما الطويلة الأمد أنّ كلّا منهما صديقة مُخلصة للأخرى وأنّ صداقتَهما هي الصداقة الأصيلة.

المفردات

اَلنِّيل	尼罗河
كانْتُونْ	广州
هانْغتشُو	杭州
مُرْتاح ج مُرْتاحُون	满意的，舒心的
مُمَيَّز م مُمَيَّزَة	有特色的，特别的
مُتَطَوِّر م مُتَطَوِّرَة	发达的
اِقْتَرَحَ اِقْتِراحًا عليه كذا	建议
شَرِبَ نَخْبَ ...	祝酒，为……干杯

نُبْذَة	片段，短篇
مَصادِرُ	参考书；文献
م = مِيلادِيّ م مِيلادِيَّة	公元的
مُنْذُ الْقِدَم	自古以来
وَرَدَ ـِ وُرُودًا الشيءُ	到来；提到
مَوْثُوق به م مَوْثُوق بها	可信的，可靠的
أَفادَ يُفِيدُ إِفادَةً أنّ ...	告诉，说
دَلِيل ج أَدِلَّة	证明，证据
نَبِيٌّ ج أَنْبِياءُ	先知
لا مَثِيلَ لَهُ في التاريخ	史无前例
تشآن آن	长安
خَلِيفَة ج خُلَفاءُ	哈利发
بَعْثَة ج بَعْثات	使团
وَفَدَ ـِ وَفْدًا ووُفُودًا إلى ...	（使团）前来
مُعامَلَة ج مُعامَلات	交道，往来
تَبادُل ج تَبادلات	交流，交往
لا سِيَّما	特别是，尤其是
عَقَّار ج عَقاقِيرُ	草药，药材
لُبان	乳香
لُؤْلُؤ ج لَآلِئُ	珍珠
ثَقافِيّ م ثَقافِيّة	文化的

定居	اِسْتَوْطَنَ المكانَ
结亲	صَاهَرَ مُصاهَرَةً القومَ
要素；成分；分子	عُنْصُر ج عَناصر
学习，借鉴	اِقْتَبَسَ مِنْهُ شيئًا
车轮，轮子	عَجَلَة ج عَجَلات
数学	الرِّياضِيَّات / عِلْمُ الرِّياضِيَّات
天文	فَلَك ج أَفْلاك
天文学	عِلْمُ الفَلَك
天文的	فَلَكِيّ م فَلَكِيّة
比如，例如	على سَبِيلِ الْمِثال
李时珍	لِي شِي تِشِنْ
援引，引述	أَوْرَدَ إِيرَادًا كذا
肯定，证实	أَثْبَتَ إِثْباتًا الأمرَ
百科全书	مَوْسُوعَة ج مَوْسُوعات
精华	خُلاصَة
全面的，充分的	وَافٍ (الوافِي) م وَافِية
有疗效的	شَافٍ (الشَّافِي) م شافِيَة
本草纲目	اَلْخُلاصَةُ الْوَافِيَةُ في العَقَاقِيرِ الشَّافِيَة
斗争	صِراع
帝国主义	اَلْإِمْبِرِيالِيَّةُ
结实，牢固	مَتانَة

سَعْيًا وَراءَ ...	为……而尽力，为……而奔走
ضِيق	逆境，困难
صَدَقَ ـُ صِدْقًا فلانًا	对人真诚
طَوِيلُ الْأَمَدِ	长期的
أَصِيلٌ م أَصِيلَة	有根基的；纯真的
مُؤَرِّخ ج مُؤَرِّخُونَ	历史学家
نَهْرُ الْفُراتِ	幼发拉底河
رَبَطَه ـِ رَبْطا بكذا	栓，系，连接
عادِل م عادِلَة	正义的，公正的
خارِجيّ م خارِجيَّة	外面的；外交的

من أمثال العرب والحكم

أَخُوكَ مَنْ صَدَقَك. （以诚相待才是朋友。）

أَكْثِرْ من الّصدِيقِ فَإِنَّكَ على العدوِّ قادِرٌ. （广交朋友方能克敌制胜。）

الملاحظات

١. عثمان بن عفّان

奥斯曼•本•阿凡，伊斯兰第三任哈里发，生年约574年，卒年655年。

٢. ... ممّا يسّر للعرب في القرن الثامن أن يجدوا في أسواق بغداد ما كانوا يشتهون ...

文中的 ممّا يسّر 一语是对前述内容作总结归纳，译作“从而”“因而”“以致”。

القواعد

分词（التمييز）

1. 对意思含糊的词语做进一步说明的语法成分叫作分词。如：

شربتُ كوبًا لَبَنًا. (我喝了一杯奶。)

هو أكبَرُ منّي سِنًّا. (他年纪比我大。)

يختلف الشرقُ والغربُ تاريخًا وحضارةً.

(东方和西方的历史和文化都不一样。)

例一中 شربتُ كوبا 意思不明确，没有说清喝了什么，而加上 لَبَنًا 以后才知道是喝了一杯奶。例二中 هو أكبَرُ منّي 意思也比较含糊，加上 سِنًّا 以后才知道说的是他“年纪”比我大。同样，例三中的 يختلف الشرقُ والغربُ 加上 تاريخًا وحضارةً 以后才知道句子的确切含义是指东西方的历史和文化不同。我们通常所说的分词指的是泛指宾格名词。这种名词既可以是实体名词，也可以是抽象名词，包括词根在内。

2. 分词的用法大致有以下几种情况：

（1）作数词 11—19 的被数名词。如：

قد تعلّمنا خمسةَ عشرَ درسًا.

في اليوم أربعٌ وعشرُونَ ساعةً.

（2）说明疑问名词 كم。如：

كم درسًا تعلّمتم؟

كم ساعةً في اليوم؟

（3）具体说明度量衡单位或其他量词的内容。如：

اشترى الوالدُ كِيلُو (كيلوغرام) تفّاحًا.

أَهْدَيْتُ إلى أختي مِتْرَيْنِ حريرًا.

باع الفلّاحُ سلّةً بيضًا.

这类句子也可用另外两种形式来表达，一是将分词改成偏次；二是将分词改为由介词 مِنْ 构成的说明语。如：

اشترى الوالدُ كيلو تفّاحٍ (أو كيلو من التفّاح).

أَهْدَيْتُ إلى أختي مِتْرَيْ حريرٍ (أو مِتْرَيْنِ من الحرير).

باع الفلّاحُ سلّةَ بيضٍ (أو سَلَّةً من البيض).

（4）在比较名词后说明需要比较的方面。如：

كريمٌ أَطْوَلُ من سالم قَامَةً.

التِّبتُ (西藏) أَقَلُّ المناطق سُكّانًا في بلادنا.

هذا الكيسُ أَكْبَرُ من ذلك حَجْمًا (容积).

（5）澄清句中的含糊部分。如：

فاض النيلُ ماءً (أي فاض ماءُ النيلِ).

زرَعوا الأرضَ قَمْحًا (أي زرعوا القمحَ في الأرض).

اشتدّ الرجلُ غَضَبًا.

التمرينات

١. اقرأ كلّا من الجمل الآتية، وأشِرْ إلى التمييز فيها:

(١) باعت الفلّاحة سلّة بيضا (أو سلّة بيض، أو سلّة مِنَ الْبَيْض).

(٢) أشرب كوبًا لبنًا (أو كوبَ لبنٍ، أو كوبًا من اللبن) في الصباح.

(٣) ثَمَنُ كيلو بُرْتُقَالٍ يوان وثمانون فن (分).

(٤) أهل الصين أشدّ الأُمَمِ إِتْقانًا ودِقَّةً في الصناعات اليدويّة.

(٥) أنت أَصْغَرُ منّي سنّا، ولكنّك أطول منّي قَامَةً.

(٦) نهر اليانغتسي أطولُ أنهار الصين وأكثرُها فائدةً.

(٧) النحاس أَجْوَدُ المعادن تَوْصِيلًا للكهرباء.

(٨) اشترتْ أختي ثلاثةَ أمتارٍ حريرًا (أو ثلاثةَ أمتارِ حريرٍ، أو ثلاثة أمتارٍ مِنَ الْحرير).

(٩) الشابّ السليم الرئتَيْنِ يتنفّس خمسَ عشرةَ مرّةً في الدقيقة.

(١٠) نانجينغ أَشَدُّ من بكين حرارةً ورُطوبةً.

(١١) الحديدُ أَعْظَمُ نَفْعًا من الذّهَبِ، والذهبُ أَغْلَى قيمةً من الحديد.

(١٢) أنت أَكْثَرُ من جميع الزملاء اجتهادًا.

(١٣) صلاح أَصْغَرُ من أخيه سنّا، ولكنّه لا يَقِلُّ عنه ذَكاءً.

(١٤) الصين أَكْثَرُ البلدان سكّانًا في العالم.

(١٥) إنّ الصينَ حكومةً وشعبًا تؤيّدكم كلّ التأييد في نضالكم العادل.

٢. ضَعْ في كلّ مكان خال ممّا يلي تمييزا مناسبا:

(١) نما الغلامُ ________.

(٢) فاضَ القلبُ ________________.

(٣) تفيض الوجهُ ________________.

(٤) غرسنا الجبلَ ________________.

(٥) زادت البلادُ ________________.

(٦) يختلف الناسُ ________________.

(٧) رتّبتُ الغرفةَ ________________.

(٨) اِمْتَلَأَ البيتُ ________________.

(٩) تختلف البلدانُ ________________.

(١٠) وهذا يزيد عملَكم ________________.

٣. حوّلْ كلًّا من الجمل الآتية إلى جملة فيها تمييز:

(١) اشتدّ بردُ الجوّ.

(٢) اشتدَّتْ حرارةُ الجوّ.

(٣) اشتدّ عَطَشُ المسافر.

(٤) اشتدّ غَضَبُ الرجل.

(٥) اشتدَّتْ قوّةُ الريح.

(٦) اِزدادَ تَلَوُّثُ الْمَدِينَةِ.

(٧) ازداد اشْتِعالُ النار.

(٨) ازداد فرحُ الأطفال وسرورُهم.

(٩) ازداد نشاطُهم وحيوِيَّتُهم.

(١٠) ازداد حُبِّي لعملي.

٤. أكمِلْ ما يلي من الجمل:

(١) قامتْ بين الصينيّين والعرب ________ منذ أَقْدَمِ العُصور.

(٢) كانت الاتّصالاتُ والتبادُلات بين الطرفين مستمرّةً عبر طريقين، طريق ________ وطريق ________.

(٣) قال النبيّ (ص): ________.

(٤) كان العرب في القرن الثامن يجدون ما يُعجبون به من البضائع الصينيّة مثل ________ و ________ كما أنّ الصينيّين يجدون في تشآن آن ما يرغبون فيه من البضائع العربيّة مثل ________ و ______ و ______ وغيرها.

(٥) وفي ذلك الحين استوطن الصين عددٌ غيرُ قليل من ______ و______، فأصبحوا ________ الأمّة الصينيّة.

(٦) أخذ العرب من أهل الصين ________ و________ و______، وفي الوقت نفسه اقتبس الصينيّون ما عند العرب من ________ و ______ و________.

(٧) بعد تأسيس الصين الجديدة شهدت العلاقةُ الودّية بين الطرفين نموّا شاملا (全面的) في الشئون ________ و ________ و________ وفي الشئون الدوليّة.

٥. اقرأ ما يلي من الجمل، ثمّ كوّن جملة مفيدة مُستخدما ما يتقدّم كلّ مجموعة منها:

وَدَّعَ

(١) نذهب غدا إلى المطار حيثُ نودّع وفد الصداقة الذي يسافر إلى البلاد العربيّة.

(٢) ستُقام حفلة عشاء في الساعة السابعة في فندق بكين تَوْدِيعًا للوفد الثقافيّ السُّعُوديّ.

(٣) ذهب الرئيس إلى الفندق توديعًا للضيوف الكرام.

مُرْتاح

(١) زار الصحفيّون دار المُسِنِّينَ (العجائز) ووجدوهم يعيشون فيها مُرتاحين.

(٢) العمّال مُرتاحون، الفلّاحون مرتاحون، وهم جميعا يرحّبون بالسياسة الجديدة.

اِقْتَرَحَ

(١) أقترح أَنْ نستريح بعض الوقت، ثمّ نواصل العمل.

(٢) نقترح عليكم أن تُؤجِّلوا هذا المشروع إلى السنة القادمة إذا وافقتم على ذلك.

(٣) أقترح أن تذهب الآن إلى المستشفى لإِجْراءِ كَشْفٍ صحّيّ كامل.

(٤) الآن أقترح أن نشرب نَخْبَ الصداقة الصينيّة العربيّة.

اِتّصل بـ ...

(١) سنتّصل بك بالتلفون إذا جاءنا خبرٌ جديد.

(٢) اتّصلنا بمصنعهم، وقد وافقوا على أن نزورهم في السبت القادم.

(٣) اتّفق الطرفان على إقامة اتّصالات بينهما في مجالات أوسَعَ.

عَبْرَ ...

(١) نرجو أن تحلّوا هذه المشاكل عبر المحادَثات.

(٢) أَدْرَكْنا عبرَ تجاربنا الخاصّة أنّ أيّة أمّة إذا أرادت أن تنهَضَ فلا بدّ أن تُناضل نضالا شاقًّا.

(٣) يرى الطرفان أنّ العلاقات بينهما سوف تشهَدُ تطوّرا جديدا عبرَ تعزيز التبادُلات في مختلف الميادين.

ولا سيّما

(١) نحترم غيرنا، ولا سيّما المتقدّمين في السنّ.

(٢) أحبّ سُكْنَى الضَّواحِي، ولا سيّما الضاحية الغربيّة.

(٣) يحبّ الآباء أولادهم، ولا سيّما إذا اجتهدوا.

(٤) أنت أحسَنُ منّي في الدراسة ولا سيّما في الأدب.

اِقْتَبَسَ

(١) بينَما كان العرب المسلمون يُنشئون حضارتَهم الخاصّة كانوا حريصين على الاقتباس من الحضارات الأخرى.

(٢) ينبغي لَنَا أن نقتبس كلَّ ما هو يُفيدنا من التجارب من أجل تحسين أعمالنا.

أَثْبَتَ

(١) إنّ النجاحات التي حقّقناها في العمل أثبتتْ صحّة سياستنا.

(٢) أثبت لي شي تشن فوائدَ أنواع عديدة من العقاقير العربيّة.

(٣) إنّني أُثبت أنّ نُسخَةَ الترجمة تَتَّفِقُ والنصَّ الأصليّ، إنّني أُثبت هذه الحقيقة.

ربط

(١) هذه القضيّة المشتركة تربِط بيننا ربطًا وثيقًا (紧密的).

(٢) هذه الخطوط الجوّيّة الجديدة تربط بكين بأقصى المدن في البلاد.

(٣) ربط الفلّاح حماره إلى جذع شجرة.

٦. حاوِلْ أَنْ تُطبّق ما يلي من الجمل في كلام من عندك:

(١) كلّ مَنْ يمتاز بصفات حميدة هو قدوة لنا جميعا.

(٢) كلّ بضاعة ذات صفة مميّزة تجد إقبالا في السوق.

(٣) لِنشرَبِ النخبَ من أجل صحّة حضرة الرئيس وجميع الضيوف الكرام في الوفد.

(٤) علينا أن نقدّم إسهامات أكثَرَ في نهضة الأمّة.

(٥) جيشٌ بلا ثَقافَةٍ جيشٌ ضعيف.

(٦) من أعظم مهمّاتِنا أن نرفع المستوى العلميّ والثقافيّ للأمّة كلّها.

(٧) أفادني أستاذُ التاريخ بأنّ عدد الدول الإسلاميّة في العالم أكثر من أربعين دولة.

(٨) القضيّة العادلة دائما ما تجد مَنْ يُؤَيّدها.

(٩) إنّ عجلة التاريخ تدور وتتقدّم إلى الأمام دائما وأبدا.

(١٠) سَبَقَ (曾经) للصينيّين أن اسْتَفادُوا من العرب في الرياضيّات وعلم الطبّ وعلم الفلك، فساعد ذلك على تطوّر العلوم في الصين.

٧. أجِبْ عمّا يلي من الأسئلة:

(١) متى بدأت الاتّصالات الصينيّة العربيّة؟

(٢) هات أمثلة لهذه الاتّصالات القديمة.

(٣) ما الطرق التي كانت تربِط بين الصين وبلاد العرب في الزمن القديم؟

(٤) ماذا يقصد النبيّ (ص) بقوله: اطلب العلم ولو بالصين؟

(٥) صِفْ لنا مَدَى (程度) تطوّر التجارة الصينيّة العربيّة في القرن الثامن.

(٦) ما الذي أدّى إلى اسْتِيطان عددٍ غير قليل من العرب في الصين؟

(٧) ماذا أخذ العرب من الحضارة الصينيّة؟ وما أثر ذلك؟

(٨) هل استفاد الصينيّون من الحضارة العربيّة؟

(٩) صِفْ لنا العلاقة الصينيّة العربيّة خلال المائة سنة الأخيرة.

(١٠) كيف أصبحت هذه العلاقة بعد إنشاءِ الصين الجديدة؟

(١١) اذكُرْ لنا بعض الأمثلة العربيّة عن الصداقة.

(١٢) كيف ترى مستقبل الصداقة الصينيّة العربيّة؟

٨. حاوِلْ أَنْ تُلخّص مضمون النصّ بعبارات من عندك.

٩. أسنِدْ ما يلي من الأفعال إلى ضمائر الرفع المتّصلة:

رَبَطَ يَرْبِطُ، أَثْبَتَ يُثْبِتُ، اِقْتَرَحَ يَقْتَرِحُ، اِسْتَوْطَنَ يَسْتَوْطِنُ

المطالعة

الوصول إلى الصين

وصلنا بعد سبعةَ عشرَ يوما والريحُ مساعِدة لنا ونحن نسير بها أشدَّ السير وأحسَنَه إلى بلاد الصين.

وإقليم الصين مُتّسع كثير الخيرات والفواكه والزرع والذهب والفضّة، لا يُضاهِيه في ذلك إقليمٌ من أَقالِيمِ الأرض. ويخترقه النهرُ المعروف ب "مآب حياة" ومعنى ذلك ماءُ الحياة، ويمرّ في وسط الصين مسيرة ستّة أشهُر وتَكْتَنِفُه القرى والمزارع والبساتين والأسواق كنيل مصر، إلّا أنّ هذا أكثَرُ

عَمارةً، وعليه النواعيرُ الكثيرة. وببلاد الصين السكّر الكثير، ممّا يُضاهي المصريّ بل يَفْضُلُه، والأعنابُ والإجّاصُ. وكنتُ أظنّ أنّ الإجّاص العثمانيّ الذي بدمشق لا نَظيرَ له حتّى رأيتُ الإجّاص الذي بالصين. وبها البطّيخُ العجيب يُشبه بطّيخَ خُوارِزْم وأَصْفَهان. وكلُّ ما ببلادنا من الفواكه فإنّ بها ما هو مِثْلُه وأحسَنُ منه. والقمحُ بها كثير جدّا، ولم أَرَ قمحا أطيَبَ منه. وكذلك العَدَس والحِمَّص.

دجاج الصين

ودجاج الصين وديُوكها ضخمة جدّا، أضخَمُ من الإوزّ عندنا. وبَيْضُ الدجاج عندهم أضخَمُ من بيض الإوزّ عندنا. وأمّا الإوزّ عندهم فلا ضَخامَةَ لها. ولقد اشترينا دجاجة فأردنا طبخَها، فلم يَسَعْ لحمَها بُرْمَةٌ واحدة، فجعلناها في برمتَيْنِ. ويكون الديك بها على قَدْرِ النَّعامَةِ. وأوّلَ ما رأيتُ الديك الصينيّ بمدينة كُولَمْ، فظَنَنْتُه نَعامة، وعجِبْتُ منه، فقال صاحبُه: إنّ ببلاد الصين ما هو أضخَمُ منه. فلمّا وصلت إلى الصين رأيت مِصْداقَ ما أَخْبَرَنِي به من ذلك.

من أحوال أهل الصين

وأهل الصين كُفَّار يعبُدون الأَصْنام، ويُحرقون موتاهم كما تفعَل الهند. وفي كلّ مدينة من مدن الصين مدينة للمسلمين يَنْفَرِدُونَ فيها بسُكْناهم ولهم فيها المساجِدُ لإقامة الجُمْعات وسِواها. وهم مُعَظَّمُونَ مُحترمون. وكُفَّار الصين يأكلون لحوم الخَنازِيرِ والكلاب، ويبيعونها في أسواقهم. وهم أهل رفاهيةٍ وسَعَةِ عَيْشٍ، إلّا أَنَّهم لا يحتفلون بمطعم ولا ملبس. وترى التاجر

الكبير منهم الذي لا تُحْصَى أموالُهُ كثرةً وعليه جُبَّة قطنٍ خَشِنَةٌ. وجميعُ أهل الصين إنّما يحتفلون بأواني الذهب والفضّة.

والحرير عندهم كثير جدًّا، وهو لِباسُ الفُقراء والمساكين بها، ولولا التجّارُ لما كانت له قيمةٌ. ويُباع الثوب الواحد من القطن عندهم بالأثواب الكثيرة من الحرير.

إتقانُهم في الصناعات

وأهل الصين أعظَمُ الأمم إحكامًا للصناعات وأشدُّهم إتقانًا لها، وذلك مشهور من حالهم. فأمّا التصوير فلا يُجاريهم أحَدٌ في إحكامه من الروم ولا من سِواهم. ومن عجيب ما شاهدتُ لهم من ذلك أنّي ما دخلت قطّ مدينة من مدنهم ثمّ عدتُ إليها إلّا ورأيتُ صورتي وصُوَرَ أصحابي، مَنْقُوشَةً في الحيطان والكَواغِد، موضوعةً في الأسواق. ولقد دخلتُ إلى مدينة السلطان فمَرَرْتُ على سوق النقّاشين ووصلت إلى قصر السلطان مع أصحابي، ونحن على زيّ العراقيّين. فلمّا عدتُ من القصر عَشِيًّا مررتُ بالسوق المذكورة، فرأيتُ صورتي وصورَ أصحابي منقوشةً في كاغِد قد أَلْصَقُوه بالحائط، فجعل كلّ واحد منّا ينظُر إلى صورة صاحبه لا تُخْطِئُ شيئا من شَبَهِه.

(مقتطفات من رحلة ابن بطولةِ بتصرّف)

اِبْنُ بَطُوطَة: (١٣٠٤- ١٣٧٨) وُلد في طَنْجَة رحّالة مشهور، طاف في مختلف أنحاء العالم المعروف يومذاك، استغرقتْ رحلاتُه الثلاث نحو ٢٩ سنة، زار في خلالها كثيرا من بلدان إفريقيا وآسيا، منها بلاد الصين. وكتابُه المعروف برحلة ابن بطوطة قد تُرجم إلى اللغة الصينيّة.

المفردات

地区，地带	إِقْلِيم جـ أَقَالِيمُ
相比	ضَاهَى مُضاهاةً الشيءَ
生命之源	مآب الحياة
行程，流程	مَسِيرة
包围，环绕	اِكْتَنَفَ اِكْتِنافًا الشيءَ
但是	إِلَّا أَنَّ = غَيْرَ أَنَّ
水车	ناعُورَة جـ نَوَاعِيرُ
胜过，超越	فَضَلَ ـُ فَضْلًا فلانا أو عليه
奥斯曼梨	اَلْإِجّاصُ الْعُثْمانِيُّ
无双的，无可比拟的	لا نَظِيرَ له
花剌子模	خُوارِزْم
伊斯法罕	أَصْفَهان
豌豆	حِمَّص
庞大，魁梧	ضَخَامَة
容纳，包容	وَسِعَ ـَ سَعَةً الشيءَ
石锅，砂锅	بُرْمَة جـ بُرَم
鸵鸟	نَعامَة
奎隆港（印度南部港口）	مَدِينَةُ كُولُم
真实性，真实的凭据	مِصْدَاق

第九课 203

异教徒	كافِر ج كُفَّار
崇拜	عَبَدَ ـُ عِبادَةً
偶像	صَنَم ج أَصْنام
燃烧	أَحْرَقَ إِحْراقًا شيئًا
单独居住	اِنْفَرَدَ بالسُّكْنَى
清真寺	مَسْجِدٌ ج مَساجِدُ
聚礼日	جُمْعَة ج جُمْعات
受尊敬的	مُعَظَّم ج مُعَظَّمُون
猪	خِنْزِير ج خَنازِيرُ
注意，讲究；庆祝	اِحْتَفَلَ بكذا
计算，统计	أَحْصَى إِحْصاءً العدَد
大袍	جُبَّة ج جِبَاب
粗的，粗糙的	خَشِن م خَشِنَة
精密，准确，严密	إحكام
抗衡，并驾齐驱	جَارَى مُجاراةً فلانًا
罗马人，希腊人	رُومِيّ ج رُوم
画匠，雕刻师	نَقَّاش
彩绘的，雕刻的	مَنْقُوش م مَنْقُوشَة
（古）纸	كاغِد ج كَواغِدُ
国王，君主	سُلْطان ج سَلاطِينُ
服饰，服装	زِيّ ج أَزْياء

عَشِيٌّ / عَشِيَّة	傍晚
أَلْصَقَ إِلْصاقًا الشيءَ بالشيءِ	粘贴
شَبَه ج أَشْبَاهٌ	模样，形象
طَنْجَة	丹吉尔（摩洛哥港口）
رَحَّالَة	旅行家
طَافَ ـُ طَوافًا بالمكان	绕行，环绕
طَافَ في البلد	周游，漫游
يَوْمَذَاكَ / يَوْمَئِذٍ	那时，当时

الواجبات

١. أكمِلْ ما يلي من العبارات:

________ شافٍ　　صِفات ________　　________ مُتَعاقِبَة

________ عادِلَة　　________ مُشْتَرَك　　تَبادُلات ________

________ خارِجيَّة　　________ ثَقافِيَّة　　________ مُتَطَوِّرَة

٢. ترجمْ ما يلي من العبارات إلى العربيّة:

天文学	友好联系	非洲大陆
数学家	多种形式	经济领域
交流学者	橡胶轮子	伊斯兰世界

٣. ترجمْ ما يلي من الفقر إلى العربيّة:

源远流长的友谊

每一个民族都有她自己的骄傲，然而中阿两个民族却有她们共同的骄傲。这就是自古以来就把她们联结在一起的友好关系。

在古代，两个民族互相帮助，互相学习，促进了各自科学的发展，为人类文明做出了重要贡献；近代，两个民族在反对外来侵略的共同斗争中，互相鼓励，互相支持，获得了民族解放的伟大胜利，使千年的友谊又得到了新的发展。

٤. كوّنْ خمس جُمل بحيثُ يكون في كلّ منها تمييز.

٥. كوّنْ جملة مفيدة بكلّ كلمة أو عبارة ممّا يلي:

وَدَّعَ، اِقْتَرَحَ، أَثْبَتَ، لا سِيَّما، شَرِبَ نَخْبَ ...

٦. حاولْ أن تَضَعَ حوارا بينك وبين طالب عربيّ تحت عنوان «صداقة عريقة».

٧. استمعْ إلى التسجيل، ثمّ اكتُبْ مضمونَه بالصينيّة.

استمع وضع الحركات

الصداقة الصينيّة العربيّة

ظلّت الأمّة الصينيّة والأمّة العربيّة صديقتين منذ أقدم العصور. يقول بعض المؤرّخين إنّ السفن العربيّة قد وصلت إلى الصين، والسفن الصينيّة وصلت إلى شاطئ جزيرة العرب قبل ظهور الإسلام بزمن بعيد، كما جاء في بعض المصادر التاريخيّة أنّ أوّل رسول أرسلته الصين إلى جنوب غربيّ آسيا في القرن الأوّل الميلاديّ، قد استطاع أن يتّصل ببعض القبائل العربيّة في الخليج الفارسيّ، وأنّ الخليفة عثمان بن عفّان أرسل أوّل بعثة إسلاميّة إلى الصين في عام ٦٥١ م.

أمّا الحركات التجاريّة فقد كانت نشيطة بين الطرفين عبر طريق الحرير الذي كان يربط بين الشرق والغرب والذي كان يمرّ بأرض العرب.

مضت القرون، والاتّصالات بين الأمّتين تزداد نموّا، فاقتبس العرب من الحضارة الصينيّة ونقلوها إلى الغرب، فساعدوا بذلك على تطوّر الحضارة الإنسانيّة، كما اقتبس الصينيّون من حضارة العرب ودفعوا بذلك عجلة تطوّر علوم الطبّ والرياضيّات والفلك في الصين.

وفي الأزمنة الحديثة جدّدت الأمّتان صداقتَهما العريقة من خلال صراعهما المشترك ضدّ الامبرياليّة.

وخلال الثلاثين سنة الأخيرة جرى بين الطرفين تعاون أوسع في الشئون السياسيّة والاقتصاديّة والثقافيّة وفي الشئون الدوليّة، والصين تقف إلى جانب العرب في نضالها العادل، والبلاد العربيّة تؤيّد السياسة الخارجيّة التي تسير عليها الصين.

第十课 الدرس العاشر

句型：	العراق بلد عريقة حضارته.
课文：	حدائق بابل المعلّقة
语法：	因缘修饰语（النعت السببيّ）

تركيب الجملة

بابِلُ[1] مدينةٌ قديمٌ تاريخُها.

العراقُ بلدٌ عريقةٌ حضارتُه.

زُرْنا قريةً كريمًا أهلُها.

نحبّ القريةَ الكريمَ أهلُها.

(النعت السببيّ)

الحوار

حديث في مدينة بابل

- لعلّك زرتَ مدينة بابل، عندما كنتَ في العراق؟
- نعم، وكلّ مَنْ يرى العراق، لا بدّ أنْ يزور بابل.
- ما هي انْطِباعاتُك عن هذه المدينة؟

① 古代巴比伦王国首都，位于巴格达以南 88 公里处，现已成为废墟。

– لم يَبْقَ فوق الأرض من هذه المدينة القديمة إلّا بعضُ آثارها.

– وماذا يوجد الآن من هذه الآثار؟

– شاهدتُ بعضَ التلال وهي موقعُ الحدائق المعلّقة السابقة، وقطعةً من شارعٍ ممهَّد من بَيْنِ الأنقاض، وكذلك بعضَ الأبراج.

– ألا تزال الأبراجُ قائمةً هناك، وقد مضتْ على إنشائها آلاف السنين؟

– طبعًا لا، وتلك أعمالٌ مُسْتَحْدَثَة قامت بها الحكومة العراقيّة لاستعادة بعض معالم هذه المدينة.

– والمُكْتَشَفات.. أين تُعْرَضُ هي؟

– تُعرض في متحف العراق ببغداد، وأنا شاهدتُها هناك، بينها آنية وأدوات وحُلِيّ ورسائلُ مكتوبة..

– أظنّ أنّ هناك أشياءَ أهمَّ من هذه.

– .. نعم، نسيتُ أسدَ بابل الذي يرمز إلى قوّة بابل وعظمتها.

– ألَمْ تَرَ لوحةَ الشريعة القانونيّة لحَمُورابي①، وهي من أقدم الشرائع القانونيّة في العالم؟

– ألا تعلَم أنّها سُرِقَتْ؟

– مَنْ سرَقها؟

– سرقها غربيّون، وهي الآن في متحف اللُّوفر (卢浮宫) بباريس.

– آه، هذا يدعو إلى أسف شديد!

---

① 汉穆拉比，巴比伦王国的奠基人。

النصّ

حدائِقُ بابلَ المعلّقة

من المدن العراقيّة الجميلة مدينة تُدْعَى الحِلّة①، وهي تبعُد عن بغداد مقدارَ ستّين ميلا.

إذا ذهبت إليها من بغداد بالسيّارة أو القطار، وصِرْتَ على مَقْرَبَة منها، رأيتَ آثار مدينة عراقيّة قديمة، هذه الآثار هي أنقاض مدينة بابل العظيمة.

كانت بابل مدينة عظيمة جدّا، تُعَدُّ من عجائب مدن الدنيا القديمة. بُنيت على جانبَيْ نهر الفرات، وأُحِيطت بسور عظيم، وأُنشئت فيها القصورُ الشاهقة والمعابدُ الكبيرة والدورُ والحدائقُ الجميلة. ومنها "حدائقُ بابلَ المعلّقة".

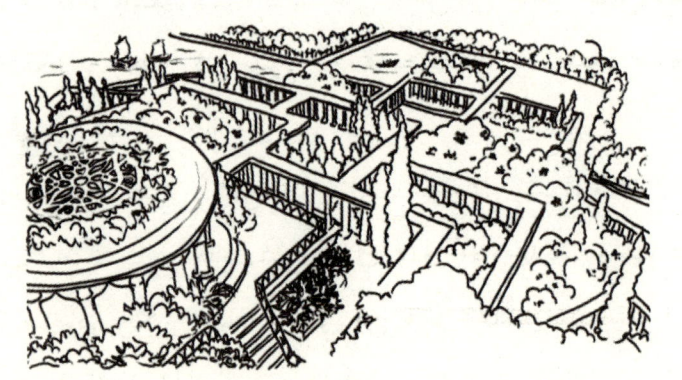

شاد الملك البابليّ نَبُوخَذْ نَصّر② هذه الحدائق العجيبة لزوجته الحسناء ابنة أمير ميديا③. لقد كانت الأميرة قبل زواجها تعيش في مدينة جبليّة،

---

① 希拉位于巴格达南，是巴比伦废墟上建起的一座城市。

② 尼布甲尼撒二世，新巴比伦王国一君主。

③ 亚洲西部的一个古王国，位于今伊朗西北和阿塞拜疆一带。

وقد تعوّدت منذ طفولتها رؤيةَ الجبال وجمال مناظرها، فأحبّتها حبّا عظيما، فلمّا تزوّجها نَبُوخَذْ نَصَّر العظيم، تركتْ مدينة والدها الجبليّة وأقامت معه في بابل. ومع أنّ بابل كانت كبيرة جميلة، ساءها أنّها في سهل بسيط لا ترى فيه ما اعْتادَتْ رؤيتَه منذ صِغَرها من الجبال الشاهقة، وثار في نفسها الحنينُ إلى وطنها الأوّل، وملّت مناظر مدينة بابل، وتمنّت المعيشة في محلّ تكثُرُ فيه الجبال. فلمّا رأى زوجُها الملك ما بها من الحزن والحنين، بنى لها هذه الحدائق المعلّقة، وجمع فيها من كلّ شيء جميل أحسَنَه، وأَنْفَقَ عليها أموالا كثيرة جدّا.

لم تكُنْ هذه الحدائق معلّقة في الهواء، كما يتوهّم السامع، وإنّما كانت طبقاتٍ مدرَّجةً، واسعة، متينة، قائمةً على أقواس من الحجر، تصل السلالمُ بعضَها ببعض، وعلى كلّ مدرّج من هذه المدرّجات العديدة طبقةٌ من الطين، ليسهُلَ نموُّ الأشجار والزهر.

وكانت هذه الحدائق تُسْقَى الماءَ بأنابيبَ تبعَثُه إلى قِمَّتها، وكان الصاعد فوقَها في أيّام الصيف الحارّة يشعُر أنّه في عالم آخر جديد، عذبٍ هواؤُه، ساحرة مناظرُه. ولكنّ الأيّام لم تُبْقِ من هذه الحدائق إلّا أنقاضًا يراها المسافر في طريقه إلى الحلّة.

وبقايا مدينة بابل كلّها الآن في الجانب الشرقيّ من الفرات، ذلك لأنّ الفرات تحوّل عنها مَجْراه منذ زمن بعيد.

تلك عجيبة من عجائب الدينا السبع في الدهر القديم تدلُّك على حضارة العراق ورقيّ أهله منذ أقدم الأزمان.

(عن القراءة العربيّة العراقيّة)

المفردات

بابِلُ	巴比伦
بابِلِيٌّ ج بابِلِيُّونَ	巴比伦人
تَلّ ج تِلال	山丘，丘陵
مُعلَّق م مُعَلَّقَة	挂着的，悬空的
اَلْحَدائِقُ الْمُعَلَّقَةُ	空中花园
مُمَهَّد م مُمَهَّدَة	平坦的
أَنْقاض	瓦砾，废墟
بُرْج ج أَبْراج	城堡；塔
قائِم م قائِمَة	站立的；存在的
مُسْتَحْدَث م مُسْتَحْدَثَة	新的
اِسْتَعادَه اِسْتِعادَةً	恢复
مَعالِم	面貌
مُكْتَشَفات	发掘出的东西，发现
مُتْحَف ج مَتاحِفُ	博物馆
إناء ج آنِيَة جج أَوانٍ (اَلْأَوانِي)	器皿
حَلْيٌ ج حُلِيّ وحِلِيّ	珠宝，首饰
رَمَزَ ـُ رَمْزًا إلى ...	象征的，标志着
شَرِيعَة ج شَرائِعُ	法律，法规
قانُونِيّ م قانُونِيَّة	法律，法定的
بارِيسُ	巴黎

称作，叫作	دَعاهُ اسْمًا
英里	مِيل ج أَمْيال
在……附近	على مَقْرَبَةٍ من ...
奇迹	عَجِيبَة ج عَجائِبُ
世界，世上	الدُّنْيا
城墙	سُور ج أَسْوار
高的，巍峨的	شاهِق م شاهِقَة
建筑，建造	شَادَ ـِ شَيْدًا البناءَ
王子，亲王；艾米尔	أَمِير ج أُمَراءُ
美女	حَسْناءُ
令他不快	ساءَ يَسُوءُ الأمرُ فلانًا
幼小，小	صِغَر
奋起，暴发；起义	ثَارَ ـُ ثَوَرانًا
思念，怀念	حَنِين
厌倦，厌烦	مَلَّ ـَ مَلَلًا الشيءَ أو منه
花钱，花费	أَنْفَقَ إِنْفاقًا المالَ
想象，幻想	تَوَهَّمَ تَوَهُّمًا الأمرَ
听者，听众	سامِع ج سامِعُونَ
阶梯的	مُدَرَّج م مُدَرَّجَة
弓；拱门	قَوْس ج أَقْواس
梯子	سُلَّم ج سَلالِمُ

طِين	泥，泥土
أُنْبُوب ج أَنابِيبُ	管子
صاعِد	登高的，上升的
ساحِر م ساحِرَة	迷人的
أَبْقَى إِبْقاءً الشيءَ	保留，保存，留下
مَجْرًى	河道，通道，进程
دَهْر ج دُهُور	时代，时光
مَدَنِيَّة	文明
سُلْطَان ج سَلاطِينُ	君主，国王
إِمْبُراطُورِيَّة	帝国
إيران	伊朗
اِسْتَكْمَلَ اِسْتِكْمالًا الشيءَ	完善，完成
اِحْتِفالات	庆祝活动
جَماعِيّ م جَماعِيَّة	集体的
مَوْكِب ج مَواكِبُ	队伍
اِجْتازَ اِجْتِيازًا المكانَ	越过，穿过
مَدْفُون م مَدْفُونَة	被埋藏的
باطِن	内部
غَوْر ج أَغْوار	深处，底部

من أمثال العرب والحكم

إِنَّهُ نَسِيجُ وَحْدِهِ. (盖世无双，无与伦比。)

دَوامُ الْحالِ مِنَ الْمُحالِ. (一成不变是不可能的。)

القواعد

因缘修饰语（النعت السببيّ）

进入因缘修饰语正题之前，首先举两个例子对一般修饰关系做一个必要回顾。

العراقُ بلدٌ عربيٌّ.　　　　كانت بابلُ مدينةً عظيمةً.

上述例句中，عربيّ 直接修饰 بلد；عظيمة 直接修饰 مدينة，修饰语和被修饰语在性、数、格、式四方面都一致。这种修饰语叫作直接修饰语（النعت الحقيقيّ）。

1. 因缘修饰语的含义：

因缘修饰语与直接修饰语不同，它借助与被修饰语有关联的事物对被修饰语进行间接修饰。如：

العراقُ بلدٌ عريقةٌ حضارتُه. (伊拉克是个文明古老的国家。)

زرنا قريةً كريمًا أهلُها. (我们参观了一个居民好客的村庄。)

在上述例句中，عريقة 没有直接修饰 بلد，而是通过与 بلد 有关的 حضارته 对 بلد 进行间接修饰；كريم 没有直接修饰 قرية，而是通过与 قرية 有关的 أهلها 对 قرية 进行间接修饰。

2. 因缘修饰语的特点与结构：

（1）因缘修饰语是一个单数形容词，又能起一个动词的作用，后面的名词实际上是它的主语，有时是代主语，二者性要一致。如：

بكين مدينةٌ كثيرةٌ آثارُها (تكثُرُ آثارُها).

رأينا في المطار مسافرين مختلفةً ألوانُهم (تختلف ألوانُهم).

نحبّ القريةَ الكريمَ أهلُها (التي يكرُمُ أهلُها).

هبطتْ طائرةٌ مجهولةٌ جِنْسِيَّتُها (国籍) .

（2）因缘修饰语后面的主语须有相应的代名词与前面的被修饰语呼应。如 آثارها 的 ها 与 مدينة 呼应；ألوانهم 的 هم 与 مسافرين 呼应；同样 أهلها 的 ها 与 القرية 呼应。

（3）因缘修饰语与前面的被修饰语格、式一致。如 كثيرةٌ 和 مدينةٌ 都是主格、泛指；مختلفةً 和 مُسافِرِينَ 都是宾格、泛指；الكريمَ 和 القريةَ 都是宾格、确指。由此，我们可以看到因缘修饰语是身兼两职的修饰语，它既要在“阴阳性”方面照顾后面的主语，又要在“格、式”方面照顾前面的被修饰语。

3. 因缘修饰语在阿拉伯语中并不常见，因此我们构句时常用其它语法形式代替。

（1）被修饰语是泛指名词时，可用形容从句或字面正偏组合代替。如：

العراقُ بلدٌ حضارتُه عريقةٌ (أو عريقُ الحضارةِ).

بكين مدينةٌ آثارُها كثيرةٌ (أو كثيرةُ الآثارِ).

بابل مدينةٌ تاريخُها قديمٌ (أو قديمةُ التاريخِ).

رأينا في المطار مسافرين تَخْتَلِفُ ألوانُهم (أو مُخْتَلِفِي الأَلْوانِ).

（2）被修饰语是确指名词时，一般可用字面正偏组合代替，有时也用连接名词及其连句代替。如：

البلدُ العريقةُ حضارتُه. ← البلدُ العريقُ الحضارةِ.

المدينةُ القديمُ تاريخُها. ← المدينةُ القديمةُ التاريخِ.

المدينةُ الكثيرةُ آثارُها. ← المدينةُ الكثيرةُ الآثارِ. ← المدينةُ التي تَكْثُرُ فيها الآثارُ.

المسافرون المختلفةُ ألوانُهم. ← المسافرون المُخْتَلِفُو الألوانِ. ← المسافرون الذين تَخْتَلِفُ ألوانُهم.

القريةُ الكريمُ أهلُها. ← القريةُ التي أهلُها (الأهل فيها) كِرامٌ.

التمرينات

١. هات الفعل الذي اشْتَقَّ منه كلٌّ من الكلمات الآتية:

مَحَلّ	ساحِر	دَلِيل	مَوْقِع
سامِع	أَمِير	قائِم	صاعِد
بَسِيط	مَجْرًى	مُمَهَّد	حَسْناءُ
مَنْظَر	مُدَرَّج	مُكْتَشَفات	عَجِيبَة
مُعَلَّق	مُقْتَرَح	مُسْتَحْدَث	مُرْتاح

٢. حوّل النعت السببيّ في كلّ جملة ممّا يلي إلى الإضافة اللفظيّة:

(١) نُحِبّ الشعبَ الكريمةَ أخلاقُه.

(٢) البضاعةُ الغالِي ثمنُها غالبا ما تكون أجود.

(٣) تسير في الشوارع سيّاراتٌ متنوّعةٌ أشكالُها جميلةٌ ألوانُها.

(٤) في الغابة طيُورٌ مختلفةٌ ألوانُها، عذبةٌ أصواتُها.

(٥) أعتقد أنّ هذه مشكلةٌ صعبٌ حلُّها في هذه المدّة القصيرة.

(٦) عادتْ أمّي من السوق بسمكة كبيرٍ رأسُها.

(٧) هل كلّ كتاب جيّدةٍ طباعَتُه جيّدُ الْمُحْتَويات؟

(٨) بلدي يقع في منطقةٍ سهلةٍ مواصلاتُها، متطوّرةٍ صناعاتُها.

٣. حوِّلْ كلّ جملة ممّا يلي إلى جملة ذات إضافة لفظيّة:

(١) في بلادنا بحيراتٌ كبيرة مياهُها عذبة.

(٢) هي قصّة ألفاظُها بسيطة مغزاها عميق.

(٣) جاء هؤلاء من مناطِقَ تكثُر فيها الجبال.

(٤) كونمينغ (昆明) مدينة هواؤُها لطيف مناظرُها جميلة.

(٥) عندنا مدن صناعيّة تحسُنُ مواقعُها.

(٦) الذرة نباتٌ ينتشر زرعُه في أنحاء البلاد.

(٧) الموز نباتٌ يحتاج إلى بيئة مناخُها حارّ وهواؤُها رَطِب.

(٨) في باطن أرضنا معادنُ أنواعُها متعدّدة.

(٩) المعروف أنّ الصين بلاد تقِلّ فيها الغاباتُ.

(١٠) هي مدينة شوارعُها نظيفة وحدائِقُها كثيرة.

٤. اشرَحْ ما يلي من العبارات بالعربيّة:

تَلّ	آثار	قِمَّةُ الجبل	بابِل	مُتْحَف
حَنِين	أَنْفَق	مَوْقِع العَمَل	باطِن	اِنْطِباع

٥. أكمِلْ ما يلي من الجمل:

(١) مدينة الحلّة من المدن ________، وهي تبعُد عن بغداد ________.

(٢) وإذا صرتَ على مقربة من الحلّة، ورأيتَ آثار مدينة قديمة، هذه الآثار هي ________.

(٣) كانت بابلُ مدينةً عظيمة تُعدّ من ________، تمّ إنشاؤُها منذ ________. إنّها بُنيت على جانبَيْ ________، وأحِيطَتْ بـ ________، وأُنشئت فيها ________ و________ و________.

(٤) و________ طالتْ إقامةُ أميرة ميديا في بابل، ________ مناظرَها مع أنّها كانت ________. إذ ساءَها ________ تعيش في سهل مُنبسط، لا ترى فيه ________ اعتادت رؤيتَه منذ ________ من ________، فثار في نفسها ________ إلى وطنها ________.

(٥) لمّا رأى زوجُها ما بها من ________ و________، بنى لها هذه ________.

(٦) إنّ هذه العجيبة تدلّك على ________ العراق و________ أهله منذ أقدم العصور.

٦. اقرأ ما يلي من الجمل، ثمّ حاوِلْ أن تكوّن جملة مفيدة باستخدام كلّ كلمة تتقدّم كلَّ مجموعة منها:

اِسْتَعادَه

(١) يُثابر الجنديُّ الجريح على التمرينات الرياضيّة مُحاوِلا أنْ يستعيد وظيفة رجله في أقرب وقت ممكن.

(٢) ما دامتِ الشعوبُ تثابر على النضال، تستطيع أن تستعيد حقوقَها المَشْرُوعة (合法的).

(٣) في أوقات الفراغ أقوم ببعض التمرينات الرياضيّة لأستعيد نشاطي وحيويّتي.

رَمَزَ إلى ...

(١) أسدُ بابل يَرْمُزُ إلى قوّة بابل وعظمتها.

(٢) إنّ نجاح هذه التجربة يرمز إلى أنّنا قد بلغنا مستوى جديدا في التكنولوجيا.

(٣) إنّ زيارة سعادة الرئيس لبلادنا ترمز إلى أنّ العلاقاتِ بين البلدين قد دخلت مرحلةً جديدة في تطوّرها.

يُعَدُّ كذا

(١) كانت الحدائقُ المعلّقة في بابل تُعدّ إحدى عجائب الدنيا السبع.

(٢) يُعدّ سالم أَحْسَنَ لاعب بكرة السلّة في كلّيّتنا.

(٣) يعدّ نجيبُ محفوظ أشهَرَ كاتب عربيّ في القرن العشرين.

ساءه

(١) العجوز ليس راضيًا عنّي، فقد ساءه أنّني لم أعمل بنصيحته.

(٢) يسوء الوالد أنّ ابنه يُهمل دروسَه في المدرسة.

(٣) ساء المدير أنّ بعض الموظّفين لا يُراعون المواعيد.

ثار

(١)... وثار في نفسها الحنينُ إلى وطنها الأوّل.

(٢) إذا هبّت الرياحُ هناك يثور الغبارُ حتّى يصعُب عليك أن تفتَح عَيْنَيْك.

أَنْفَقَ

(١) صِدْقِي يُنْفِق ألفَ يوان في الأكل شهريًّا.

(٢) الحكومة تُنْفِق أموالا كثيرة على التعليم سنويّا.

(٣) لقد أنفقت الحكومة أموالا طائلة في هذا المشروع.

تَوَهَّمَ

(١) لم تكن هذه الحدائق معلّقةً في الهواء كما يتوهّم السامع.

(٢) لا أحدَ منّا يتوهّم أنّ السعادة تأتينا من تِلْقاءِ نفسها.

(٣) لا تتوهّمْ أنّنا عاجزون عن عمل شيء بدُونك.

دَلِيل

(١) سور الصين العظيم أعظم دليل على ذَكاء شعبنا وعظمته.

(٢) قدّمنا بنجاحنا هذا دليلا جديدا على أنّنا قادرون على بناء بلادنا دولةً قويّة.

(٣) يُسعدني أن أكون دليلا لكم في هذه الرحلة.

اِجْتازَ مكانا

(١) في شمال إفريقيا صَحارَى واسعة قلّما يجتازها الإنسان.

(٢) اجتاز جميعُ الطلّاب الجددُ الفحص الصحّيّ.

(٣) يأبى الرفاق أن يستريحوا مع أنّهم قد اجتازوا أصعَبَ مرحلةٍ في تجربتهم.

٧. أجبْ عمّا يلي من الأسئلة:

(١) أين تقع مدينة بابل؟

(٢) متى أنشِئَتْ هذه المدينة؟

(٣) ماذا يوجد الآن من هذه المدينة؟

(٤) صِفْ لنا المعالم التاريخيّة لهذه المدينة؟

(٥) من الذي بنى حدائق بابل المعلّقة؟

(٦) ما الذي دعاه إلى بناء هذه الحدائق؟

(٧) هل كانت هذه الحدائق معلّقة في الهواء حقيقةً؟

(٨) صفْ لنا كيف كان جمال هذه الحديقة؟

(٩) أين تُوضع الآن مُكْتَشَفاتُ مدينة بابل؟

(١٠) علام يدلّ وجودُ مدينة بابل في الزمن القديم؟

٨. حاولْ أن تصف مضمون النصّ بعبارات من عندك.

٩. أَسْنِدْ ما يلي من الأفعال إلى ضمائر الرفع المتّصلة:

مَلَّ يَمَلُّ، أَبْقَى يُبْقِي، اِجْتَازَ يَجْتازُ، تَوَهَّمَ يَتَوَهَّمُ، اِسْتَعادَ يَسْتَعِيدُ

المطالعة

الأهرام ومنارة الإسكندريّة

في العالم القديم عجائب سبع، منها اثنتان في مصر ذاتها، إحداهما الهرمُ الأكبر قربَ القاهرة، والأخرى منارةُ الإسكندريّة. بنى الأهرامَ قدماءُ المصريّين، وهي قبورُ الفَراعِنَة ملوكِ مصر القدماء، منها ثلاثة أهرام قرب القاهرة، فالهرم الأكبر بناه الملكُ خُوفُو في القرن السابع والعشرين قبل

الميلاد، يبلغ ارتفاعُه أربعَمائة وواحدةً وثمانين قَدَمًا، أيْ مئةً وستّة وأربعين مترا. والهرم الأَوْسَطُ بناه الملكُ خَفْرَعُ. أمّا الهرم الأَصْغَرُ فبناه الملكُ مُنْقَرِعِ. لقد مضتْ عليها آلاف السنين، وهي في مكانها لم يتهدّم منها حجرٌ. ويُعتبر أبو الهول جُزْءًا من هذه الآثار، وهو ذو شكل عجيب، رأسُه رأس إنسان وجسمُه جسم أسد، يرمُز إلى عظمة مصر القديمة ومَهابَتِها. ولا يزال حتّى الآن قائما فوق الرمال.

إنّ منارة الإسكندريّة أُنشئت على جزيرة صغيرة عند مدخل ميناء الإسكندريّة، ويُقال إنّ علوّها ٤٠٠ (أربعمائة) قدم، فكانت أروَعَ منارة عرفها تاريخُ العصر القديم، وقد ظلّتْ قائمةً زُهاءَ عشرين قرنا إلى أنْ صَدَّعَها زِلْزالٌ.

سورُ الصين العظيم

من بين المعالم السياحيّة والأثريّة المشهورة سُور الصين الذي يُعتبر من أَبْرَزِ الآثار القديمة في العالم، يبعُد عن بكين حَوالَيْ سبعين كيلومترا، ويُقال إنّه أَوْضَحُ بناء على سطح الكرة الأرضيّة لِمَنْ يُراقب من سفن الفضاء، إذ يراه كأنّه شريط ضخم مُلْتوٍ على برّ الصين في شرقيّ آسيا.

يبلُغ طولُه نحوَ ٦،٧٠٠ كيلومتر، أي ما يُقارب سُدْسَ طول خطّ الاستواء. وقد بُني في القرن السابع قبل الميلاد على شكل أسوار لصدّ غَزَوات الرعاة الشماليّين. وبعد أنْ وحّد الإمبراطورُ تشين شي هوانغ أجزاءَ الصين تحت سُلطته، قام بتدعيم تلك الأسوار ووصل بعضَها بالبعض ووسّعها. ويبلُغ ارتفاعُ السور ٧،٨ متر وعرضُه نَحْو ٥،٨ متر يَتَّسِعُ لعشرة جنود مصطفّين. وفي جوانبه الداخليّة أبوابٌ تؤدّي إلى سطحه بسلالم

داخليّة، وعلى سطح السور بنايات بعضُها من طَابَقَيْنِ والأخرى من ثلاثة طَوابِقَ.

المفردات

هَرَم جـ أَهْرام	金字塔
مَنار / مَنارَة	灯塔，尖塔
قَبْر جـ قُبُور	坟墓
فِرْعَوْن جـ فَراعِنَة	法老
قَدَم جـ أَقْدام	英尺
تَهَدَّمَ تَهَدُّمًا البناءُ	倒塌
أَبُو الْهَوْل	狮身人面像
مَهابَة	威严，庄严
مَدْخَل	入口
زُهاءَ...	大约
صَدَّعَ تَصْدِيعًا شيئًا	震裂
زِلْزال جـ زَلازِلُ	地震
سِياحِيّ م سِياحِيَّة	旅游的
أَثَرِيّ م أَثَرِيَّة	古迹的
مُراقِب جـ مُراقِبُونَ	观测者，观察员
شَرِيط جـ أَشْرِطَة	带子
مُلْتَوٍ (اَلْمُلْتَوِي) م مُلْتَوِيَة	弯曲的，蜿蜒的

قارَبَ مُقارَبَةً الشيءَ	大约，相近
سُدْس	六分之一
خَطُّ الاِسْتِواء	赤道
صَدَّهُ يَصُدُّ صَدًّا	阻止，抵抗
وَحَّدَ تَوْحِيدًا البلادَ	统一
إمْبُراطُور ج أَباطِرَة	皇帝
دَعَّمَهُ تَدْعِيمًا	加固，巩固；支持
وَسَّعَ تَوْسِيعًا الشيءَ	拓宽；放大
عَرْض	宽
مُصْطَفّ ج مُصْطَفُّون	排队的
داخِلِيّ م داخِلِيَّة	里面的

الواجبات

١. أكمِلْ ما يلي من العبارات:

مُمَهَّدَة ______　　الدُنْيا ______　　مُدَرَّجَة ______

قُصُور ______　　قِمَّة ______　　مُتْحَف ______

مَعالِم ______　　في باطِن ______　　أثرِيَّة ______

٢. ترجِمْ ما يلي من العبارات إلى العربيّة:

巨大的力量	恢复健康	牢固的关系
良好的印象	迷人的景色	友谊的象征
历史博物馆	高度的文明	巍峨的大山

225　第十课

٣. ترجِمْ ما يلي من الجمل إلى العربيّة:

（1）我是南方人，但我习惯了北方生活。

（2）我的家乡是个山清水秀的好地方。

（3）每条路的两旁都种上了树木和花草。

（4）北京是中国最古老的城市之一，这里有巍峨的宫殿、驰名天下的古迹。

（5）众所周知，北京也是全国公园最多的一个城市。

（6）圆明园（يُوان مِينْغ يُوان）本来是中国最大最美的一所园林，然而帝国主义给我们留下的只是一片瓦砾。

（7）要恢复这个园子的全貌，短时间内是不可能的。

（8）地球上最大的古迹大概要算长城了。

（9）在屋子里都坐腻了，我多想出去散散心啊！

（10）糟糕的是旅行那天刮起了大风。

（11）八达岭（با دا لِينْغ）在北京城的北方，坐汽车大约要一个半小时。

（12）当年离我们这儿不远有个车站，叫青龙桥（تِشينْغ لُونْغ تِشياو）车站。

（13）从八达岭回北京时，我们顺道参观了十三陵的地下宫殿。

（14）我们的古迹证明了我国古代的文明和进步。

（15）我爱首都北京，然而心中也不时地涌起对家乡的思念之情。

٤. اكتبْ مقالة قصيرة عن مدينة بكين.

٥. استمِعْ إلى التسجيل، واكتُبْ مضمونَه بالصينيّة.

استمع وضع الحركات

بابل

في جنوب بغداد على بعد ساعة بالسيّارة آثار مدينة قديمة، هي مدينة بابل عاصمة مملكة بابل، تمّ إنشاؤها منذ خمسة آلاف عام. واستمرّت هذه المدينة في تقدّم وازدهار حتّى بلغت قمّة عظمتها في عهد الملك العظيم حمورابي الذي وضع أوّل شريعة قانونيّة منظّمة يعرفها تاريخ الشرق الأوسط. وكان ذلك قبل الميلاد بحوالي سبعة عشر قرنا.

وصارت بابل ذات قوّة جبّارة وسلطان عظيم في عهد حمورابي. فكانت مركز إمبراطوريّة عظيمة تمتدّ من سوريّة غربا حتّى إيران شرقا، ومن أرمينية[①] شمالا حتّى إمارات الخليج العربيّ جنوبا. وكانت المدينة نفسها تمتدّ على شاطئ الفرات.

وقبل ألفين وخمسمائة سنة استكملت المدينة جمالها، وصارت دليلا على قدرة البابليّين على الإبداع في الفنّ والعمارة. فكانت بابل معروفة بمعابدها الجميلة، وشوارعها الممهّدة، وأبراجها العالية، وحدائقها المعلّقة التي عدّها المؤرّخون إحدى عجائب الدنيا. وكان الناس يحتفلون بأعيادهم احتفالات جماعيّة يشترك فيها الجمهور ورجال الدين والملك. فيسيرون في موكب عظيم يجتاز الشارع الرئيس إلى معبد المدينة.

ولا يزال هذا الشارع باقيا حتّى اليوم معروفا باسم شارع الموكب.

ومن آثار مدينة بابل الباقية ما نراه في المتاحف من آنية وأدوات وحليّ ورسائل مكتوبة. ومنها أسد بابل الشهير الذي يرمز إلى قوّة بابل وعظمتها. ولكنّ معظم آثار المدينة لا تزال مدفونة في باطن الأرض على أغوار عميقة.

① 阿尔明尼亚，指高加索南部的小亚细亚山区和高原地带。

第十一课 الدرس الحادي عشر

句型：	يستمرّ النيل في سيره حتّى يصبّ مياهه في البحر.
课文：	مع النهر العظيم
语法：	1. حتّى的用法 2. 动名词（اسم الفعل） 3. 宾格独立代名词（ضمائر النصب المنفصلة）

تركيب الجملة

سِرْنا على أقدامنا حتّى دخلنا المدينة.

واصل الرحّالة رحلتَه مع شاطئ النهر حتّى وصل إلى مَنْبَعِهِ.

سنُثابر على العمل حتّى نَبْلُغَ غايتَنا المرجوّة.

يستمرّ النيل في سيره حتّى يصبّ مياهَه في البحر.

الحوار

حديث حول نهر النيل

– يا أستاذ، عندي جملة ليستْ واضحةً عندي.

– أيّ جملة؟

– "مَنْ شَرِبَ من النيل عاد إليه".

– هذا مثل شعبيّ سائر في مصر والسودان.

- ما المَقْصُودُ من هذا المثل؟

- إنّه يدلّ على شعور الودّ والتَّرْحاب الذي يَكُنُّه المصريّون لِمَنْ يزور بلادهم، كما يدلّ على تعلُّقهم بنهرهم العظيم.

- نعم، وما سببُ تعلّقهم بهذا النهر؟

- يَسْهُلُ علينا أن نعرف ذلك، هل معك «أَطْلَسُ العالم»؟

- نعم، إنّه في الدرج.

- أَرِنِي إيّاه من فضلك.

- ... تفضّلوا.

- ... ماذا نرى في هذه الخريطة؟ وكلّ المدن المصريّة والسودانيّة تقع على ضفاف النيل.

- نعم، هذا واضح.

- وعلام يدلّ ذلك؟

- هذا يعني أنّ مصر والسودان تعتمدان على النيل كثيرا.

- بل اعتمادا كاملا، لأنّ النيل هو المورد الوحيد للماء في هذين القُطْرَيْنِ الصحراويّين، ولولا النيلُ لما كانت مصرُ والسودان.

- ومعنى ذلك أنّ فضلَ النيل على أبناء مصر والسودان عظيم جدّا.

- صدقتَ، النيل هو شَرْيانُ الحياة لمصر والسودان.

- شكرا على مساعدتكم.

- لا شكرَ على واجب.

النصّ

مع النهر العظيم

حَدَّثَ أحدُ الرحّالين قال:

كانت رحلتي مع النيل العظيم من أجمل الرحلات التي قمتُ بها في حياتي.

بدأتْ رحلتي من قلب إفريقيّة، حيثُ يَنْبَعُ النيلُ، وحيثُ يبدأ هذا النهرُ العظيم رحلتَه الطويلة إلى البحر الأبيض المتوسّط.

من هذه البقعة تسيرُ مياه النيل، وتتجمّع حتّى تصبّ في بحيرة فِيكْتُوريا[1] وهي من أكبر البحيرات على ظهر الأرض، ويخرج النيل من هذه البحيرة، وهو يحمل اسم نيل فيكتوريا.

ويظلّ سائرا، حتّى يصل إلى بحيرة البَرْت[2]، ويستمرّ النهر بعد ذلك قبل أنْ يصل إلى حدود السودان الجنوبيّة.

في هذه المنطقة تَكْثُرُ الأسودُ والفِيَلَةُ والجاموس الوحشيّ ووحيد القرن وغيرها من الحيوانات المفترسة، وتعيش فيها ألوفُ التماسيح، وأفراس النهر، وتكثر على الشواطئ طيورُ الماء، مثلُ البَجَع وغيره.

فإذا دخل النيل بلاد السودان مرّ بمنطقةٍ تُسمّى منطقةَ السدود[3]. وفي هذه المنطقة تَعُوقُ جريانَه مُسْتَنْقَعاتٌ من أكبر المستنقعات في العالم. وفيها يتفرَّق ماؤُه، وينتشر في مجرى واسع لا ضفافَ له، أو ينقسم ألوفًا من القنوات، وتَضِيعُ من مائه مقاديرُ ضخمة وسط هذه المستنقعات، ونباتاتِها

---

① 维多利亚湖，非洲最大的淡水湖，大部位于乌干达和坦桑尼亚境内。

② 蒙博托湖，位于扎伊尔和乌干达交界处。

③ 指苏丹南部的沼泽地带。

الكثيرة التي لا تُحْصَى أنواعُها، ومنها نباتُ البرديّ[①] بأوراقه العريضة التي كانت تُستخدم في الكتابة.

ويخرُج النهر من هذه المنطقة هادِئًا مُنْخَفِضَ الماء لا يحمِل معه رواسِبَ، ولذلك يُسَمَّى النيلَ الأبيض.

وعند الخَرْطُوم عاصمة السودان يُقابله النيلُ الأزرقُ القادم من بلاد الحَبَشَة[②].

وعندما يفيض النيلُ الأزرق زمنَ الصيف يكون ثائِرًا هائجا، ويصير لونُ مياهه أَسْمَرَ، بما يحمل من طَمْيٍ كثير.

فإذا رأيتَه، وهو يُقابل النيلَ الأبيض في ذلك الوقت ترى منظرا عجيبا.. ترى النيل الأزرق يَثِبُ بقوّة شديدة، فتتراجع مياهُ النيل الأبيض، تَرْتَدُّ إلى الخلف مسافاتٍ بعيدة، وتظلّ محجوزةً، حتّى تهدَأَ ثورةُ النيل الأزرق.

قال الرحّالة:

وفي هذه المنطقةِ يكون النهرُ العظيم قد حصل على أكثَرِ مِياهِه، أمّا البقيّة فيحصل عليها شماليَّ الخرطوم، عن طريق نهر عَطْبَرَة[③]، الذي ينبَعُ من بلاد الحبشة.

وهنا يكتمل ماءُ النهر، ولكنَّ المسافة بينه وبين البحر المتوسّط لا تزال بعيدة، تبلُغ ٣٧٦٠ كيلومترا تقريبا.

ثمّ يمرّ بمنطقة النُّوبَة[④] الصخريّة شماليّ السودان، ويندفع إلى الشمال،

---

① 纸草，古埃及人用做书写的材料。现用制作草席。

② 阿比西尼亚，今称埃塞俄比亚。

③ 阿特巴拉河，位于苏丹东部，尼罗河支流之一。

④ 努比亚地区，指埃及尼罗河阿斯旺第一瀑布与苏丹尼罗河第四瀑布库赖迈之间的地区。

وقد بقي بينه وبين البحر مسافةٌ بعيدة تبلغ ١،٢٠٠ كيلومتر أو أكثر.

ويستمرّ في سَيْره، حتّى يصبّ مياهَه في البحر المتوسّط عن طريق فَرْعَيْ دِمْياط ورَشِيد[1]، بعد أن يكون قد قطع في هذه الرحلة الطويلة نحوَ ٦،٦٠٠ كيلومتر.

وفي خلال هذه الرحلة الطويلة يكون لكلّ قطرة من ماء النيل قيمتُها في حياة الملايين الذين يعيشون على ضِفَافِ هذا النهر العظيم.

ومنذ آلاف السنين تعتمد مصر على النيل في الحصول على الماء العذب لكلّ شيء حيّ فيها، من إنسان وحيوان ونبات.

وفيضان النيل يَغْمُرُ الأرض الزراعيّة فيها، ويحمل إليها كلّ عام طبقةً من الطّمْيِ، تزيدها قوّةً وخِصْبًا.

(عن القراءة المصريّة بتصرّف)

المفردات

رَحَّالَة ج رَحّالُون	旅行家
نَبَعَ ـُ نَبْعًا النهرُ	发源
مَنْبَع ج مَنابِعُ	发源地，源泉
مَرْجُوّ م مَرْجُوَّة	期望的，期待的
صَبَّ ـُ صَبًّا الماءَ	注入，倾倒
صبّ النهرُ أو انصبّ في البحر	注入
سائِر م سائِرَة	流行的，流传的

① 指尼罗河注入地中海的两条岔流。

欢迎	تَرْحاب
怀着	كَنَّ ـُ كَنًّا الشعورَ
地图集	أَطْلَس
苏丹的，苏丹人	سُودانِيّ م سُودانِيَّة
河岸，河边	ضَفَّة جـ ضِفاف
唯一的，独一无二的	وَحِيد م وَحِيدَة
沙漠的	صَحْراوِيّ م صَحْراوِيَّة
动脉；生命线	شَرْيان جـ شَرايِينُ
集中，会合	تَجَمَّعَ تَجَمُّعًا
边境；界限	حَدّ جـ حُدُود
大象	فِيل جـ أَفْيال وفِيَلَة
水牛	جَامُوس جـ جَوامِيسُ
野生的，野蛮的	وَحْشِيّ م وَحْشِيَّة
犀牛	وَحِيدُ القَرْنِ
凶猛的	مُفْتَرِس م مُفْتَرِسَة
鳄鱼	تِمْساح جـ تَماسِيحُ
鹈鹕	بَجَع الواحدة بَجَعَة
妨碍，阻碍	عَاقَهُ ـُ عَوْقًا الشيءُ
沼泽	مُسْتَنْقَع جـ مُسْتَنْقَعات
被分开，被分成	اِنْقَسَمَ اِنْقِسامًا الشيءُ إلى...
丢失，失落	ضَاعَ ـِ ضَياعًا الشيءُ

أَحْصَى إِحْصاءً العددَ	统计，计算
اَلْبَرْدِيّ	纸草
راسِب ج رَواسِبُ	沉积物
ثائِر م ثائِرَة	咆哮的
هائِج م هائِجَة	狂暴的
أَسْمَرُ م سَمْراءُ	褐色的
طَمْي	淤泥
اِرْتَدَّ اِرْتِدادًا	倒退，退却
مَحْجُوز م مَحْجُوزَة	被阻挡的；预定的
اِكْتَمَلَ اِكْتِمالًا الشيءُ	变完全，完成
صَخْرِيّ م صخريّة	岩石的
اِنْدَفَعَ اِنْدِفاعًا	冲击，涌出
فَرْع ج فُرُوع	分支，支流
قَطْرَة ج قَطَرات	一滴
خِصْب	肥沃，富饶
نَهْرُ الكُونْغُو	刚果河
غَزِير م غَزِيرَة	充沛的
التِّبتُ	西藏
نَهْرُ الْأَمازُون	亚马逊河
نَهْرُ مِسِيسِبِي	密西西比河
بِيرُو	秘鲁

巴西	اَلْبَرازِيلُ
北美	أَمْرِيكا الشَّماليّة
与……不同	بِخِلافِ ...
猛烈的，激烈的	عَنِيف م عَنِيفَة
具有……，有……特色	تَمَيَّزَ تَمَيُّزًا بـ ...
沉默，沉寂	صَمَتَ ـُ صَمْتًا
中非	أَواسِطُ إِفْرِيقيا
旅游业	السِّياحَةُ

من أمثال العرب والحكم

قطرةٌ قطرةٌ تَعْمَلُ غَديرًا. （滴水汇成河。）

أَجْدَى مِنَ الْغَيْثِ في أَوانِهِ. （胜过及时雨。）

القواعد

1. حتّى 的用法

حتّى 是个虚词，其用法主要有两大方面：

（1）加在名词前面：

①作介词用，相当于إلى。如：

أَكلتُ السمكةَ حتّى رأسِها (إلى رأسِها). （我吃鱼，吃到鱼头为止。）

يُفتح الدكّانُ من الساعة الثامنة صباحا حتّى السادسةِ مساءً.

（店铺从早 8 点至晚 8 点营业。）

قرأت المقالةَ من أوّلِها حتّى آخرِها. （文章从头到尾我都看了。）

②作连接词用，相当于 واو 可译作“连”“甚至”。如：

أكلتُ السمكةَ حتّى رأسَها.（我吃鱼，连鱼头都吃了。）

زرنا هذا المصنع بأقسامه المختلفة حتّى دارَ الحَضانةِ المُلْحَقَةِ به.

（我们走访了这家工厂的各个部门，连附属幼儿园也去过了。）

（2）加在动词前面：

①表示行为、动作的终点或结局，可译作“直到”。如：

يعمل الفلّاحُ كلّ يوم في حقله حتّى تغيبَ الشمس.

（农民每天在田里干活直到太阳落山。）

قرأت المفردات مرارا وتكرارا حتّى حفظتُها حِفْظًا جيّدا.

（我反复朗读单词直到记牢为止。）

تسير مياه النيل وتتجمّع حتّى تصبَّ في بحيرة فيكتوريا.

（尼罗河水奔流不息直至流入维多利亚湖。）

②加在现在式动词前，表示行为、动作的目的，作用相当于 كَيْ، لِكَيْ，可译作“为了”“以便”等。如：

أرجو أنْ تكون بيننا مراسلاتٌ حتّى يستفيدَ بَعْضُنا من بعض.

（希望我们之间保持联系，以便相互借鉴。）

يجب أن نبذل أقصى جهودنا حتّى نحقّق خطّتنا المرسومة في نهاية العام.

（我们应该付出最大的努力，以便能够在年底实现我们的既定计划。）

يجب أن تتحرّك مبكّرا حتّى لا تتأخّرَ.

（你务必早点动身，以免迟到。）

上列例语显示 حتّى 后的现在式动词都须变成宾格。

2. 动名词（اسم الفعل）

具有动词的含义和作用，但没有人称变化或人称变化有限的词叫动名词。常见的有：

حَذارِ (اِحْذَرْ) (小心) ، هَيَّا (أَسْرِعْ)، صَهْ (أُسْكُتْ)، إِلَيْكَ (خُذْ)، هاتِ (أَعْطِ)، هَيْهاتَ، هَيْهَاتِ، هيهاتُ (بَعُدَ، صَعُبَ)

值得注意的是大部分动名词带有命令的含义。如：

حَذارِ من القطار!

هَيَّا بنا إلى دار السينما!

صَهْ، بدأت المحاضرةُ!

إليكم الآن مُوجَزَ نشرة الأخبار. （现在播送新闻摘要。）

هاتي النظّارة يا بنتي!

هاتُوا الدفاتر!

هَيْهاتَ أنْ تستردَّ ما فقدتَه!

3.宾格独立代名词（ضَمائِرُ النَّصْبِ الْمُنْفَصِلَةِ）

及二物动词的两个宾语都是代名词时，第二个宾语一般要分写，用宾格独立代名词 إيّاه، إيّاها 等表示。如：

(أعطِيني قَلَمِي) أعطيني إِيَّاهُ!

(أعطِني ساعتِي) أعطني إِيَّاها!

(أَرِنِي صورتَك) أَرِنِي إِيَّاها!

现将宾格独立代名词列表如下：

1	2		3		人称
通	阴	阳	阴	阳	性 / 数
إِيَّايَ	إِيَّاكِ	إِيَّاكَ	إِيَّاها	إِيَّاهُ	单
إِيَّانا	إِيَّاكُما		إِيَّاهُما		双
	إِيَّاكُنَّ	إِيَّاكُمْ	إِيَّاهُنَّ	إِيَّاهُمْ	复

التمرينات

١. أُنْسُبِ الأسماءَ الآتية:

ماء　رَمْز　صَخْر　نَهْر　فَرْع

دَهْر　بَحْر　عَمَل　وَحْش　بابل

جَماعَة　السُّودان　باطِن　أَمْرِيكا　صَحْراء

هَواء　إيران　سِياحَة　فَلْسَفَة　مِيلَاد

٢. اقرأ ما يلي من الجمل، واشْرَحْ معنى "حتّى" في كلّ منها:

(١) هل نتجوّل في الشوارع الرئيسيّة حتّى نَأْخُذَ فكرة عامّة عن معالم هذه المدينة؟

(٢) من فضلك، انتظرْني قليلا حتّى أَفْرُغَ من هذا العمل.

(٣) علينا أن نُسْرِعَ بعضَ الشيء حتّى نصل إلى قاعة الاجتماع في الموعد المحدّد.

(٤) عليكم أن تُكْثِرُوا من القراءة والمطالعة حتّى تُوسّعوا آفاق معرفتكم.

(٥) نتعلّم جميعا بجدّ واجتهاد حتّى لا نُخَيِّب آمال الشعب فينا.

(٦) عادت فوزيّةُ إلى بلدها حيثُ تبقى حتّى نهاية العطلة.

(٧) كلّما نزل المطر حَجَزْنا المياه في الخزّان حتّى نستخدِمَها للريّ عند الجَفاف أو لتوليد الكهرباء.

(٨) انطلقت السيّارةُ في الطريق حتّى بلغتْ سرعتُها مائةَ كيلومتر في الساعة.

(٩) خرج جميعُ سكّان القرية من بيوتهم حتّى الشيوخُ والعجائزُ.

(١٠) كان خُزَيْمَة يعطف على الفقراء والمساكين حتّى أَنْفَقَ جميع ما يملِكه في هذا السبيل.

٣. ضَعْ جملة أو عبارة مناسبة في كلّ مكان خال ممّا يلي:

(١) مرّتْ شهور قليلة حتّى ________.

(٢) نظر عيسى إلى الفرسان في إعجاب واستمرّ ينظر إليهم حتّى ________.

(٣) قطع الجيش الأحمر ٢٥ ألف لي في المسيرة الكبرى حتّى ________.

(٤) أنشأنا في منطقتنا بعض مشاريع الريّ حتّى ________.

(٥) بذلنا جهودا عظيمة في تنمية الصناعة حتّى ________.

(٦) سيبدأ المعرض غدا، ويستمرّ حتّى ________.

(٧) واظب فريقُ (أي فرقة) النساء الصينيّ للكرة الطائرة على التدريبات (التمرينات) بصبر وجلد حتّى ________.

(٨) استمرّت المباراة ساعتَيْنِ ونصف ساعة حتّى ________.

(٩) استمرّت الحفلة التي أُقيمت بمُناسبة حلول رأس السنة الجديدة حتّى

_______________.

(١٠) سنواصل سيرنا إلى الأمام حتّى ____________.

٤. حوّلْ كلّا من الجمل الآتية إلى جملة يكون فيها "حتّى":

(١) تصفّحتُ عديدا من الكُتُب والمجلّات، وأخيرا وجدت المقالة التي أريدها.

(٢) انتصر العرب على الصليبيّين بعد أن اسْتَمَرُّوا في الحرب ضدّهم نحو مائتي سنة.

(٣) انتقل عنقود من العنب من يد إلى أخرى إلى أن عاد إلى صاحبه الأوّل.

(٤) أدّى عيسى عمله في الأسطول بإخلاص ومهارة، لذلك عرفه جميعُ البحّارة.

(٥) في السنوات العشر الماضية ظلّ أهالي قريتي يزرَعون الأشجار وأخيرا شجّروا كلّ الجبال التي تحيط بالقرية.

(٦) بقي إبراهيم منتظرا في البيت، وفي آخر الأمر أُسْنِدَ إليه عملٌ مُناسب له.

(٧) وصل الرحّالة إلى المكان الذي يَقْصِدُه دُونَ أَنْ يَشْرَبَ قطرةً من الماء.

(٨) ظلّ سليم يُرافق الأستاذ شكري إلى أن انتهت زيارتُه في الصين.

٥. أكمِلْ ما يلي من الجمل:

(١) بدأت رحلتي من ______ إفريقيا ______ منبعُ النيل.

(٢) بين بحيرة البرت وحدود السودان الجنوبيّة منطقةٌ واسعة _______

فيها حيواناتٌ مفترِسة وحيواناتٌ بَرّمائيّة (两栖) وطيور الماء، مثل

______ و ______ و ______ و ______ وغيرها.

(٣) تسير مياه النيل، وتتجمّع حتّى ______ في بحيرة فيكتوريا.

(٤) إذا دخل النيل السودان مرّ بمنطقة ______ منطقة السدود ______ مستنقعاتٌ كبيرة حيثُ ______ نباتات كثيرة لا ______ أنواعُها، منها ______.

(٥) يخرج النيل من المستنقعات، لا يحمل في مياهه ______، ولذلك يُسمّى ______.

(٦) وعند الخرطوم عاصمة ______ يلتقي النيل الأبيض بـ ______ ______ القادم من بلاد ______.

(٧) يكتمل ماءُ النيل بعد أن ______ على ماء نهر عطبرة الذي ______ من الحبشة أيضا، ثمّ ______ بمنطقة النوبة الصخريّة شماليّ السودان، ثمّ يدخل مصر ويستمرّ ______ سيره ______ يصبّ مياهه في البحر ______ بعد أنْ ______ قد قطع في هذه الرحلة الطويلة نحو ______ كيلومتر.

٦. اقرأ ما يلي من الجمل، ثمّ كوّنْ جملة مفيدة بكلّ كلمة ممّا يتقدّم كلّ مجموعة منها:

تَجَمَّعَ

(١) من تلك البقعة تتجمّع مياه الأمطار حتّى تصبّ في بحيرة فيكتوريا.

(٢) في كلّ يوم صباحا نتجمّع في فناء الدار لنقوم بالتمارين الصباحيّة.

(٣) الشعب قويّ إذا تجمّعتْ صفوفُه، وضعيفٌ إذا تَفَرَّقَتْ.

صَبَّ

(١) كلُّ نهر كبير يصبّ في البحر.

(٢) لا تصبَّ الماء في الطريق!

(٣) لا أَحَدَ يريد أن يصبّ الزيت فوق النار.

اِنْقَسَمَ

(١) عندما يصل النيل إلى جنوبيّ السودان ينقسم ألوفًا من القنوات أي تتفرّع إلى كثير جدّا من الروافِد.

(٢) الطلّاب الجدد سيَنْقسمون إلى صفّين، كلّ صفّ خمسةَ عشرَ فردًا.

(٣) من أجل تحسين المحادثة ننقسم الآن إلى ثلاث جماعات.

(٤) قِيلَ إِنَّ المتمرّدين انقسموا على أنفسهم.

أَحْصَى

(١) على ظهر الأرض تعيش أنواعٌ لا تُحْصَى من الحيوانات وتنمو أصنافٌ (أنواع) لا تُعَدُّ من النباتات.

(٢) إنّ أَحْدَثَ المعلومات الإحصائيّة أثبتت أنّ عدد سكّان البلدان العربيّة قد تجاوز ثلاثمائة مليون نسمةٍ.

اِكْتَمَلَ

(١) يقال إنّ الشباب لا يكتمل نموُّه قبل أن يبلغ الخامس والعشرين من عمره.

(٢) إذا عاد الوالد يكتمل عددُ الأسرة كلّيّا.

(٣) قالت سلمى إنّ زوجها سوف يعود إلى القرية في نهاية السنة حيثُ تكتمل مدّةُ خدمته في الجيش.

انْدَفَعَ

(١) نهر الكونغو نهرٌ غزير المياه يندفع هائِجًا أيّام الفيضان ليصبّ في المحيط الأَطْلَنْطِيّ.

(٢) ما إنْ فتحتُ النافذة حتّى أحْسَسْتُ بتيّار من الهواء المُنْعِش يندفع إلى الغرفة.

(٣) ما إن انتهى عرضُ الفيلم حتّى اندفع المشاهدون إلى الخارج.

٧. أجبْ عمّا يلي من الأسئلة:

(١) ما البحيرة التي يخرُج منها النيلُ؟

(٢) هل هذه البحيرة هي منبع النيل؟

(٣) ما البحيرة التي يمرّ بها النيل بعد بحيرة فيكتوريا؟

(٤) ماذا يكثُر في المنطقة الواقعة بين بحيرة البَرْت وحدود السودان الجنوبيّة؟

(٥) ما الذي يُسبّب فُقْدَانَ النيل مقاديرَ ضخمةً من مياهه في جنوبيّ السودان؟

(٦) ما الجزء الذي يُسَمَّى بالنيل الأبيض من نهر النيل العظيم؟

(٧) ما النهر الذي يلتقي به النيل الأبيض؟ وأين مُلْتَقاهما؟

(٨) من أين ينبَعُ النيل الأزرق؟ وما لونه إذا فاض صيفًا؟

(٩) ماذا يُرَى في ملتقى النيلَيْنِ أيّام الصيف؟

(١٠) كم يبعُد النيل عن البحر المتوسّط عندما يصل إلى عطبرة؟

(١١) كم يبعُد النيل عند منطقة النُّوبة عن البحر المتوسّط؟

(١٢) لِمَ يتعلّقُ أبناءُ مصر والسودان بالنيل كثيرا؟

٨. اقرأ ما يلي من الفقرات مع مُراعاة التعبير الصحيح عن العدد:

(١) اليانغتسي ثالِثُ أنهار العالم طُولًا، وأطوَلُ أنهار الصين وأغزَرُها مياهًا، يمتدّ ٦،٣٠٠ كيلومتر، وينبع من منطقة تشينغهاي (青海) والتبت، ويجري باتّجاه الشرق حتّى يصبّ في بحر الصين الشرقيّ، وهو يُعَدُّ شريانا اقتصاديّا هامّا في أوسط الصين.

(٢) النهر الأصفر هو ثاني أكبر أنهار الصين، طوله حوالي ٥،٤٦٤ كيلومترا، ينبع في مقاطعة تشينغهاي أيضا، ويصبّ في بحر بوهاي، وقد سبّبت فيضاناتُه كوارثَ عديدة في التاريخ.

(٣) نهر الكونغو نهر في إفريقيا، طوله ٤،٦٥٠ كيلومترا. وهو من الأنهار الغزيرة المياه، ينبع من أواسط إفريقيا، ويندفع بشدّة ليصبّ في المحيط الأطلنطيّ، ولهذا فهو نهر شابّ ثائر عنيف.

(٤) الأَمازُون ينبع في بيرُو، ويجتاز بيرو والبَرازِيل إلى المحيط الأطلنطيّ ويحمل من المياه أكثر ممّا يحمل أيّ نهر في العالم، طوله ٦،٤٠٠ كيلومتر.

(٥) مِيسِيسِبِي أعظَمُ أنهار أمريكا الشماليّة ومن أكبر أنهار العالم، طوله ٣،٩٥٠ كيلومترا. وهو المورد المائيّ الرئيسيّ لبقاع تبلغ مساحتُها ٣،٢٢١،٩٦٠ كيلومترا مربّعا، وهذا يدلّ على عظمة أهمّيّته.

٩. أَسْنِدْ ما يلي من الأفعال إلى ضمائر الرفع المتّصلة:

صَبَّ يَصُبُّ، أَحْصَى يُحْصِي، تَجَمَّعَ يَتَجَمَّعُ، اِرْتَدَّ يَرْتَدُّ

المطالعة

النيل

تَدفَّقْ أَيُّها النِّيلُ　　　وَفِضْ بِالْخَيْرِ والرِّزْقِ
وَطُفْ بالزَّرْعِ عَطْشانَا　　　وَرَوِّ حُقُولَهُ وَاسْقِ
جَعَلْتَ بِمائِكَ الصَّحْراءَ　　　بَعْدَ الْجَدْبِ بُسْتانا
بِهِ الْأَزْهارُ وَالْأَشْجارُ　　　أَشْكالًا وأَلْوانا
وماؤُكَ أَيُّها النِّيلُ　　　لَنا فِيهِ سِياحاتُ
نَقُومُ بها فَتَحْمِلُنا　　　قَوارِبُكَ الصَّغِيراتُ
أُحِبُّكَ أَيُّها النِّيلُ　　　أُحِبُّ نَسِيمَكَ الْعِطْرِي
أُحِبُّ صُخُورَكَ الْغَرْقَى　　　أُحِبُّ جَمالَكَ الْفِطْرِي

(من المحفوظات السودانيّة)

الأنهار الملوّنة

تعالَ معي يا صديقي العزيز في رحلة قصيرة لنتعرّف على الأنهار الملوّنة في العالم. ولماذا سُمِّيَتْ هذه الأنهارُ بالأنهار الملوّنة؟

ففي العالم توجد أنهار منها: النيل الأبيض والأزرق في السودان، والنهر الأصفر في الصين، والدانُوب الأزرق في أوربّا، والأنهار الحمراء في الولايات المتّحدة. وإنّ سببَ تسمية هذه الأنهار يرجع إلى لون الموادّ العالقة بمياه هذه الأنهار، فقد تحمل المياهُ بعضَ الموادّ الكيماويّة التي تَتَفاعَلُ معا لتكوّن لونًا معيّنا، كما نجد ذلك في بعض أنهار الجزائر الشقيقة.

وأما نهر ((ريوتينتو)) في جَنُوب إسبانيا فإنّه أكثَرُ الأنهار تلوُّنا حيثُ يبدأ بلون أخضر لمروره بالمناجم ذات الخام الأخضر. وعندما تجري الروافد محمّلةً به على الأرض المغطّاة بموادّ حديديّة نجد هذه الموادّ تتحوّل إلى كِبْرِيتات الحديد حيثُ يتلوّن الماء إلى اللون الأخضر الزاهي. وبعد أن ينزل مجرى النهر إلى الوادي حيثُ يوجد نوع من النبات البرّيّ يتحوّل لونُ النهر إلى اللون البنّيّ والورديّ. وعندما تتجمّع مياه هذا النهر على أرض رمليّة حيثُ تتكوّن البحيرات يتحوّل ماؤُها إلى اللون الأحمر. وأمّا معنى اسم النهر ((ريوتينتو)) فهو ((النهر الملوّن))

(من ملحق جريدة ((الجمهوريّة)))

مدينةٌ فوق ١٢٠ جزيرة

أغرَبُ شيء يُلاحظه السائحُ في مدينة البندقيّة أنّ هذه المدينة العريقة لم تُبْنَ على أرض صُلْبَة وإنّما على ١٢٠ جزيرة طينيّة تقع على شاطئ إيطاليا الشماليّ.

وقد بناها في القرن الخامس الميلاديّ المهاجِرُونَ الذين فَرُّوا من سهول إيطاليا الشماليّة عندما غزاها البَرابِرَةُ. وكانوا يبنون بيوتهم من الخشب على قَوائِمَ يغرِسُونَها في الطين. وترتبط البندقيّة اليومَ بالأرض الأمّ بواسطة طريق

برّيّ طويل وخطّ سكك حديد.

والبندقيّة هي في المدينة الوحيدة في العالم التي لا تَخْتَرِقُها شوارعُ من الأَسْفَلْت وإنّما قَنوات مائيّة تسير فوقَها الزوارقُ التي تُعتبر الوسيلةَ الوحيدة للمواصلات الداخليّة وتشتهر هذه الزوارق باسم الجَنادِل.

ومن الطريف أنّ البندقيّة كانت في القرن الرابعَ عشَر أَقْوَى دولة بحريّة، وحقّقت المدينة آنذاك ثروةً عظيمة. ونتيجةً لذلك نراها اليومَ مليئةً بالقصور والكنائس الفخمة.

(من «المزمار»)

المفردات

تَدَفَّقَ تَدَفُّقًا الماءُ	涌出
رَوَّى تَرْوِيَةً النباتَ	浇灌，灌溉
جَدْب	干旱，荒芜
عِطْرِيّ م عِطْرِيَّة	芳香的
غارِق أو غَرِيق ج غَرْقَى	淹没的
فِطْرِيّ م فِطْرِيَّة	天然的
الدانُوبُ	多瑙河
اَلْوِلاياتُ الْمُتَّحِدَةُ	美利坚合众国
تَفاعَلَ تَفاعُلًا الشَّيْئانِ	相互作用
نَهْرُ ريوتينتو	里奥托利河
تَلَوَّنَ تَلَوُّنا الشيءُ	变色

原料	خام
支流	رافِد جـ رَوافِدُ
带着……的	مُحَمَّل م مُحَمَّلَة بـ ...
被覆盖的	مُغْطًّى م مُغْطَّاة
硫酸铁	كِبْرِيتَاتُ الْحَدِيد
咖啡色的，棕色的	بُنِّيّ م بُنِّيَّة
玫瑰色的	وَرْدِيّ م وَرْدِيَّة
由……构成，形成	تَكَوَّنَ تَكَوُّنا من ...
岛，岛屿	جَزِيرَة جـ جُزُر وجَزائِرُ
旅行者，旅行家	سائِح جـ سُيَّاح وسائِحُونَ
威尼斯	الْبُنْدُقِيَّة
硬的，坚硬的	صُلْب م صُلْبَة
意大利	إيطالِيَا
移民	مُهاجِر جـ مُهاجِرُونَ
逃出	فَرَّ ـِ فِرارًا ومَفَرًّا من ...
未开化的，野蛮的	بَرْبَرِيّ جـ بَرابَرة
支柱	قائِمَة جـ قَوائِمُ
本土	الأرضُ الأُمُّ
小船，小艇	زَوْرَق جـ زَوارِقُ
威尼斯游船	جَنْدُول جـ جَنادِلُ
那时，当时	آنَذاكَ

كَنِيسَة ج كَنائِسُ	教堂
فَخْم م فَخْمَة	豪华的，堂皇的，雄伟的

الواجبات

١. أكمِلْ ما يلي من العبارات:

______ الوَحِيد	غَزِير الـ ______	______ مُفْتَرِس
______ هائِج	حُدُود ______	______ مَحْجُوزَة
ضِفاف ______	شَرْيان ______	______ سِياحيّة

٢. ترجِمْ ما يلي من العبارات إلى العربيّة:

世界地图册	野生动物	平方公里	中亚
激烈的战斗	旅行家杂志	沼泽地带	北美
企望的目标	文明发祥地	沙漠地区	大西洋

٣. ترجِمْ ما يلي إلى العربيّة:

尼罗河是埃及的生命线。它由南向北，贯穿这个国家，最后注入地中海。尼罗河谷富饶美丽，大部分埃及人都在这里居住。他们的祖先古埃及人曾在这里生息、创造，建立过人类不朽的文明。河谷里有几处古迹都是世界闻名的，其中位于开罗附近的金字塔至今已有五千多年的历史，是世界七大奇迹之一。

埃及在世界交通中具有非常重要的地位，她的旅游事业发展也很快，但这个国家至今仍然是一个农业国，她的经济在很大程度上仍然依靠尼罗河。可以说，没有尼罗河就没有埃及。因此埃及人的心始终是和他们的伟大河流尼罗河连在一起的。

٤. كوّنْ خمسَ جمل بحيثُ يكون في كلّ منها حرف "حتّى".

٥. كوّن جملة مفيدة بكلّ من الكلمات الآتية:

نَبَعَ، صَبَّ، اِنْقَسَمَ، أَحْصَى، ضَاعَ

٦. استمِعْ إلى التسجيل، واكتُبْ مضمونَه بالصينيّة.

استمع وضع الحركات

الأنهار

الأنهار شرايين الحياة في الأرض، فعلى جوانبها ينمو الزرع ويعيش الناس وتقام المدن وتنشأ الحضارات، وهي بخلاف البحار والمحيطات مياهها عذبة تشجّع على الحياة بالقرب منها، وهي بخلاف ذلك طريق طبيعيّ للمواصلات.

والأنهار كالبشر بعضها صغير وبعضها شابّ وبعضها عجوز. فالنهر الشابّ تجده ثائرا عنيفا يغيّر طريقه كثيرا. والنهر العجوز يتميّز بهدوئه وصمته وإنّه لا يغيّر طريقه إلّا قليلا. والأنهار تجري في كلّ قارّات العالم. إنّ الأنهار في بعض المناطق تعتمد عليها الحياة اعتمادا كاملا كما هو الحال في مصر والسودان. فلولا نهر النيل لما كانت مصر والسودان، ولا عاش فيهما إنسان ولا حيوان ولا نبات... فالأنهار تحمل الماء والماء سرّ الحياة.

إنّ نهر النيل يبلغ طوله ٦،٦٠٠ كيلومتر وهو ينبع من أواسط إفريقيا، ويجري حتّى يصل البحر الأبيض المتوسّط، وهو شريان الحياة في مصر والسودان، فعليه تعتمد كلّ مشاريع الريّ في القطرين العربيّين، وعليه أقيمت الخزانات... وهو نهر عجوز هادئ...

第十二课 الدرس الثاني عشر

句型：	مهما يكن الأمر، يجب أن تراعي صحّتك.
课文：	كيف تحتفظ بصحّتك؟
语法：	切格条件工具词（أدوات الشرط الجازمة）

تركيب الجملة

مَنْ شَرِبَ مِنَ النِّيلِ عادَ إِلَيْهِ.

مَهْما يَكُنِ الْأَمْرُ، يجبْ أنْ تُراعِيَ صحَّتَك.

إنْ لم تَبْدُ عليك أَعْراضٌ جديدة تنصرفْ غدا من المستشفى.

كَيْفَما تُعامِلْ أخاك يُعامِلْك.

الحوار

لا تَنْسَ النظافة

كان شابٌّ قويُّ الصحّة مُعْتَدًّا بنفسه، لا يبالي بقواعد النظافة كثيرا. ذاتَ يوم أكل قطعة خيار دون أن يغسِله جيّدا، فأُصيب بالإسهال، ودخل المستشفى، وهذا حديث جرى بينه وبين طبيب زاره في غرفة المرضى:

– كيف صار بطنُك اليوم؟

– جيّد، ولم أَعُدْ أَشْكُو من الإسهال منذ أمس.

- منذ كم يوم دخلتَ؟ خمسة أيّام، أليس كذلك؟
- بَلىَ، قطعةُ خيار عطّلتْني أسبوعا تقريبا.
- لكنْ ليس كلّ مَنْ يأكل الخضر نِيئَةً يُصاب بالإسهال. وإنّما المطلوبُ أن تكون مغسولةً جيّدا وخصوصا في أيّام الصيف.
- ... ولكنّنا نحن الشباب إذا كثُرت الأعمال، لا نُبالي بمثل هذه الأمور.
- لا، فالنظافة ليستْ بأمرٍ هيّن، ومَهْما كثُرت الأعمال عندك، يجب أن تراعي صحّتك حتّى تحفظ نفسك من الأمراض.
- ... دُكْتُور، تسمَحُ لي أن أعود إلى الصفّ؟ فقد تعطّلتُ عن الدروس كثيرا.
- ... لا تستعجلْ، نُراقب يوما آخرَ، إنْ لم تَبْدُ عليك أعراضٌ جديدة، تنصرفْ غدا، ولكنْ لا تنس النظافة فيما بعدُ.
- طيّب ومع جزيل الشّكر.

النصّ

كيف تَحْتَفِظُ بصحّتك؟

لا بَدَّ من المحافظة على النظافة لِلاِحْتِفاظ بالصحّة، ويجب أن تتناول النظافةُ الجسمَ، والمأكلَ، والملبس، والمسكن.

فإنّ عدم المحافظة على النظافة، يُسبّب في أكثر الأحيان الأمراضَ الخَطِرَة، وإذا تفشّى وباءٌ في بلد ما، فإنّه يفتِك فَتْكا ذريعا بالأشخاص الذين يُهملون قواعد النظافة ومَنْ يعيشون في الأحياء القذِرة.

وبما أنّ الْبَشَرَةَ تُغطّي الجسم، فهي بمثابة غِلاف له، تُفْرِزُ العرق الذي يسيل من مَنافِذَ دقيقة تُعَدّ بالألوف، وتُسمّى "مسامَّ الجسم". فالبشرةُ عُرْضَةٌ لتَراكُمِ الأوساخ، فإنْ لم نَعْتَنِ بتنظيفها من الغبار الذي يختلط بالْمُفْرَزَات، تكوَّنتْ منه طبقة كالطِّلاء، تَسُدُّ تلك المنافذ وتَحُولُ دُونَ إتْمامها وظيفتَها، فلا بدّ إذًا من غَسْلِ الجسم كلّ يوم بالاستحمام وتنظيفه جيّدا باللِّيف والصابون.

نظافة الملبس:

إذا كانت نظافة الجسم واجبة، صحِّيًّا وأدبيّا، فإنّ لنظافة الملابس الملاصقة للجسد علاقةً عظيمة بالصحّة، إذ إنّ قَذارَةَ الثياب تساعد على انْتِشار الحَشَرات والقَمْل، وهذه تُسبّب أمراضا جلديّة عديدة. ولا يصعُب على الإنسان مَهْما كانت مهنتُه أو حرفتُه، أن يحافظ على نظافة الملابس إذا بذل قليلا من العناية.

نظافة المأكل:

ولَمّا كانت قذارةُ المأكل تسبّب أمراضا خطِرة، وجب علينا أن نسعى وراء نظافة ما نأكله، وهذا يستدعي أوّلا نظافة المطبخ وما فيه من الأوَاني، وبعد طَبْخِ الأطعمة يجب حِفْظُها من مأمَنٍ من الغُبار والحشرات.

نظافة المسكن:

لا تَتِمُّ شروطُ الصحّة التي ذكرناها إلّا بنظافة المنزل، وذلك يكون بكَنْسِه ومَسْحِه بعناية تامّة بعد فَتْحِ النوافذ لتجديد الهواء وعدم البصق في أرضه.

والخُلاصَةُ: النظافةُ شرطٌ ضَرُوريّ للصحّة، والقَذارَةُ مصدرُ أمراض عديدة.

(من القراءة العربيّة الحديثة اللبنانيّة)

المفردات

不管怎样	كَيْفَما
症状，症候	عَرَض جـ أَعْراض
自信，自以为是	اِعْتَدَّ يَعْتَدُّ فهو مُعْتَدّ بنَفْسِه
不再……	لَمْ يَعُدْ …
黄瓜	خِيار
延误，妨碍	عَطَّلَهُ تَعْطِيلًا
生的，未熟的，未煮的	نِيء م نِيئَة
洗过的	مَغْسُول م مَغْسُولَة
以后	فِيما بَعْدُ
容易的，轻而易举的（小事）	هَيِّن م هَيِّنَة
维护；保留	اِحْتَفَظَ اِحْتِفاظًا بـ …
涉及，包括	تَناوَلَ تَناوُلًا الشيءَ
吃，吃的	الْمَأْكَل
危险的	خَطِر م خَطِرَة
蔓延，流行	تَفَشَّى تَفَشِّيًا المرضُ
瘟疫，传染病	وَباء جـ أَوْبِئَة
某地，某国	بلدٌ ما
致命，杀伤	فَتَكَ ـُ فَتْكًا بـ …
可怕的	ذَرِيع م ذَرِيعَة

肮脏	قَذَارَة
肮脏的	قَذِر م قَذِرَة
由于，因为	بِمَا أَنَّ …
皮肤，表皮	اَلْبَشَرَةُ
分泌，排出	أَفْرَزَ إِفْرَازًا الشيءَ
分泌物	مُفْرَزات
毛孔，汗孔	مَسامُّ الجِلْدِ
堆积，积累	تَراكَمَ تَراكُمًا الشيءُ
脏物，污垢	وَسَخ جـ أَوْساخ
形成，由……构成	تَكَوَّن تَكَوُّنًا مِنْ …
堵塞	سَدَّ ـُ سَدًّا الشيءَ
阻碍，妨碍	حَالَ يَحُولُ حَيْلُولَةً دُونَ …
（植物）纤维，丝瓜络	لِيف جـ أَلْياف
必要的，必需的	واجِب م واجِبَة
接近的，贴近的	مُلاصِق م مُلاصِقَة
身体，肉体	جَسَد جـ أَجْساد
虱子	قَمْل الواحدة قَمْلَة
皮肤的，皮制的	جِلْدِيّ م جِلْدِيَّة
职业，工作	مِهْنَة جـ مِهَن
职业，手艺，行业	حِرْفَة جـ حِرَف
安全，安全的地方	مَأْمَن

吐痰	بَصَقَ ـُ بَصْقًا
被子	لِحاف جـ لُحُف
床垫，褥子	حَشِيَّة جـ حَشَايَا
消毒	تَعْقِيم
垃圾	زُبالَة
滋生，增殖	تَكاثَرَ تَكاثُرًا الشيءُ
受损，出毛病，坏了	تَلِفَ ـَ تَلَفًا الشيءُ
热的	ساخِن م ساخِنَة
牙齿被蛀	تَسَوَّسَتِ السِّنُّ
请教，咨询，征求意见	رَاجَعَ مُراجَعَةً فلانًا في الأمر
突然	فَجْأَةً
黑暗	ظُلْمَة جـ ظُلُمات
近视，弱视	قَصِيرُ الْبَصَرِ
沙眼	رَمَد
眼药水	قَطْرَة
洗澡，沐浴	اِغْتَسَلَ اِغْتِسالًا
尽可能地	على قَدْرِ الْإِمْكانِ
谨慎，小心，提防	حَذِرَ ـَ حَذَرًا الشيءَ أو منه
苍蝇	ذُباب الواحدة ذُبابَة
蚊子	بَعُوض الواحدة بَعُوضَة
流行的	سارٍ (السَّارِي) م سارِيَة

胡同，小巷	حارَة ج حارَات
身材，身段；支柱	قَوام
使遭受	عَرَّضَهُ تَعْرِيضًا لكذا
肥胖	سِمْنَة

من أمثال العرب والحكم

اَلْوِقايَةُ خَيْرٌ مِنَ الْعِلاج. (预防胜于治疗。)

رُبَّ ضارَّةٍ نافِعَةٌ. (坏事也能变好事。)

الملاحظات

1. عدم 是个名词，相当于汉语的"无""不"等，和词根构成正偏组合用以表示相反的含义。如：

عدمُ البصر، عدمُ المثابرة

عدمُ البصق على الأرض

عدمُ المحافظة على النظافة

2. 短语 في بلدٍ ما 里的 ما 表示"某个"，叫作泛指的 ما ，用以加强泛指的语气。

3. 名词句前出现附加成分时，习惯上要加 فاء 。如：

بما أنّ البشرة تُغطّي الجسم فهي بمثابة غلاف له ...

4. 句首的 لمّا 有时可译作"既然""由于"。如

لمّا كانتْ قَذارَةُ المأكل تُسبّب أمراضا خطرة، وجب ...

5. 阿拉伯语中以增字母 ميم 开头的词根叫米姆词根（المصدر الميميّ）。如：مَأْكَل، مَشْرَب، مَلْبَس، مَعِيشَة، مَسأَلَة，但 مُفاعَلَة 式的词根不属此列。

القواعد

切格条件工具词（أدوات الشرط الجازمة）

使条件子句和结句中现在式动词变成切格的工具词叫切格条件工具词，常用的有 إنْ، مَنْ، ما، مَهْمَا، مَتَى، أَيْنَمَا، حَيْثُمَا، كَيْفَمَا، أيّ 等，除 إنْ 是虚词外，其它的都是名词，并在句中占有一定语法地位。

现将切格条件工具词的含义及用法简要说明如下：

1. إنْ 用以表示假设，译作“如果”“倘若”。如：

إنْ تسافرْ غدا، أسافرْ معك.

إنْ تُحْسِنْ معاملةَ رفاقك، يُحِبُّوك.

2. مَنْ 用于人，译作“谁”“不管是谁”“无论什么人”“谁……谁……”。如：

مَنْ يَتْعَبْ في سبيل غيره، يَسْتَرِحْ بالُه.

مَنْ يُساعِدْنا نَشْكُرْه.

3. ما 用于物，译作“无论什么”“……什么……什么”。如：

ما تَزْرَعْ تَحْصُدْ.

ما تتعلّمْ في الصِّغَر ينفعْك في الْكِبَر.

4. مَهْما 用以表示物或表示事物的状况或行为的程度，译作“无论……什么”“不管怎样”。如：

مَهْما تكُنِ الصعوبةُ نصمّمْ على إنجاز هذا المشروع.

مَهْما تنصَحْه لا يسمَعْ.

5. مَتَى 译作“什么时候”“无论何时”。如：

مَتَى تَأْتِنِي أرحّبْ بك.

مَتَى تطلُعِ الشمسُ تختَفِ النجومُ.

6. أَيْنَما، حَيْثُما 译作“不管在哪里”“无论何处”。如：

أينَما يوجَدِ الماءُ تُوجَدِ الحياةُ.

حيثُما نذهَبْ نَرَ الحقولَ خضراءَ.

7. كَيْفَما 表示行为动作的状态，译作“不管怎样”“怎样……怎样……”。如：

كيفما تصنَعْ يصنَعْ غيرُك.

كيفما تُعامِلِ الناسَ يُعامِلُوك.

8. أيّ 可取代除 إنْ 以外的任何一个切格条件工具词，常与人或物构成正偏组合。如：

أيَّ يوم تَزُرْني تجدْني.

أيُّ شخصٍ يتعلّمْ يتقدَّمْ.

重点提示：

1. 条件名词在句中还占有一定的语法地位。如：

前面 مَنْ يساعِدْنا نشكُرْه 句中的 مَنْ 是主语。ما تزرعْ تحصدْ 句

中的 ما 是宾语。

2. 条件词后的动词不管是现在式还是过去式，都表示对未来的假设。如：

إنْ تجتهدْ تنجحْ = إن اجتهدتَ نجحتَ = إن كنتَ مجتهدًا تنجحْ

3. 结句是名词句、祈使句，或结句前出现 سين، سوف، ليس، قد، لن 时，结句前要加 فاء 。如：

مَهْما كانت الصعوبةُ فأنا مستعدّ لمُواجَهَتِها.

أيّ عمل إنْ بدأتَ به، فقد أحسنتَ نصفَه.

4. 结句提前时，切格条件工具词只能使条件子句中的现在式动词变切格，如：

لا يُمْكِنُ أن يتوقّف هذا المشروعُ، مَهْما تكن الظروفُ.

ينتغِي على الإنسان أن يكون مُتَواضِعًا، مَهْما تكنْ نجاحاتُه.

التمرينات

١. اجزِمْ الأفعالَ اللآتية:

يَتِمُّ	يَسِيلُ	أُراعِي	تَسُدُّ	يُبالِي	نَنْسَى
يَكُونُ	يَرْتَدُّ	تُغَطِّي	يَتَفَشَّى	يُراقِبُونَ	تَحْتَفِظِينَ
يَشْكُونَ	نَسْتَحِمُّ	تَتَنَاوَلانِ	يَسْعَوْنَ	تَسْتَعْجِلُ	تَنْصَرِفُونَ

٢. صَحِّحْ ما يرد في الجمل اللآتية من الأخطاء:

(١) ما تفعَلُوا في صالح الشعب لنْ ينساه أبدا.

(٢) مرحبا بك، وأيّ يوم تزورْني تجدْني في البيت.

(٣) متى يأْتِي العيدُ نلبَسُ أجمَلَ الثياب.

(٤) متى تسكُنُ الريحُ فتهدَأُ الأمواجُ.

(٥) أينَما يصلُ الضيوفُ يَلْقَوْنَ ترحيبا حارّا.

(٦) مَنْ يهملُ النظافة قد يُعَرِّضُ نفسَه للأمراض.

(٧) إنْ وعدتَ بشيء، لا بُدَّ أنْ تَفِيَ (履行) بوَعْدِك.

(٨) لا أستطيع أن أفعل به شيئا لأنّه مَهْما أَقُولُ له فهو يمسك عن الحديث.

(٩) أَيَّةُ غرفة إنْ لم نُنظِّفْها فيَتَراكَمُ فيها الغبارُ.

(١٠) مَهْما يكُونُ الجوُّ نُواظِبُ على الرياضة البدنيّة.

(١١) مَنْ إن تَعِبَ من أجل الشعب فيستحقّ التقدير والاحترام.

(١٢) مَهْما يكون نجاحُنا ليس لنا حقٌّ في التَّباهي (الإِفْتِخار).

(١٣) مفهوم؟ مَنْ إنْ لَمْ يفهَمْ، فَلْيَسْأَلْ.

(١٤) حَيْثُما كانت السياسةُ سليمةً حيثُما تسير عجلةُ الأمور إلى الأمام.

٣. حوّل كلّا من الجمل الآتية إلى جملة شرطيّة فيها "أداة شرط جازمة":

(١) نأكُلُ ما نزرَعُه.

(٢) كلُّ قاتِلٍ يُقْتَلُ.

(٣) الذي يَحْتَرِمُ غيرَه يُحْتَرَمُ.

(٤) يمكن أن تجد رزقا من أيّ عمل تشتغل به.

(٥) الذي يشرب من النيل يعود إليه.

(٦) تكثُرُ المشاكل حيثُ يكثُرُ المتعطّلون.

(٧) يفعَلُ القِرْدُ (猴子) كما يفعل صاحبُه.

(٨) خُذِي ما يُعجبك يا بُنيّة!

(٩) نقدّم إليكم كلّ ما تطلبون.

(١٠) تنمو النباتات في المكان الذي يُوجد فيه الماء.

(١١) الذي يؤدّي واجبَه بأمانة وإخلاص يُثني عليه الناس.

(١٢) نرحّب بزيارتكم في كلّ وقت.

(١٣) سننفّذ كلّ ما تأمُرُ به.

(١٤) تكثُرُ الجراثيم في الأماكن التي تتراكم فيها الأوساخُ.

٤. أكمِلْ ما يلي من الجمل:

(١) يجب أن ________ لتحتفظ بصحّتك.

(٢) تتناول النظافة عدّةَ نواح، وهي ________ و ________
و________ و ________.

(٣) إنْ يُهمل أحدُنا قواعد النظافة، فقد يُسبّب ذلك ________.

(٤) البشرة تُفرز ________ الذي يسيل من منافذ دقيقة تُسمّى
________.

(٥) إذا تراكمت الأوساخُ على البشرة تكوّنت منها طبقة كال ______،
تسدّ ________ وتحول دونَ ________.

(٦) لا بدّ أن نبدّل (نغيّر) دائما الملابس ________ للجسد، لأنّ
قذارة الثياب تساعد على انتشار ________ وتَفَشّي
________ جلديّة.

(٧) لا بدّ أن نستحمّ دائما بـ ________ وبـ ________.

(٨) إنّ نظافة المأكل ذاتُ أهمّيّة ________ بالنسبة ________

صحّة الإنسان، وهذا يستدعي أوّلا ______ المطبخ وما فيه من ________، كما يستدعي نظافة الأطعمة فيجب حِفْظُها في ________.

(٩) وفيما يتعلّق بنظافة المسكن ينبغي أن ________ دائما وأن تفتح ________ من حين إلى حين لـ ________، كما ينبغي لنا ألّا ________ على أرضه.

٥. اقرأ ما يلي من الجمل، ثمّ حاول أن تكوّن جملة مفيدة بكلّ كلمة أو عبارة ممّا يتقدّم كلّ مجموعة من الجمل في الآتي:

عطّله عن كذا

(١) آسف، لقد عطّلْتُك كثيرا!

(٢) دَعْ هذا جانبا حتّى لا يُعطّلك عن الأمور الهامّة.

(٣) في الأسبوع الماضي عطّلتْ عاصفةٌ ثلجيّة المواصلاتِ في بعض المناطق في أوربّا الغربيّة.

تَعَطَّلَ عن كذا

(١) تعطّل الزميلُ حسن عن الدروس أسبوعا بسَبَب المرض.

(٢) إنْ تعطّلتْ محطّةُ توليد الكهرباء، فإنّ جميع المصانع في هذه المدينة ستُضْطَرُّ إلى وقف العمل.

(٣) بسَبَبِ العاصفة الثلجيّة تعطّلت المواصلاتُ في بعض مناطق أوربّا الشماليّة منذ يومين.

(٤) صادف الصحفيُّ في لُنْدُنْ عاملا يقول له إنّ رجاءَه الوحيد في

الوقت الحاليّ هو العمل، لأنّه قد تعطّل منذ سنة وأكثَرَ.

لم يَعُدْ يفعل كذا

(١) لم يَعُدْ جدُّها يذهب إلى العمل، إنّه مُتَقاعِد الآن.

(٢) لم يَعُدْ في استطاعة الدول الكبرى أن تتسلّط على الدول الصُّغْرَى.

(٣) لم نَعُدْ خائِفين من السُّيُول والقحط منذ قيام هذه المُنشَآت.

اِحْتَفَظَ به

(١) يُمكن لك أن تحتفظ برأيك، ولكنْ يجب أن تتصرّف (تعمل) طِبْقًا لرُوح القرار.

(٢) لا بُدَّ من المحافظة على النظافة للاحتفاظ بالصحّة.

(٣) لو سمَحت أودّ أن أحتفظ بنُسْخَةٍ لنفسي.

عَدَم ...

(١) إنّ عدمَ المُحافظة على شروط النظافة يُسبّب الأمراض.

(٢) إنّ المحافظة على النظافة والصحّة تَسْتَدْعِي عدمَ البَصْقِ على الأرض.

(٣) وفي الميدان الدوليّ نتّبع سياسةَ عَدَمِ التدخُّل (干涉) في شؤون الدول الأخرى.

اِسْتَدْعَى

(١) إنّ تحقيق العَصْرَنات في بلادنا يستدعي وجودَ مناخ سلميّ.

(٢) إنّ الحفاظ على السلام العالميّ يستدعي عدمَ اللُّجُوءِ إلى القوّة والعنف.

(٣) إنّ نَهْضَةَ البلاد تستدعي تطويرَ الاقتصاد وتنميةَ الثقافة والعلوم في آن واحد.

(٤) إنّ إتقانَ أيّ عمل كان يستدعي الجدّ والمثابرة.

بما أنّ ...

(١) بما أنّ الذباب ينقُلُ الجراثيم فإنّ مِنَ الضرورة حفظَ الأطعمة في مكان لا يصل إليه الذبابُ.

(٢) بما أنّ الطماطم غنِيٌّ بالفِيتامينات فإنّي أفضّل أن آكله نِيئًا.

(٣) بما أنّ الأستاذ حريصٌ على النظافة ومُثابِر على الرياضة، يظلّ يتمتّع بصحّة جيّدة.

(٤) بما أنّ مستوانا التكنولوجيّ يرتفع يوما فيوما فقد أصبحتْ كثيرٌ من مُنْتَجاتِنا تَرُوجُ في الأسواق الدوليّة أكثرَ فأكثرَ.

تَناوَلَ كذا

(١) ممّا لا شكّ فيه أنّ هذه الثورة التكنولوجيّة سوف تتناول كلَّ الميادين في الاقتصاد الوطنيّ.

(٢) إنّ هذه الندوة ستتناول عدّةَ موضوعاتٍ تَهُمُّ أعمالَنا جميعًا.

(٣) يجب أن تتناول النظافةُ الجسمَ والمأكلَ والملبسَ والمسكنَ.

سَدَّ

(١) سُدُّوا جُحُور الفئران حيثُما كانتْ.

(٢) إنّ منتجاتِ صناعاتنا الخفيفةَ لا تسدّ حاجاتِ السوق المحلّيّة فَقَطْ (فَحَسْبُ)، بل يُصَدَّرُ جزءٌ كبير منها إلى الخارج.

(٣) رَجاء أن لا تقفوا هنا حتّى لا تسدُّوا الطريق.

(٤) سُدَّ البابَ يا أخي، والجوّ بارد.

حَالَ دُونَ ...

(١) إنّ الضبابَ الكثيف (浓雾) يَحُول دُونَ إِقْلاع (قيام) الطائرات وهُبُوطها.

(٢) إنّ التكبّر عدوّ لنا لأنّه يحول دون تقدّمنا إلى الأمام.

(٣) يجب إبعادُ كلّ الْعَوائق (障碍) التي تحول دونَ تحسُّن العلاقات الدوليّة.

فجأة

(١) ماذا حدث لهذه الماكنة؟ ما بالُها وقفتْ فجأة؟

(٢) بينما كان العجوزُ يسير في الطريق، سقط مَغْشِيًّا (مَغْمِيًّا) علَيْهِ فجأة.

(٣) هبطتْ درجاتُ الحرارة إلى ما تحت الصِّفْر فجأة.

راجَعَ

(١) تَناوَلْ ما أصف لك من الحبّات (الأَقْراص)، وراجِعْني بعد ثلاثة أيّام.

(٢) الدروسُ تتوقّف اليوم، وسنبدأ المراجعة في الأسبوع القادم.

(٣) راجعِ القاموس، تجدْ معنى هذه الكلمة.

(٤) يُستحسن أن تراجِعُوا واجباتكم قبل أن تسلّموها إليّ.

عَرَّضَه لكذا

(١) ما لك تُعرّض نفسَك لهذا الخطر؟ لا داعِيَ لذلك.

(٢) لماذا تترك هذه الموادّ مُعرَّضة للشمس والأمطار؟

(٣) حاوِلْ أن تُحافظ على قوامك، ولا تُعرِّضه للسِّمْنَة التي قد تجلِبُ لك الأمراض.

(٤) علينا أن نعرّض اللحاف والحشيّة لضوء الشمس بين حين وآخر لقَتْلِ ما قد يعلَق بهما من الجراثيم.

٦. حاوِلْ أن تعبّر عمّا يلي بأساليبك الخاصّة:

(١) لا تنس النظافة مَهْما كنتَ مشغولا.

(٢) إنّ الفمَ باب المرض، فعلينا أن نُعِيرَ نظافةَ المأكل اهتماما خاصّا.

(٣) لا تُهمل النظافة الشخصيّة، فاستحِمَّ مرّة في الأسبوع على الأقلّ.

(٤) عَرِّضْ لحافَك وحشيّتَك للشمس، لأنّ ضوءَها أَفْضَلُ وأرخَصُ مادّة تَعْقِيم.

(٥) أَبْعِدِ الزُّبالةَ عن المحيط الذي تعيش فيه، لأنّه حَيْثُما تراكمت القذارةُ والأَوْساخُ تكاثَرَتِ الجراثيمُ وامتلأَ الجوُّ برائحةٍ كريهة.

(٦) من الآداب العامّة عدمُ مُضايَقَةِ الغير.

(٧) – ما المكتوبُ على اللوحة؟

– ممنوعُ الْبَصْقِ على الأرض.

(٨) يكرَه الناسُ الذبابَ والبعوضَ لأنّها من أهمّ الوسائل التي تنقُل الأمراض الخطِرة.

(٩) كذلك علينا أن نُبِيدَ (消灭) الفِئْران لأنّها وسيلةُ نَقْلِ نوع من الأَوْبِئَة المُخيفة.

(١٠) بما أنّ الحكومة بذلتْ جُهودا عظيمة فإنّ الخَدَمات الصحّيّة

والطبّيّة قد شهدتْ تطوّرا عظيما.

٧. أجِبْ عمّا يلي من الأسئلة:

(١) ماذا ينبغي علينا أن نفعل من أجل الاحتفاظ بالصحّة؟

(٢) ما الجوانب التي يجب أن تتناولها النظافة؟

(٣) ماذا يسبّب عدم المحافظة على شروط النظافة؟

(٤) ماذا يحدث إذا تفشّى وباء في بلد ما؟

(٥) هل تعرف ما وظائف بشرتك؟

(٦) كيف تحافظ على نظافة البشرة ولماذا؟

(٧) ماذا تُسبّب قذارة الثياب؟

(٨) لِمَ يُعْتَبَرُ (يُعَدُّ) حبُّ النظافة صفةً حميدة؟

(٩) أيّهما أهمُّ؟ حُبُّ الجَمال أَمْ حبُّ النظافة؟

(١٠) ماذا تستدعي نظافةُ المأكل؟

(١١) ماذا قد يحدُث إذا أُهْمِلَتْ نظافةُ المأكل؟

(١٢) كيف نحافظ على نظافة المسكن؟

(١٣) حَدِّثْنا كيف تحافظ على نظافتك الشخصيّة؟

(١٤) ماذا يجب أن نفعل من أجل الحفاظ على النظافة العامّة؟

المطالعة

نظافةُ المأكل

الغرض من تناوُل الطعام هو إعطاءُ الجسم الموادَّ التي تُعِينُه على النموّ وتَعْوِيضِ ما يفقِده من طاقة، فعلى الفرد أن يهتمّ بإعداد طعامه حسبَ

قواعد صحّيّة، ويتأكّد من سلامته قبل الطبخ، لأنّ الأطعمة الفاسدة تكون مَأْوًى للجراثيم، فتعيش فيها وتتكاثر، وهكذا تصبح هذه الموادّ مصدرًا للأمراض الخطرة.

إنّ الأغذية المطبوخة كاللحوم والخضر والبقول والأسماك يجب أن تُؤكل في يوم طَبْخِها لأنّ بقاءَها أكثرَ من يوم واحد وخُصوصًا في أيّام الصيف يُؤدّي إلى فسادها، فتتعفّن وتنشأ فيها موادُّ سامّة تسبّب القَيْء والإسهال، وقد يتسمّم منها الجسمُ ويموت الإنسان. لذلك يجب أن نتناول الأطعمة الجديدة، وكلُّ طعام بائِت لا بدّ أن يُضيّع شيئًا من خواصّه المفيدة. فينبغي أن تُحفظ الأطعمةُ في مكان بارد نظيف، وأحسَنُ الأماكن هو البرّادة.

دروس في الصحّة

البَساطةُ والاِعْتِدالُ في الحياة من الأسباب التي قد تُساعد على إطالَة العمر، والناس الذين عمّروا طويلا كانوا مُعْتَدِلِينَ في مأكَلهم ومشرَبهم بعيدِينَ عن الغَضَب والسُّخْط والحَسَد والحِقْد تلك الاِنْفِعالات النفسيّة التي تُحدث تأثيرًا سيّئا في جسم الإنسان، فتُضعف قُواه وتُعجّل في وَفاتِه.

سُئِلَ أحدُ المعمّرين في سوريا وكان عمرُه مئةً وثلاثَ عشرةَ سنةً: كيف عِشْتَ هذا العمرَ الطويل؟ فقال: "إنّ حياتي بسيطة للغاية، فأنا أكتفي في طعامي غالبا بالخبز والتين وشُرْبِ الماء واللبن وأَكْل الفواكه."

ويعتقد بعض الناس خطأً أنّه يَلْزَمُهم حين الشيخوخة أن يُكثِروا من اللحم والخُمور والأطعمة الدسِمَة. إنّ الإكثار من هذه الأغذية يُؤذي الجهاز الهَضْمِيّ فيُخلّف في الجسم مقدارًا كبيرا من السموم، وهذه السموم تُفسد

الصحّة وتُقصّر العمر. أمّا الأغذية الصحّيّة التي تُوافق المسنِّين بصورة عامّة فهي الأرز والسمك والبيض المسلوق سلقا خفيفا واللبن وخبز الرُّقاقِ والفاكهة والخضروات الطريّة بشَرْطِ أَنْ تُؤْخَذَ بصورة معتدلة.

(من القراءة الحديثة العراقيّة بتصرّف)

المفردات

غَرَض ج أَغْراض	目的，宗旨
أَعانَه إِعانَةً على ...	帮助，援助
عَوَّضَه تَعْوِيضا	补偿
تَأَكَّدَ تَأَكُّدًا مِنْ ...	证实，确信
سَلامَة	完好，没毛病
مَأْوًى ج مَآوٍ (اَلْمَآوِي)	藏身处，避难所
مَطْبُوخ م مَطْبُوخَة	做熟的，烹调过的
أَفْسَدَ إِفْسادًا الشيءَ	使腐烂，败坏，损害
فَساد	腐烂，腐败
تَعَفَّنَ تَعَفُّنًا الطعامُ	腐烂，发霉，变质
سامّ م سامَّة	有毒的
بائِت م بائِتَة	陈的，不新鲜的
خَوَاصُّ	要素，成分，精华
بَرَّادَة	冰箱
اِعتِدال	适中，平常

أَطالَ إِطالَةً الشيءَ	延长，拉长
عَمَّرَ تَعْمِيرًا فهو مُعَمِّر	长寿
مَشْرَب	喝的
سُخْط	生气，发怒
حَسَد	忌妒
حِقْد	怨恨，仇恨
اِنْفِعال ج اِنْفِعالات	激动，生气
نَفْسِيّ م نَفْسِيّة	心理的，精神上的
أَضْعَفَ إِضْعافًا الشيءَ	削弱
عَجَّلَ تَعْجِيلًا الأمرَ	加速
خَمْر	酒
دَسِم م دَسِمَة	肥的，油腻的
هَضْمِيّ م هَضْمِيَّة	消化的
قَصَّرَ تَقْصِيرًا الشيءَ	缩短
سَلَق ـُ سَلْقًا البيضَ أو غيرَه	煮
خُبْزُ الرُّقاقِ	薄饼
طَرِيّ م طَرِيَّة	新鲜的，鲜嫩的，软的

الواجبات

١. أكمِلْ ما يلي من العبارات:

________ قَذِرَة　　سَدَّ ________　　قَواعِد ________

_______ دَقِيقَة　　أَعْرَاض _______　　وَظِيفَة _______

أَلْيَاف _______　　تَرَاكُم _______　　_______ مَغْسُولَة

٢. ترجمْ ما يلي من العبارات إلى العربيّة:

重病	内分泌	热毛巾	某一地区
被褥	皮肤病	书皮儿	可怕的消息

٣. ترجِمْ ما يلي من الفقر إلى العربيّة:

怎样才能维护健康

为了维护健康，至少应该遵守以下三条：

第一，要讲究饮食卫生。饭前要洗手，生食要洗净，熟食要存放在干净的地方，最理想的地方是冰箱。如果我们大家都注意饮食卫生，我们就可以防止许多疾病的发生。

第二，要维护公共卫生。这就要求我们经常打扫环境，以清除污物和垃圾，使病菌无处藏身。我们还应当消灭苍蝇、蚊子和老鼠这些传染疾病的媒介。哪里有，就把它消灭在哪里。由于政府一直重视这方面的工作，瘟疫在我国已不复存在。

第三，注意个人卫生。为了维护个人卫生，我们应当保持房间的清洁与整齐，应当经常洗澡，勤换衣，并且不时地晾晒被褥。个人卫生绝不是小事。生活告诉我们，谁注意个人卫生，谁就能保护自己不生病或不常生病。相反，谁忽视这一点，谁就难免要受疾病之苦。因此，不管工作有多忙，也不应当忽视个人卫生。

最后还要强调一点，为了所有人的健康，不要随地吐痰。

٤. كوّن جملة مفيدة بكلّ من العبارات الآتية:

إنّ، مَنْ (الشرطيّة)، مَا (الشرطيّة)، مَهْما، حَيْثُما،

فَجْأَة، عَطَّلَ، تَعَطَّلَ، اِسْتَدْعَى، لَمْ يَعُدْ يفعل...

٥. أكتُب مقالة تحت عنوان ((النظافةُ الشخصيّة ليستْ بأمر هيّن)).

٦. استمعْ إلى التسجيل، ثمّ لخّصْ مضمونَه بعبارات من عندك.

استمع وضع الحركات

وصايا صحّيّة

١. اعتن بنظافة أسنانك، استعمل الفرشاة ومعجون الأسنان. إذا تلفت أسنانك فاعرضها على الطبيب. لا تأكل الساخن بعد البارد أو البارد بعد الساخن. وإذا تسوّست فراجع طبيب الأسنان.

٢. اعتن بنظافة عينيك، احرسها من الغبار، لا تنتقل فجأة من النور إلى الظلمة، أو بالعكس، وعندما تقرأ أو تكتب أبعد الكتاب والدفتر قليلا عن عينيك. وإذا كنت قصير البصر فاستعمل النظّارات الطبّيّة. وإذا أصيبت عيناك بالرّمد فاستعمل القطرة التي يصفها لك الطبيب.

٣. اعتن بنظافة جلدك، اغتسل مرّة في الأسبوع على الأقلّ بالماء الساخن والصابون. اغتسل كلّما سمحت الظروف واغسل أعضاءك الظاهرة على قدر الإمكان.

٤. احذر الذباب، إنّه ينقل الكثير من الأمراض السارية. فالذباب يتولّد حيث تكثر الأوساخ، فنظّف جسدك وثيابك وبيتك وحارتك.

٥. ثابر على الرياضة البدنيّة يوميّا، لأنّها تجدّد نشاطك وحيويّتك وتحافظ على قوامك ولا تعرّضه للسّمنة التي قد تجلب لك الأمراض.

第十三课 الدرس الثالث عشر

句型:	لا أحد يعرف ذلك.
课文:	إلى فتياننا
语法:	1. 否定全类的 لا (لا النافية للجنس)
	2. إمّا ... وإمّا ... 的用法

تركيب الجملة

لا أَحَدَ يَعْرِفُ ذَلِكَ.

لا شَكَّ فِي ذلك.

لا حَياةَ بِلا ماءٍ.

النصّ

إلى فتياننا

كلُّ خُطْوَةٍ إلى الأمام، في سبيل العمل والنجاح - قوّة. وكلّ خطوة إلى الوراء - ضَعْف. العِلْمُ والدرس وحُسْنُ العمل والْمُواظَبَة - خطَوات إلى الأمام، فالزموها واجعَلوها أهدافا لكم في الحياة. كلّ ساعة، بل كلّ دقيقة من حياتكم، يجب أن تكون مُجْدِيَةً، كلّ ساعات فراغكم، إمّا أن تكون برَكاتٍ وخيْراتٍ، أو تكون غُصَصًا وحسَراتٍ.

أنتَ تحبّ الحياة يا فتى! فلا تبدّدْ أوقاتَك، لأنّ حياتك إنّما هي هذه الأوقات، إنما هي هذه الساعات التي يَتْلُو بعضُها بعضا بلا انقطاع.. إنّما هي

كُنُوز. فإذا سَنحتْ ولَمْ تستفِدْ منها، فقد ضاعتْ وخَسِرْتَها إلى الأبد.. كلّ صباح من أيّامك يأتيك بكُنوز جديدة. فإنْ لم تستفِدْ من كنوز أمس وما قبل الأمس، ولا من كنوز اليوم، تُصبح على الأيّام خامِلًا عاجِزا، لا تستطيع أن تُقدّر قيمة الكنوز التي تأتيك، ولا تستطيع أن تستفيد منها، وتصبح أخيرا تتبرّم بأوقاتك، وتتبرّم بوُجودك، وتصير حياتك كلّها عِبْئًا عليك.

كلّ ثروة مادّيّة إذا فُقدت، يستطيع صاحبُها بجدّه وكدّه أن يُحصّلها. كلّ عِلْم عرفه الإنسان ثمّ نَسِيَه، يمكنه أن يحذِقه من جديد باستئناف الدرس والمراجعة. إلّا الوقتَ، فما فُقِدَ منه، فلن يعودَ.. وانظروا الآن، كم هي الساعات، بل الأيّام، بل الشهور، بل السنون، يُضيعها المئات والألوف من شبّاننا، ولا فائدةَ من ذلك يَجْنُونَ، ولا مَحْمَدَةَ يكسِبُون... إنّ كثيرين منهم يُضيعون هذه الأوقات الثمينة من سِنِي شبابهم، على هَدْمِ ذلك الشباب العزيز، وتَبْدِيدِ الثروة القوميّة التي نحن في أمسّ الحاجة إلى ادّخارها وصيانتها.. ولكنْ انظروا في الوقت نفسه، ولأجل المُقابَلَة والاِتّعاظ، إلى عِظَم الفائدة التي يَجْنِيها الناس من انتفاعهم بأوقات فراغهم.. فلم يبلغ أحدٌ من مشاهير الرجال ونوابغ الأمم ما بلغه من المجد والعظمة، إلّا لحِرْصِه على هذه الأوقات.

خُذُوا الجاحظ مثلا، وهو إمام كتّاب العرب وشيخُ أُدَبائِهم. فقد أَكَبَّ على العلم منذ صِغَره، شُغِفَ بالقراءة والمطالعة وعَكَفَ على الدرس والحِفْظ، حتّى إنّه لم يقع بيده كتابٌ قطّ، إلّا استوفى قراءتَه، واسْتَوْعَبَ مادَّتَه، كائِنًا ما كان، وكان يَكْتَرِي حوانيت الورّاقين، وهي مكاتب ذلك الزمان، ويَبِيتُ للنظر فيها.. وكان من وراء ذلك أنّه صنّف في اللغة نحوَ مائتَيْنِ وخمسين كتابا! ...

(من القراءة العربيّة الحديثة اللبنانيّة)

الحوار

حديث في قيمة الوقت

زار وفدٌ من الكتّاب العرب جامعتَنا في الأسبوع الماضي، فجرى بيننا وبينهم لقاءٌ ودّيّ، وكان الزائرون مسرورين حيثُ وجدوا مَنْ يَتَفاهَمُ معهم باللغة العربيّة مُباشرةً، وكنّا مسرورين أيضا، إذ أُتِيحَتْ لنا فرصةٌ للتحدُّث مع الناطقين باللغة العربيّة، وخاصّةً مع بعض أصحاب القلم في هذه اللغة. وفيما يلي ما دار بيننا حول قيمة الوقت:

...

– وكم ساعة تعملون في اليوم؟

– تقصِدون كم ساعة نتعلّم في اليوم؟

– نعم، هذا ما أقصده.

– ندرس في اليوم مدّةً لا تَقِلُّ عن ثماني ساعات، وربّما تصل إلى عشر ساعات.

– عظيم، إنّكم تستفيدون من كلّ دقيقة.

– هذا تقدير بالغ من حضرتكم.

– لا، يا أولادي، إنّ الأديب لا يحبّ الْمُجامَلَة. لقد رأيت أنا وزملائي خلال تجوُّلاتنا في هذه الأرض الْمُبارَكَة، أنّ أغلبيّة الناس يحرِصون على الأوقات.

– هذا شيء طبيعيّ، فما الحياة إلّا هذه الساعات التي يتلو بعضُها بعضًا بلا انقطاع، ومَنْ يحبّ الحياة فلا بدّ أن يحرص على الأوقات.

– وأنتم تُنفقون معظمَ أوقاتكم في العمل!

– نعم، فما قيمةُ الحياة بلا عمل؟

– الوقت هو الحياة، والحياة هي العمل، كلامٌ رائع!

– هناك نقطة أحبّ أن أُضيفَها يا حضرة الرئيس، ولكن لا تُؤاخِذْني،
إذا أخطأتُ في التعبير.

– تفضّلي وقولي ما عندك يا آنسة!

– لقد صمّمت الصينُ حكومةً وشعبًا على تَعْجِيلِ الخُطَى في بناء
البلاد، وهذا يتطلّب منّا أن نستفيد من كلّ ساعة يمكن الاستفادةُ
منها.

– أوه، وهذا كلام أوضح.. ففي سبيل هذا الهدف العظيم، تجعلون كلّ
ساعة من حياتكم مُجْدِيَة، أليس كذلك؟

– صدقتم، فكما يقول المثلُ: الوقت من ذَهَب، ينبغي أن نحرص على
كلّ دقيقة وكل ثانِيَة، ولن نَدَع الوقتَ يَمْضِي سُدًى، وكثيرًا ما نحثّ
أنفسنا ونقول: من أضاع الوقتَ أضاعَ عُمْرَه.

المفردات

值得赞扬的行为	مَحْمَدَة
坚持，持之以恒	واظَبَ مُواظَبَةً على كذا
守住，保持	لَزِمَه ـَ لُزُومًا ولِزامًا
有用的，有益的	مُجْدٍ (الْمُجْدِي) م مُجْدِيَة
不是……就是……	إمّا... إمّا...

277 第十三课

吉祥，福气	بَرَكَة جـ بَرَكات
哽咽，辛酸	غُصَّة جـ غُصَص
忧伤，感伤	حَسْرَة جـ حَسَرات
使分散；挥霍，浪费	بَدَّدَهُ تَبْدِيدًا
跟随	تَلَا يَتْلُو تُلُوّا فلانًا
中断	اِنْقَطَعَ اِنْقِطاعًا عَنْ كذا
不断地	بِلا انْقِطاعٍ
出现，有	سَنَحَتْ ـَ سُنُوحًا الفرصةُ أو غيرُها
亏损，丧失	خَسِرَ ـَ خَسارَةً وخُسْرانًا شيئًا
消沉的，毫无生气的，无声无息的	خامِل جـ خُمَّل وخَمَلَة
腻烦，厌倦	تَبَرَّمَ تَبَرُّمًا بكذا
负担，包袱	عِبْء جـ أَعْباء
物质的	مادِّيّ م مادِّيَّة
获取	حَصَّلَ تَحْصِيلًا الشيءَ
精通，熟悉	حَذَقَ ـِ حِذْقًا العملَ
重新开始	اِسْتَأْنَفَ اِسْتِئْنافًا شيئًا
损失，失掉	أَضاعَ إِضاعَةً شيئًا / ضَيَّعَهُ
拆毁，破坏	هَدَمَ ـِ هَدْمًا الشيءَ
最迫切的需要	أَمَسُّ الحْاجَةِ
积攒，储蓄	اِدَّخَرَ اِدِّخارًا شيئًا
保护，捍卫	صانَ ـُ صِيانَةً الشيءَ

比较和借鉴	اَلْمُقابَلَةُ والاِتِّعاظُ
伟大，巨大	عِظَم
才子，杰出人物	نابِغَة ج نَوابِغُ
贾希兹（人名）	اَلْجاحِظُ
首领，教长；权威，泰斗	إمام ج أَئِمَّة
首领，酋长；老者	شَيْخ
专心于……，攻（读）	أَكَبَّ إِكْبابًا على عَمَلٍ أو عِلْمٍ
酷爱，迷恋	شُغِفَ شَغَفًا بِهِ
专心于……，埋头于……	عَكَفَ ـِ عُكُوفًا على الأمر
掌握，领会，记住	اِسْتَوْعَبَهُ اِسْتِيعابًا
不管是什么	كائِنًا ما كان
租赁	اِكْتَرَى اِكْتِراءً غرفةً
店铺	حانُوت ج حَوانِيتُ
书商，文具商	وَرّاق ج وَرّاقُونَ
过夜	بَاتَ ـِ بَيْتًا ومَبِيتًا في مكان
编纂，著述	صَنَّفَ تَصْنِيفًا الكتابَ
代表团	وَفْد ج وُفُود
相互理解，谅解	تَفاهَمَ تَفاهُمًا الناسُ
讲……的，发言人	ناطِق ج ناطِقُونَ بـ ...
奉承，客套，溢美之词	مُجامَلَة
幸福的，吉祥的	مُبارَك م مُبارَكَة

大多数	أَغْلَبِيَّة
白白地	سُدًى
别见怪，请原谅	لا مُؤاخَذَة / لا تُؤاخِذْنِي
小姐	آنِسَة ج آنِسات وأَوانِسُ
加速	عَجَّلَ تَعْجِيلًا الأمرَ
要求	تَطَلَّبَ تَطَلُّبًا الأمرُ كذا
让，允许	وَدَعَه ـَ فِعْلُ أمرِه دَعْ
督促，鞭策	حَثَّ ـُ حَثًّا فلانًا على ...
喜悦，欢乐	بَهْجَة
玩耍；无益的事	عَبَث
社会	مُجْتَمَع ج مُجْتَمَعات
玩耍，嬉戏	لَهْو
放荡，厚颜无耻	مُجُون
看重时间	حَسَبَ لِلْوَقْتِ حِسابَهُ
经验	خِبْرَة ج خِبَرات
人，男人	مَرْء ج رِجَال
有成果的，有成效的	مُثْمِر م مُثْمِرَة
闪光，放光	لَمَعَ ـَ لَمْعًا ولَمَعانًا الشيءُ
传播开	ذَاعَ ـِ ذَيْعًا الخبرُ
名声，声誉	صِيت
享受，利用	اِسْتَمْتَعَ بكذا / تَمَتَّعَ به

بَدَن ج أَبْدان	身体
وَجَّهَ تَوْجِيهًا إليه شيئًا	给予
جُلّ / معْظَم	大部分，主要的
هَيَّأَ تَهْيِئَةً شيئًا	准备
عَوَّدَهُ تَعْوِيدًا الأمرَ	使习惯
تَعْمِير	建设
أَكْسَبَ فلانًا شيئًا	使获得，赋予

من أمثال العرب والحكم

كلُّ لَبِيبٍ بِالْإِشارَةِ يَفْهَمُ. （心有灵犀一点通。）

أَكْبَرُ منك بيَوْمٍ أَعْلَمُ مِنْكَ بِسَنَةٍ. （年长一天，智高一年。）

الملاحظات

١. كلّ ثروة مادّيّة إذا فُقدت يستطيع صاحبُها بجدّه وكدّه أن يحصّلها.

这是一个名词句，开头的名词性结构作起语，后面的条件和结句作述语。

٢. كلّ عِلْم عرفه الإنسانُ ثمّ نسيه يمكنه أن يَحْذِقَه من جديد ...

这也是一个名词句，كلّ علم ... ثم نسيه 是起语部分；يمكنه أن يحذقه ... 是述语部分。

٣. فما فُقد منه (من الوقت) فلن يعود.

本句的意思是“光阴一去不复返”，ما 是个条件名词。

٤. فلم يبلغ أحدٌ من مشاهير الرجال ونوابغ الأمم ما بلغه من المجد والعظمة، إلّا لحِرْصِه على هذه الأوقات.

意思是“名人和才子之所以会功绩卓著是因为他们珍惜时光”。

٥. حتّى إنّه لم يقع بيده كتابٌ قطّ، إلّا اسْتَوْفَى قراءته واستَوْعَبَ مادّته.

意思是“书不到他手则已，一到他手，他总要一读再读，将之读深，读透”。

القواعد

1. 否定全类的 لا (لَا النَّافِيَةُ لِلْجِنْس)

（1）否定全类的 لا 是 إنّ 的同类词，加在名词句前使其起语变成宾格，称为 اسم لا ，述语保持主格不变称为 خبر لا 。这种 لا 的作用是对原名词句进行彻底的否定。اسم لا 要求泛指、宾格单音符；在“数”上没有限定，但应用中以单数居多。如：

لا أحَدَ غائِبٌ.（没有一个人缺席。）

لا سُرُورَ دائِمٌ.（永久的欢乐是没有的。）

لا كَسُولَ ينجَحُ.（懒人永远不会成功。）

لا حَسُودَ مُسْتَرِيحٌ.（爱忌妒者永远不会舒心。）

（2）使用否定全类的 لا 有下面几个条件：

① لا 的名词和述语都必须泛指。

② لا 和它的名词之间不能有其他成分隔开。

③ لا 前面不能带介词。

如果失去上面任何一个条件，لا 就不再是 إنّ 的同类词，并且不再表示否定全类的含义。如：

لا أَبُوهُ حاضِرٌ ولا أَخُوهُ.

لا دَفْتَرِي مَعِي ولا قَلْمِي.

لا مَعَ الْمُسافِرِ ماءٌ ولا زادٌ.

لا في السوق بائِعٌ ولا زَبُونٌ في اللَّيْل.

وُضِعَ الأثاثُ في الغرفة بِلا تَرْتِيبٍ.

الأوقاتُ هي الساعاتُ التي يَتْلُو بعضُها بعضًا بلا انْقِطاعٍ.

（3）以否定全类的 لا 起始的句子，其述语也可以是时空宾语或介词短语。如：

لا حَياةَ بلا ماءٍ.

لا حارِسَ عند الباب.

لا صَحْراءَ في أوربّا.

لا أَثَرَ للشَّيْخُوخَة على وجهه.

لا شجرةَ خَوْخٍ في البستان.

لا شُكْرَ على واجبٍ.

لا شَكَّ في ذلك.

لا بُدَّ من صَنْعا وإنْ طال السَّفَرُ.

لا حَوْلَ ولا قوَّةَ إلّا باللهِ.

2. إمّا... وإمّا ... 的用法：

إمّا... وإمّا ... 是一个用于说明的虚词结构，后面分别连接两个格位相同的词语或短句。译作“不是……就是……”“要么……要么……”。如：

الذي سيُلقي كلمةَ الافتتاح في الحفلة إمّا سعيدٌ وإمّا حَسَنٌ.

أقترح عليك أن تتعلّم في الجامعة إمّا الأدبَ وإمّا التاريخَ.

أودّ أن أكون في المستقبل إمّا مترجمًا وإمّا صحفيًّا.

نقوم بالرياضة البدنيّة كلّ يوم إمّا في الصباح وإمّا بعد الظهر.

يمكن أن تسافر في هذا الأسبوع، إمّا يومَ الخميس وإمّا يومَ الجمعة.

طيّب، نتشاور في ذلك غدًا، إمّا تأتي إليّ، وإمّا أذهَبُ إليك، فما رأيك؟

التمرينات

١. هات اسمَ فاعل من كلّ فعل ممّا يلي:

تَلَا	عَكَفَ	سَنَحَ	ذَاعَ	لَمَعَ	خَسِرَ
صَانَ	أَكَبَّ	حَذَقَ	ضَيَّعَ	صَنَّفَ	اِدَّخَرَ
بَدَّدَ	وَاظَبَ	اِنْقَطَعَ	حَصَلَ	تَفاهَمَ	اِسْتَأْنَفَ

٢. اقرأ ما يلي من الجمل مع الإشارة إلى ما تجد فيها من حرف لا النافية للجنس:

(١) لا بأسَ عليك، فَكُونِي مُطمئنّة.

(٢) اكتُب الواجبات بقلم الحبر لا بقلم الرصاص.

(٣) لا قارِبَ في النهر، فكيف نَعْبُرُهُ؟

(٤) ينجَح في الحياة المُجِدُّونَ لا الكَسالَى.

(٥) لا ضعيفَ يَقْوَى على مُواجَهَةِ الْمَخاطِرِ (الأَخْطار).

(٦) الفلّاحون يعملون في الحقول طول السنة، لا يعرفون الْكَلَلَ ولا الْمَلَل.

(٧) هذا الكتاب مفيد جدّا، لا بُدَّ أن أشتريه، ولو كان ثمنُه غاليا.

(٨) كنّا نُحِسُّ بذلك الفرح الحقيقيّ الذي لا يُعادله فَرَحٌ.

(٩) لا مُسْتَحِيلَ على أهل العزيمة.

(١٠) الزبائنُ يشترون هذه الحاجات لا لِكَثْرَةِ الفلوس فقط، بل للفوائد التّي تمتاز بها.

(١١) إنّهم قادرون على ذلك، فلا داعِيَ إلى مساعدتهم.

(١٢) بوُجود هذه الأجهزة في بيوتنا، نعالج الشؤون المنزلية بلا مشقّةٍ ولا عَناءٍ.

(١٣) لا شَكَّ أنّ مثلَ هذه الرحلات ستُوسِّع آفاقَنا وتزيدنا علمًا ومعرفة.

(١٤) ضلّت السفينةُ في عُرض البحر، فلا زادَ في أَهْرائِها (船舱) ولا شاطِئ ظاهِرٌ للأَعْيُنِ.

(١٥) أمّا التصوير فلا يُجاريهم أحدٌ في إحْكامِه من الرُّوم ولا من سِوَاهم.

٣. اشرَحْ ما يلي من الجمل بعبارات من عندك:

(١) كلّ ثروة مادّيّة إذا فقدت يستطيع صاحبها بجدّه وكدّه أن يحصّلها.

كلّ علم عرفه الإنسان ثمّ نسيه، يمكنه أن يحذِقه من جديد باستئناف الدرس والمراجعة.

(٢) كم هي الساعات، بل الأيّام، بل الشهور، بل السنون يُضيّعها المئات والألوف من شبّاننا، ولا فائدةَ من ذلك يجنون، ولا محمدةَ يكسبون.

(٣) فلم يبلغ أحد من مشاهير الرجال ونوابغ الأمم ما بلغه من المجد والعظمة، إلّا لحرصه على هذه الأوقات.

(٤) فقد أكبّ الجاحظ على العلم منذ صغره، وشُغف بالقراءة والمطالعة وعكف على الدرس والحفظ، حتّى إنّه لم يقع بيده كتاب قطّ، إلّا استوفى قراءته واستوعب مادّته، كائنا ما كان.

٤. أكمِلْ ما يلي من الجمل:

(١) بلغني أنّ الذي سيُعلّمنا الرياضيّات في السنة القادمة إمّا الأستاذ __________ وإمّا __________.

(٢) يذهب أخي إلى عمله كلّ يوم إمّا __________ وإمّا بالدرّاجة.

(٣) هذه الثياب إمّا واسعة جدّا، وإمّا __________، لا قطعة تناسبني.

(٤) أعتقد أنّه ستُقام الندوة العلميّة إمّا في معهدنا، وإمّا __________.

(٥) نذهب إلى دكّان آخر، فالبضائع هنا إمّا رديئة (劣质的) وإما ________ الثمن.

(٦) إمّا نعم وإمّا ________، وعلى كلّ حال أَعْطِنا جوابا.

(٧) لقد عقدنا العزم على مواصلة القتال فإمّا أن ______________ وإمّا أن __________ شهداء.

(٨) متى تأتين إلى بيتنا يا ذكيّة؟ حدّدي موعدًا لزيارتك، إمّا أن __________ وإمّا أن تتّصلي بنا تلفونيّا.

٥. اقرأ ما يلي من الجمل، ثمّ حاول أن تكوّن جملة مفيدة مُسْتَعِينًا بكلمة

تتقدّم كلّ مجموعة جمل فيما يلي:

واظب على كذا

(١) واظب المعلّمُ وانغ على العمل خلال الثلاثين سنةً الماضية، ولم يتغيّبْ مرة واحدة دُونَ سَبَبٍ.

(٢) من الـمُتَوَقَّعِ (预料) أنْ نتوصّل إلى نتيجة مُرْضِيَة، ما دُمْنا نواظب على التجربة بهذا الشكل. / من المتوقّع أنّنا سنتوصّل...

(٣) إنّ المواظبة على مثل هذا العمل الشاقّ يتطلّب إرادة قويّة وصَبْرًا عظيما.

لَزِمَه

(١) لا بُدَّ أن نلزَم هذا الموقف، ولن نتراجعَ عنه خطوة واحدة.

(٢) على كلّ فرد أن يلزَمَ موقعَ عمله، مَهْمَا يَكُنِ الْأمرُ.

(٣) ظلّت العجوزُ مريضةً، وقد لزمت الفراشَ مدّة شهرَيْنِ.

بَدَّدَ الشيءَ

(١) لا يَحِقُّ (无权) لأيّ شخص كان أن يُبدّد أموال الشعب.

(٢) إنّ تبديدَ الأوقات بمثابة تبديد العمر.

(٣) ... هذا هو أدِيسُون المخترع العظيم الذي غَيَّرَ أُسْلُوبَ معيشة البشر وبدّد الظلام عن العالـم بمُخْتَرَعاته.

اِنْقَطَعَ عن كذا

(١) قد انقطعت أخبارُه عنّا مدّة طويلة.

(٢) لم أنقطع في العطلة عن مذاكرة الدروس السابقة.

(٣) وفجأةً انقطعت الاتّصالات اللاسلكيّة بيننا وبينهم، ثمّ حاولنا أن

نستعيد الاتّصال بهم، ولكنْ لم ننجح.

(٤) هذا الحبل (绳子) جديد، فلا يمكن أن ينقطع من تلقاء نفسه، ولا بُدَّ أنّ أحدًا قطَعه.

اِسْتَأْنَفَ الأمرَ

(١) نستريح ساعتَيْنِ بعد الغداء، ثمّ نستأنف الدراسة.

(٢) رَسَبَ (落第) خالدٌ في امتحان القَبُول بالجامعة، غير أنّه لم يَيْأَسْ (灰心) بل استأنف الدرسَ والمراجعة ...

(٣) استأنف الطرفان المُفاوَضاتِ (谈判) بعد أن توقّفتْ مدّة من الزمن.

اِدَّخَرَهُ

(١) من أجل تدعيم البناء الاقتصاديّ في البلاد، تُشجّع الحكومة أفراد الشعب على ادّخار ما يزيد على حاجتهم من النقود في البنك.

(٢) ادّخر هذا الفلّاح من الأموال ما يكفيه في بناء دار جديدة.

(٣) ومن هذا الشهر بدأتْ إحسانُ تدّخر جزءا من مَصْرُوفِها اليوميّ.

(٤) إنّ ادّخار ثمن جهاز تلفزيون ليس مشكلة بالنسبة إليك.

شُغِفَ به فهو شَغُوف

(١) شُغف ولدي بلعبة الشطرنج حتّى أثّرتْ على دروسه وراحته.

(٢) ابن أخي شَغُوف بعلم التاريخ، وهو يتمنّى أن يلتحق بكلّيّة التاريخ ليكون متخصّصًا (专家) في هذا العلم.

(٣) كان الجاحِظ شَغوفا بالقراءة حتّى إنّه كان يَبِيتُ في حَوانيت الوَرَّاقِينَ ليتمكّن من قراءة ما فيها من الكُتُب.

أَتاحَ له فرصةً

(١) إذا أُتيحت لي فرصة للتعلّم في البلاد العربيّة، سأُكبّ على بحث الحضارة الإسلاميّة.

(٢) إنّ مثلَ هذه الزيارة ستُتيح لنا فرصةً جميلةً لنتعرّف على أصدقاء جدد.

(٣) هذه المُحادَثات أتاحتْ لنا أنْ نتبادَل الآراء ونحقّق مزيدا من التفاهُم فيما بيننا.

تطلّب شيئا

(١) إنّ تحقيق عصرنات البلاد يتطلّب جهودَ أجيال من بني الشعب ومثابرتهم لمدّة عشرات السنين.

(٢) سأُكلّفك مهمّة في غاية الدقّة تتطلّب حذرًا ومهارةً.

(٣) مثلُ هذا الموضوع يتطلّب منّي أن أفكّر فيه جدّيًّا (أو مَلِيًّا).

سُدًى

(١) لا تَدَعِ الوقتَ يذهَبْ سُدًى!

(٢) لا بُدَّ أن ننجز هذا المشروع قبل وصول السيول، وإلّا ستذهب مَجْهُودَاتُنا (جهودُنا) سدى.

لا (لَمْ) ... إلّا فعل ...

(١) لا أدخل المدينة إلّا زرت صديقتي القديمة سلوى.

(٢) لا نخوض معركة (战斗) إلّا كسبناها.

(٣) كان ابن بطوطة لا يدخل مدينة من مدنهم، ثمّ يعود إليها إلّا رأى صورته وصور أصحابه معلّقة على الحائط.

٦. ضَعْ في كلّ مكان خال ممّا يلي كلمة أو عبارة مُناسبة:

(١) لا تتردّدْ إذا ______ لك فرصة لإظْهارِ كفاءتك أيّها الصديق، إنّ خطوة إلى الأمام في مثل هذه اللحظة تُقرِّبك ______ النجاح، و ______ إلى الوراء ______ ك عنه.

(٢) ينبغي لكلّ منّا ألّا ______ خاملا فيقضي ______ في اللّهْو والعَبَث، بل عليه أن ______ لوطنه وأمّته.

(٣) ما دام الإنسان ______، يلزمه ______ يجعل لحياته هدفا ساميا (عاليا)، فمن حدّد لنفسه هدفا واضحا يَسْعَ في سبيل ______ بلا كلل ولا ______، ومَنْ يَسْعَ من أجل هدفٍ معيّن يحرِصْ ______ أوقاته حرصَه على ______، ولن يَدَعَ الوقتَ ______ سدى ولو ______ واحدة.

(٤) أمّا الذي ليس له هدف سامٍ، فلا يحسّ ______ مسؤوليّته نحو ______ ولا نحو ______، بل يضيّع عمره ويبدّد ______، وأخيرا يصبح يتبرّم بأوقاته ويتبرّم ______ وتصير حياتُه ______ على نفسه.

(٥) كُنْ من ذَوِي الهِمَم العالية أيّها الصديق، وتشبَّهْ ______ نوابغ ______، فتكبّ ______ العلم وتعكف ______ الدرس والحفظ حتّى تستوعب كلّ ما يمرّ ______ ك من ______، و ______ ومن ثَمَّ تُطبّق ما ______ تطبيقا ______، فكم يتمنّى الشعب ____ تكون ______ أيّها ______ العزيز!

٧. عبّرْ عمّا يلي بأسلوبك الخاصّ:

(١) إذا سنحتْ لي مثلُ هذه الفرصة، فلن أدعَها تفوت من يدي.

(٢) يُسعدني أن أراك مُكبّا على تحصيل العلم، إنّي أُعلّق عليك أملا كبيرا.

(٣) استفِدْ من أوقاتك، إنْ ضيّعتها فلن تستطيع أن تَسْتَرْجِعَها (تستعيدها).

(٤) الذي يثق بنفسه يسير إلى الأمام قُدُمًا، والذي لا يثق بنفسه يتردّد في كلّ خطوة.

(٥) نحبّ مِنَ الناس مَنْ يُحسّ بمسؤوليّته.

(٦) لا مستحيلَ على أهل الإرادة القويّة، ونحن على ثقة بأنّ شبابنا يستطيعون أن يبلغوا ما بلغه أجدادُنا من المَجد والعظمة.

(٧) العرب يقولون: الوقت من ذهب. فنرجو أن تكون كلُّ ساعة بل كلُّ دقيقة عندكم مُجْدِيَة.

(٨) كلّ هذه الجمل سهلة، لا كلمةَ جديدة فيها، ولا عِبارةَ صعبة.

٨. أجِبْ عمّا يلي من الأسئلة:

(١) هل أنت حريص على الوقت؟ لماذا؟

(٢) لماذا لا يحرص بعض الناس على الوقت؟

(٣) أيّهما أثمَنُ؟ الثروة المادّيّة أم الوقت؟ ولماذا؟

(٤) هل يمكن للإنسان أن يكون نشيطا ومجتهدا إذا لم يكن وراءه قوّة دافعة؟ وما هذه القوّة؟

(٥) ما أوّل مهمّة تُواجه الشبابَ؟ وما الموقف الذي تتّخذه أنت تجاه (面对) هذه المهمّة؟

(٦) كيف بلغ النوابِغُ ما بلغوه من المجد والعظمة؟

(٧) هل لك قدوة تتشبّه بها في حياتك؟

(٨) هل لك أن تتحدّث إلينا عن خبرتك في إتقان العمل والدراسة؟

(٩) كيف تنتفع بأوقات فراغك فيما يُفيد نموّك السليم؟

(١٠) مَنِ الْجاحظ؟ هل سبَق لك أن سمعت شيئا عنه؟

المطالعة

تَغَيَّرَ موقفُ أبي من الرياضة

كان أبي يكره الرياضة، وكان يَسُوؤُهُ أن يراني أنا وإخوتي حامِلين عُدَّة الرياضة مُتَّجِهِينَ (ذاهبين) إلى الملعب، وكذلك حين يرانا نتفرّج على لعبة رياضيّة من التلفزيون.

كان يعتقد أنّ الرياضة تُضيّع الوقت وتؤدّي بنا إلى الخَيْبَة والفشل في الدراسة. وحاولتُ أن أُقْنِعَه بأنّه لا تَعارُضَ بين الرياضة والدراسة بل أنّها في كثير من الأحيان طريق إلى مُضاعفة النجاح في الدراسة.

ومع ذلك لم يقتنع.. وكان ذلك مشكلة، غير أنّها لم تُؤثّرْ على حياة الأسرة ولا على مستوايَ الدراسيِّ ولا على حُبّي للرياضة.. بل إنّني ضاعفتُ جهودي في الدروس، وفي نهاية العام الدراسيّ حصلتُ على الترتيب الثالث في الامتحان وهي مَرْتَبَة لم أصلْها من قبلُ، فسُرَّ أبي سرورا عظيما. ومع هذه النتيجة قدّمت المدرسةُ إليّ ثلاثةَ كُؤوس فضّيّة، فقال أبي حين رآها: هل هي هديّة المدرسة لحصولك على الترتيب الثالث؟ قلتُ له: نعم، هي هديّة المدرسة، ولكنّها جوائزُ فزتُ بها في المسابقات الرياضيّة. وهكذا تغيّر موقف أبي من الرياضة ولم يَعُدْ يَمْنَعُني منها كما كان يفعل في الماضي.

(عن «المزمار» بتصرّف)

الجاحظ (٧٧٥–٨٦٨ م)

أحَدُ أئِمَّة الأدب العربيّ في العصر العبّاسيّ اسمُه أبُو عُثْمانَ عُمَرُ بْنُ بَحْر وهو ملقّب بالجاحظ لجُحُوظ عينيه الكبيرتين، كما عُرف بدَمامة وجهه وقِصَرِ قامته واشتهر بخِفَّةِ رُوحه وظَرافَةِ حديثه وبَراعَةِ نُكْتَتِهِ. نشأ بالبصرة فقيرا، ومات أبوه وهو صغير، فَاضْطُرَّ إلى احتراف بيع الخبز والسمك إلى جانب مواصلة التعلّم في الكتّاب والمسجد والحلقات، والاطّلاع على كلّ ما تقع عليه يداه حتّى أحاط بمعارف عصره من عربيّة: لغة وأدب وأخبار، وأجنبيّة: هنديّة وفارسيّة ويُونانيّة، ولم يترُكْ موضوعا اجتماعيّا أو ثقافيّا أو أدبيّا إلّا كتب فيه، فصوَّر جميع مظاهر النشاط في مُجْتَمَعِه تصويرا يَمْتَزِجُ فيه الجِدُّ بالدُّعابَة، وفي سبيل المثال نذكُر نادرةً قالها عن نفسه:

كنتُ خارجا من داري ذاتَ يوم، فقَدِمَتْ نحوي امرأةٌ فقالت لي: أ تصنع معروفا فتذهبَ معي إلى الصائغ، وهو ليس عنّا ببعيد؟ فسِرْتُ معها حتّى بلغنا دكّان الصائغ، فنادَتْه وأشارت إليّ قائلةً: مثلُ هذا، ثمّ انصرفتْ. ولم أفهَمْ شيئا ممّا قصدتْ فسألتُ الصائغ: ماذا تعني هذه المرأة بقولها؟ فقال الصائغ: إنّها أحضرتْ إليّ خاتمًا وطلبتْ منّي أن أرسُمَ لها عليه صورة عِفْرِيت، فقلت لها: إنّني لم أرَ العفريت من قبلُ، فذهبتْ وأتَتْ بك إليّ.

المفردات

مَوْقِف	态度
عُدَّة	装备，器材
اِتَّجَهَ اِتِّجاهًا إلى... فهو مُتَّجِه	朝向

خَيْبَة	失败
أَقْنَعَ إِقْناعًا فلانًا بكذا	说服
اِقْتَنَعَ اِقْتِناعًا بكذا	满意，信服
تَعارَضَ تَعارُضًا معه	与……有矛盾
ضاعَفَ مُضاعَفَةً الشيءَ	加倍
جَحَظَتْ ـَ جُحُوظًا عينُه	鼓出，突出
دَمامَة فهو دَمِيم	丑陋，难看
خِفَّةُ الرُّوحِ	幽默，滑稽
ظَرافَةُ الْحَدِيثِ	风趣，诙谐
بَراعَة فهو بارِع	出众，谙练
نُكْتَة ج نُكَت	俏皮话，笑话
اِحْتَرَفَ اِحْتِرافًا كذا	以……为业，从事
كُتَّاب ج كَتاتِيبُ	学堂，私塾
أَحاطَ إِحاطَةً بعِلْم	通晓
اَلْفارِسِيَّة	波斯语
دُعابَة	诙谐，逗趣
مَعْرُوف	善行，好事
صائِغ ج صاغَة وصُيَّاغ	银匠
خاتَم ج خَواتِمُ	戒指
عِفْرِيت ج عَفارِيتُ	魔鬼，鬼怪
اِمْتَزَجَ اِمْتِزاجًا به أو فيه	混合，融合

الواجبات

١. اقرأ نصّ الدرس مرارا وتكرارا، ثمّ استظهر الفقرة الثانية أو الثالثة أمام الفصل.

٢. أكمِلْ ما يلي من العبارات:

الوفدُ ________	مُبارَك ________	أَغْلَبِيَّة ________
صِيت ________	مادّيّة ________	اَلْمُجْتَمَعُ ________
________ مُثْمِر	مُجْدِيَة ________	بِلا ________

٣. ترجم ما يلي من العبارات إلى الصينيّة:

إمام الأدب	مضاعفة الجهود	كأس فضّيٌّ
نوابغ الأمّة	تعجيل الخطوات	في أمسّ الحاجة
أصحاب القلم	تضييع الوقت	جحوظ العينين

٤. ترجِمْ ما يلي من الجمل إلى العربيّة:

（1）知识只有靠勤奋才能获取。

（2）没有一个勤奋的人会是失败者。

（3）这些人都是杰出的科学家，国家最需要他们这样的人才。

（4）他们从不分散精力，一切可以利用的时间他们都利用上了。

（5）他们十分珍惜时间，一分钟也不让它白白过去。

（6）学者们酷爱自己的科学事业，年复一年地坚守在自己的岗位上。

（7）他们埋头工作，专心研究，却很少关心他们自己。

（8）他们之所以这样勤勤恳恳地工作，是因为他们对人民的事业有着强烈的责任感。

（9）他们都很忙，要么你再等一会儿，要么你下午再来。

（10）他们是当代青年值得效仿的榜样。

٥. كوّنْ جملة مفيدة بكلّ ممّا يلي:

وَاظَبَ، اِنْقَطَعَ، أَضاعَ، اِدَّخَرَ، تَطَلَّبَ، اِسْتَأْنَفَ،

اِسْتَوْعَبَ، أَتاحَ له فرصةً، إمّا... وإمّا...، لا النافية للجنس

٦. أكتُبْ موضوعًا إنشائيّا تحت عنوان ((الوقت أغلى من الذهب)).

٧. استمعْ إلى التسجيل مع ترجمته شفويّا.

استمع وضع الحركات

فنّ الحياة

الفنون متعدّدة الأنواع كالرسم والنقش والنحت والتصوير والغناء وغيرها. وكلّها تملأ الحياة بهجة وسرورا، وتحول بين الإنسان والعبث الذي لا خير فيه.

غير أنّ هناك فنّا يتّصل بحياتنا، ذلك الفنّ هو فنّ استغلال أوقات الفراغ فيما يعود بالنفع على الشخص والمجتمع، ولذا سمّي فنّ الحياة.

فإذا استغلّ الإنسان أوقات الفراغ فيما يفيد، كان الوقت ثمينا وكانت الحياة ثمينة. أمّا إذا أنفقها في اللهو والمجون فقد ضيّع وقتا من حياته لن يعود. وفي أدبنا العربيّ أمثلة كثيرة تدلّ على قيمة الزمن في حياتنا، منها:

((الوقت من ذهب))، ((الوقت كالسّيف إن لم تقطعه قطعك)).

والعالم يحسب للوقت حسابه فيجدّ ويعمل ويخترع وينتج ولا يضيّع دقيقة تمرّ بدون أن يستفيد منها علما أو خبرة أو صحّة.

ووقت الفراغ إذا أحسن المرء استغلاله ساعده على نموّ الجسم ومواصلة العمل والإنتاج والاستمرار في الدراسة والبحوث. لذا يلزمنا أن نستغلّ

أوقات الفراغ في دراسة مفيدة أو عمل مثمر أو رياضة ممتعة أو خدمة اجتماعيّة.

والعظماء والقوّاد والعلماء والمخترعون الذين لمعت أسماؤهم في الحياة، وسجّل لهم التاريخ أعمالا خالدة، وذاع صيتهم في كلّ مكان، كلّهم نظّموا أوقات فراغهم فاستمتعوا بجزء منها في راحة البدن، وقضوا الجزء الباقي في عمل يفيد أنفسهم ومجتمعهم.

فكم يحتاج شبابنا إلى الانتفاع بأوقات الفراغ فيما يعود على أنفسهم بالنفع وعلى الوطن بالخير والرفاهية!

إنّ الحكومة وجّهت جلّ عنايتها إلى الشباب وعنيت باستغلال أوقات فراغهم، فقد أصبحت لدينا إدارة خاصّة برعاية الشباب تهيّئ لهم الرحلات المفيدة والزيارات المثمرة وتقيم لهم معسكرات العمل لتعوّدهم الحياة المنظّمة والعمل الجدّيّ وليساهموا في أعمال التعمير والبناء، كما تقيم لهم ألوانا من النشاطات الرياضيّة التي تكسبهم الصحّة والحيويّة والمتعة.

(عن المطالعة السودانيّة بتصرّف)

第十四课 الدرس الرابع عشر

课文:	اكتشاف أمريكا
语法: 1. لـمّا 的用法	
2. 人造词根（المصدر الصناعيّ）	

الحوار

حديث حول كولومبس

(حوار بين طالبين)

- هل تعرف شيئا عن حياة كولومبس؟
- قرأت عنه قليلا في الماضي...
- من أيّ بلد كان هذا البحّار؟ مرّة يُقال إنّه من إيطاليا، ومرّة يُقال إنّه من إسبانيا.
- هو بحّار إيطالي فيما أذكُر، وُلد في جِنوَة من مواني إيطاليا، غير أنّ والده من أصل يَهُودِيٍّ إسبانيّ. وقد بدأ حياته في البحر وهو في الرابعةَ عشرةَ من عمره.
- هذه سِنٌّ مبكّرة...
- حدث ذات يوم أن شبّ حريقٌ في السفينة التي كان فيها، فهرب سابحا إلى البرتغال حيثُ أقام بضع سنوات.

- ما له لَمْ يستقرَّ في البرتغال؟

- لم يكن في نيّته أن يترك هذا البلد في أوّل الأمر، وقد تزوّج بابنة فلّاح برتغالي، ولكنّه عندما فشل في الحصول على مساعدة من ملك البرتغال، رحل إلى إسبانيا.

- فيم طلب المساعدة من ملكها؟

- قيل إنّه لقي في لِشْبُونَة عددا من البحّارة الذين يتطلّعون إلى السفر إلى ما وراء البحار رغبة منهم في اكتشاف طريق جديد إلى الشرق، فتأثّر بطموحهم، وعزم على أن يقوم برحلة استكشاف، فطلب من ملك البرتغال أن يمدّ إليه يد العون، ولكنّه رفض، فقصد إلى إسبانيا.

- وهل وجد مساعدات فيها؟

- قضى سنوات في هذا البلد، وظفر بتأييد من بعض كبار النبلاء الإسبان، وذلك مكّنه من أن يجد السبيل إلى البلاط الإسبانيّ، حيثُ حصل من الملكة إزابيلا على ما يلزمه في رحلته من السفن والرجال والمؤن.

- وما الذي كان يدعوهم إلى تأييد هذه الرحلة التي لم يسبق لها مثيل في التاريخ؟

- كانوا متشوّقين أن يجدوا أقرب طريق بحريّ يصل الغرب بالشرق.

- وهل وجد كولومبس هذا الطريق البحريّ؟

- نعم، بل حقّق في رحلته نجاحا أعظم ممّا كانوا يتوقّعونه!

- صحيح، إنّه اكتشف عالما جديدا، وقد أكسبه هذا النجاح شرفا عظيما ممّا يخلّد اسمه في التاريخ.

النصّ

اكتشاف أمريكا

قبل خمس مئة سنة تقريبا كانت أمريكا بلادا مجهولة لا يعرفها أحد. كان الشرق متمدّنا راقيا، والغرب لا يزال في جَهْل مُطْبِق. ورغب الغربُ في تبادُل التجارة مع الشرق والانتفاع بما فيه من خيرات للأكل واللِّباس وغيرهما، لكنّ الطرق التجاريّة كانت طويلة ووسائل السفر شاقّة وكثيرة التكاليف. فأخذ تجّار أوروبّة من إسبان وإنكليز وفرنسيّين وبرتغاليّين يفكّرون في اكتشاف طريق بحريّة جديدة، تساعدهم على سرعة التجارة ولا تكلّف مالا كثيرا.

نجح كولومبس الإسبانيّ في القيام برحلة استكشاف لهذا الغرض، بعد أن قضى زمنا يتوسّل إلى ملوك أوروبّة أن يمدّوه بالسفن والرجال والمؤن. وأخيرا أعطتْه الملكة إزابيلا الإسبانيّة ثلاثة مراكب وتسعين بحّارا ومؤنا تكفي لعدّة أشهر.

أبحرت حملة كولومبس من إسبانيا نحو الغرب صيف سنة ١٤٩٢م. وبعد أيّام غابت الأرض اليابسة عن عيون البحّارة، ولم يعودوا يرون غير الماء والسماء!

مرّت الأيّام والأسابيع ولم يصلوا إلى البرّ، فبدأ البحّارة يخافون. وأرادوا أن يرموا كولومبس في البحر ويرجعوا إلى إسبانيا، لكنّهم رأوا ذاتَ يوم طيورا في الجوّ، وأغصانا خضراء عائمة على سطح الماء، ففرِحوا فَرحا عظيما، وعلموا أنّ البرّ صار قريبا.

في مساء أحد أيّام الخريف، رأى كولومبس نورا من بعيد، فطار من شدّة الفرح، وبقي طوال الليل ساهرا مع بحّارته، ينظرون إلى بعيد، إلى جهة النور، وأخيرا صاح أحدهم قائلا: "اليابسة... اليابسة!..."

في الصباح نزل كولومبس وبحّارته إلى الأرض التي جاءوا باحثين عنها. وأوّلُ ما فعلوه، أنّهم ركَعوا ورفعوا صلاة الشكر لله، لأنّهم يؤمنون بأنّ الله هو الذي أوصلهم سالمين وحقّق آمالهم.

غير أنّ كولومبس ورجاله لم يعرفوا أنّهم اكتشفوا عالما جديدا كبيرا هو "أمريكا" بل ظنّوا أنّهم وصلوا إلى الهند، ولذا سمّوا الجزرَ الّتي وصلوا إليها "جزر الهند الغربيّة" وسمّوا أهلها "الهنود".

بقي المكتشفون ثلاثة أشهر يتنقّلون في الأرض الجديدة، ثمّ عادوا إلى إسبانيا يحملون إلى ملكهم وملكتهم الهدايا النفيسة من الذهب والخيرات الكثيرة كالتبغ والبطاط والذرة، ممّا أدهش الإسبان لأنّهم لم يكونوا يعرفون هذه الأشياء، وأخذوا معهم أيضا بعض الهنود الحُمْر.

ولمّا وصلت الحملةُ إلى إسبانيا جرى لها استقبالٌ عظيم جدّا، ولاقي كولومبس كلّ تكريم وتقدير.

وبعد ذلك، قام كولومبس بثلاث رحلات أخرى إلى جزر الهند الغربيّة، وما لبث أن لقي ربّه، بعد سنوات قليلة، وهو لمّا يَزَلْ يجهَلُ أنّه اكتشف العالم الجديد، والناس أيضا ظلّوا يجهلون ذلك، حتّى لاحظ بحّار إيطاليّ اسمُه "أميركو" أنّ الأرض التي اكتشفها كولومبس ليست الهند ولا آسيا، بل هي قارّة مجهولة. ولمّا تبيّن للناس أنّه على حقّ أطلقوا اسمَه عليها، فصارتْ تُدْعَى "أمريكا".

(من القراءة العربيّة الحديثة اللبنانيّة بتصرّف)

المفردات

كُولُومْبُسْ (اسم)	哥伦布
بَحَّار ج بَحَّارَة	海员，航海家
إيطالِيا	意大利
إيطاليّ ج إيطاليّون	意大利人
جِنْوَه	热那亚
يَهُودِيّ ج يَهُود	犹太人
إسْبانِيّ ج إسْبان	西班牙人
أَبْحَرَ إبْحارًا	航海，航行
شَبَّتْ ـُ النارُ	着火
حَرِيق	火灾

逃，逃跑	هَرَبَ ـُ هَرَبًا وهُرُوبًا
葡萄牙	بُرْتُغَال / اَلْبُرْتُغَالُ
葡萄牙人	بُرْتُغَالِيّ ج بُرْتُغَالِيُّون
定居	اِسْتَقَرَّ اِسْتِقْرارًا في المكان
想，打算	نَوَى يَنْوِي نِيَّةً الأمرَ
去，前往	رَحَلَ ـَ رَحيلا إلى ...
里斯本	لِشْبُونَة
期望，向往	تَطَلَّعَ تطلُّعًا إلى ...
志向，抱负	طُمُوح
侦察，探险	اِسْتَكْشَفَ اِسْتِكْشَافًا عن الشيء أو الأمر
帮助，援助	عَوْن
高贵的，贵族，达官贵人	نَبِيل ج نُبَلاءُ
宫廷	بَلاط
女王，王后	مَلِكَة
伊萨贝拉	إِزابِيلا (اسم)
给养	مَؤُونَة ومُؤْنَة ج مُؤَن
史无前例	(أَمْرٌ) لَمْ يَسْبِقْ له مَثِيلٌ في التَّارِيخ
预料，盼望	تَوَقَّعَ توقُّعًا الأمرَ
使永存，使永垂不朽	خَلَّدَهُ تَخْلِيدًا
发现，探索	اِكْتَشَفَ اِكْتِشافًا الشيءَ فهو مُكْتَشِف
渴望的，期盼的	مُتَشَوِّق

不知，无知，愚昧	جَهِلَ ـَ جَهْلا
文明的，开化的	مُتَمَدِّن م مُتَمَدِّنَة
进步的，高级的	راقٍ (الرَّاقِي) م راقِيَة
非常愚昧，十分愚昧	جَهْلٌ مُطْبِقٌ
衣服，衣着；衬裤	لِباس
花费，耗资	كَلَّفَ مالًا
费用，经费	تَكالِيفُ
英国人	اِنْكِلِيزِيّ ج اِنْكِلِيز / إنْجِلِيزِيّ ج اِنْجِلِيز
目的，宗旨	غَرَض ج أَغْراض
恳求，祈求	تَوَسَّلَ تَوَسُّلا إليه كذا
接济，支援	أَمَدَّهُ إِمْدادًا بكذا
舟，船	مَرْكَب ج مَراكِبُ
远征，远征队；运动	حَمْلَة
干的	يابِس م يابِسَة
陆地	اليابِسَة
面，表面	سَطْح ج سُطُوح
漂浮的	عائِم م عائِمَة
跪拜	رَكَعَ ـَ رُكُوعًا
举礼，祷告	رَفَعَ صَلاةً
信奉，信仰	آمَنَ إِيمانا بِـ...
平安的	سالِم ج سالِمُونَ

جِزِيرَة ج جُزُر وجَزائِرُ	岛屿
هِنْدِيّ أَحْمَرُ ج هُنُودٌ حُمْرٌ	印第安人
تَنَقَّلَ تَنَقُّلًا	移动，走动
نَفِيس م نَفِيسَة	宝贵的，珍贵的
تِبْغ	烟草
أَدْهَشَهُ إِدْهاشًا الأمرُ	令人吃惊
ما لَبِثَ (لم يَلْبَثْ) أنْ فَعَلَ كذا	不久，很快就……
الرَّبّ	主，真主
ما لَبِثَ أَنْ لَقِيَ رَبَّهُ	不久便一命归天
لَمَّا يَفْعَلْ / لَمْ يَفْعَلْ بَعْدُ	尚未（做）
فَرْدِينانْد (اسم)	斐迪南（人名）
شَرِيف ج شُرَفَاءُ وأَشْراف	尊贵的，贵族，达官贵人
مَدْعُوّ ج مَدْعُوُّونَ	应邀者，来宾
حَسَدَ ـُ حَسَدًا فلانا على كذا فهو حاسِد ج حُسَّاد	忌妒，妒忌
عَزَّ ـِ عِزًّا عليه الأمرُ	难以，不忍
خِطاب ج خِطابات	信；演说
مَخاطِرُ	危险
أَسَرَّ إليه سِرًّا	偷偷讲，悄声说
اِسْتاءَ يَسْتاءُ اِسْتِياءً منه	不悦，生气
نَاوَلَهُ شيئًا	给，递给
تَحَدَّى تَحَدِّيًا فلانا فهو مُتَحَدٍّ	挑战

عَجِبَ ـَ عَجَبًا من كذا	觉得奇怪
أَفْلَحَ إِفْلاحًا	成功
طَرَقَ ـُ طَرْقًا الشيءَ	敲击
طَرْقَة	敲一下
اِنْكَسَرَ اِنْكِسَارًا الشيءُ	破，碎
سَفْرَة	一次旅行，趟，班次

من أمثال العرب والحكم

من لَمْ يُخاطِرْ لم يَجِدْ. （不入虎穴，焉得虎子。）

لا بُدَّ مِنْ صَنْعَا وإِنْ طالَ السَّفَرُ. （萨那再远也要去。）

الملاحظات

لم يَعُودُوا يَرَوْن غيرَ الماءِ والسَّماءِ!

句中 غير 与 إلّا 同义，不过 غير 是名词，إلّا 是虚词。这句可改写为：

لم يعودوا يرون إلّا الماءَ والسماءَ!

由两句的对比中，可以看出 غير 的格位与 إلّا 后面名词的格位相同。

阿拉伯语基础教程（第二版）（第四册） 306

القواعد

1. لَمّا 的用法：

（1）لَمّا 作为表示时间的条件名词，统领两个由过去式动词构成的句子，前者是后者的原因或条件，同时也可以作为一般的时间副词使用。这些内容在前面已经讲过，这里再补充几个例句：

لَمّا وصلت الحملةُ إلى إسبانيا جرى لها استقبالٌ عظيم.

لَمّا تبيّن للناس أنّ البحّار أمريكو على حقّ، أطلقوا اسمَه على الأرض المُكْتَشَفَة، فصارت تُدْعَى "أَمْرِيكا" (أَمِيرِكا).

（2）لَمّا 作为否定虚词加在现在式动词前使之变成切格，表示行为、动作到说话为止还没有发生，译作"尚未""还没有"。

لَمّا 与 لم 的区别在于 لَمّا 所否定的行为、动作多半临近目前，而且很有可能实现。与 لم يفعلْ 加 بعدُ 的含义相同。如：

التجربةُ لَمّا تَنْتَهِ (لم تَنْتَهِ بَعْدُ).

العنبُ لَمّا ينضَجْ (لم ينضَجْ بَعْدُ).

فَلْنُسْرِعْ، فالدكّانُ لَمّا يُغْلَقْ بابُه (لم يُغْلَقْ بابُه بَعْدُ).

جاءَتْني برقيَّة من أبي منذ يومين، قال فيها إنّه سيأتي بكين قريبا، غير أنّه لَمّا يصلْ (لم يصلْ بَعْدُ) حتّى الآن.

但在实际应用中，لم يفعلْ بعدُ 的形式较为常见。

307 第十四课

2. 人造词根 (المَصْدَرُ الصِّناعِيُّ)

人造词根与固有的动词词根不同,它是一种由一些名词(包括普通名词、专有名词、词根)在词尾上加 ـِيَّة 的词型结构,属抽象名词范畴。字面上与阴性的关系名词完全相同,但不能作形容词用。其含义大致有以下几种:

(1) 表示主义。如:

国际主义	أُمَم – أُمَمِيَّة
民族主义	قَوْم – قَوْمِيَّة
人道主义	إِنْسان – إِنْسانِيَّة
资本主义	رَأْسُ مالٍ – رَأْسَمالِيَّة
社会主义	اِشْتِراك – اِشْتِراكِيَّة
马克思主义	مارْكِس – مارْكِسِيَّة

(2) 表示 "⋯⋯性" "⋯⋯化"。如:

人民性、大众化	شَعْب – شَعْبِيَّة
纪律性、正规化	نِظام – نِظامِيَّة
先进性	تَقَدُّم – تَقَدُّمِيَّة
重要性	أَهَمُّ – أَهَمِّيَّة
优越性	أَفْضَل – أَفْضَلِيَّة

(3) 表示 "⋯⋯制"。如:

君主制	مَلِك – مَلَكِيَّة
兵役制	جُنْد – جُنْدِيَّة

| 所有制 | مِلْك – مِلْكِيَّة |
| 集中制 | مَرْكَز – مَرْكَزِيَّة |

（4）一些抽象名词也可以有人造词根的形式而赋予新的含义。如：

理论	نَظَر – نَظَرِيَّة
形势，情况	وَضْع – وَضْعِيَّة
质量	نَوْع – نَوْعِيَّة
士气	مَعْنًى – مَعْنَوِيَّة
预算	مِيزان – مِيزانِيَّة
协定	اتِّفاق – اتِّفاقِيَّة

（5）某些外来语也采用人造词根的形式。如：

民主	الدِّيمقْراطِيَّة
外交	الدِّبْلُومَاسِيَّة
专政	الدِّكْتاتورِيَّة
帝国主义	الإمْبِريالِيَّة
资产阶级	البُرْجُوازِيَّة
官僚主义	البِيرُوقْراطِيَّة

注意

词尾带 ة 的名词变人造词根时，要先把 ة 去掉再加 ـِيَّة，如：

| 唯物主义 | مادَّة – مادِّيَّة |
| 集体主义 | جَمَاعَة – جَمَاعِيَّة |

التمرينات

١. هاتِ مصدرًا صناعيًا من كلّ من الأسماء الآتية:

وَطَن	كَيْف	شَكْل	عَمَل	عُضْو	غالِب
جَمْع	أَقَلّ	أَكْثَر	شَخْص	إِصْلاح	مَسْئُول
بَشَر	إِنْتاج	بُطُولَة	تَعاوُن	جُمْهُور	إِمْبَراطُور

٢. أكملْ ما يلي من الجمل:

(١) قبل خمس مئة سنة تقريبا كانت أمريكا بلادا ______ لا يعرفها ______.

(٢) كان الشرق في ذلك الحين ______ راقيا، والغرب لا يزال في جَهْل ______.

(٣) رغب تجّار أوربّا في اكتشاف طريق ______ جديدة، إذ كانت الطرق التجاريّة ______ والسفر فيها ______ و ______ التكاليف.

(٤) أعطتْه الملكةُ ______ ثلاث ______ وتسعين ______ ومؤنا ______ لعدّة أشهر.

(٥) بعد أيّام غابت الأرض اليابسة عن ______ البحّارة، ولم يَعُودُوا يَرَوْن غيرَ ______ و ______!

(٦) رأوا ______ في الجوّ ______ و ______ خضراء عائمة على ______ الماء، فعلموا أنّ ______ صار قريبا.

(٧) نزل كولومبس ورجاله إلى الأرض التي ______، غير أنّهم لم

يعرفوا أنّهم ______ عالما جديدا، بل ظنّوا أنّهم ______ إلى الهند.

(٨) عادوا إلى إسبانيا يحملون إلى ______ و ______ الهدايا ______ من الذهب والخيرات ______ كالتبغ و ______ و ______ ممّا ______.

(٩) ولمّا ______ كولومبس إلى إسبانيا جرى له ______ جدّا.

(١٠) وبعد ذلك قام كولومبس بـ ______ رحلات أخرى إلى ______.

٣. اقرأ ما يلي من الفقرات، ثمّ حاول أن تُعيد مضمونَه بكلام من عندك:

كولومبس مكتشفُ أمريكا، وُلد في جنوه أحد مواني إيطاليا عام ١٤٥١، ثمّ انتقل إلى لشبونة حيث تزوّج بابنة فلّاح برتغاليّ. التقى فيها ببعض الملّاحين (البحّارة) الذين كانوا يعتقدون وجود جزر بأقصى الغرب، فتَأَثَّرَ بفكرتهم وصَمَّمَ على القيام برحلة بحريّة لاكتشاف تلك الجزر.

من المعروف أنّ كولومبس فشل في الحصول على مساعدة من ملك البرتغال، غير أنّه لم يَيْأَسْ (灰心)، بل قصد إلى إسبانيا حيثُ قضى سنوات يتوسّل إلى البلاط الإسبانيّ أن يقدّم العون إليه، وأخيرا استجابت الملكةُ إيزابيلا لطلبه وأتاحتْ له أن يحقّق أمنيّته، فأبحر كولومبس من إسبانيا على رأس ثلاث سفن إلى الغرب، ولاقى في رحلته مصاعب ومشقّات لا تُوصف، وأخيرا نجح في اكتشاف البرّ الجديد.

فلمّا عاد كولومبس من رحلته أُسْتُقْبِلَ في إسبانيا استقبالا حماسيّا. وبعد ذلك قام بثلاث رحلات أخرى.

٤. اقرأ ما يلي من الجمل، ثمّ كوّن جملة مفيدة بكلّ عبارة أو كلمة تتقدّم كلّ مجموعة منها فيما يلي:

لَـمَّا

(١) مضى أسبوعٌ كامل، والمسافرون لـمّا يَعُودُوا إلى البلاد.

(٢) التجربة لا تزال مستمرّة، والنتيجة لـمّا تظهَرْ.

(٣) مات كولومبس، والناس لـمّا يزالوا يجهلون أنّه اكتشف قارّة جديدة.

نَوَى نِيَّةَ الأمرَ

(١) قال الزميل أحمد إنّه ينوي أن يقوم برحلة إلى الشمال صيفا.

(٢) كان في نيّته أن يلتحق بكلّيّة علم الأحياء، غير أنّه عَدَلَ عنها (غَيَّرَها) قبل الامتحان بعدَّة أسابيع.

(٣) هذا مُجَرَّدُ سُوءِ تفاهُم، فلم يكُنْ في نيّتي أن أجرَحَ شعورك بهذا الكلام.

تطلّع إلى ...

(١) كان في لشبونة عددٌ من البحّارة الذين يتطلّعون إلى السفر إلى ما وراء البحار رغبة في اكتشاف برّ جديد.

(٢) كان الناس يتطلّعون إلى النزول على سطح القمر، أمّا الآن فقد تحوّلت هذه الأمنيّة إلى حقيقة.

(٣) لن يكون بناءُ وطننا دولةً حديثة قويّة من التطلُّعات البعيدة الآن، بل هو سيتمّ على أيدينا نحن.

تَوَقَّعَه ؛ من المُتَوَقَّع

(١) عظيم، هذه النتيجة فوق ما نتوقّعه!

(٢) إنّه رجل بعيد النظر، فقد توقَّعَ ما لم نتوقّعه نحن.

(٣) من المتوقّع أنَّ اقتصاد الصين سوف يشهد زيادة جديدة في عدّة سنوات قادمة.

(٤) من المتوقّع أنّ الوفد سيعود إلى بكين بعد أسبوع أو أكثر.

لا مثيلَ له ؛ لم يَسْبِقْ له مثيلٌ

(١) إنّنا نخوض الآن قضيّة عظيمة لم يسبق لها مثيلٌ في تاريخ البلاد.

(٢) قدّم هؤلاء العلماءُ إساهاتٍ جليلةً (عظيمة) لا مثيلَ لها في تطوير العلم والتكنولوجيا.

(٣) حقّقتْ مقاطعتُنا هذا العام حِصادا وافرا لم يسبقْ له مثيلٌ في تاريخ المنطقة.

جَهِلَ الشيءَ

(١) من يجهَلْ عاداتِ شعبٍ وتقاليدهُ يصعُبْ عليه أن يُتْقِنَ لغتَه ويتفاهَمَ مع أفراده.

(٢) اكتشف كولومبس برّا جديدا، ولكنّه ظلّ يجهل ذلك.

(٣) إنّ الحضارة المصريّة من أَقْدَمِ الحضارات في العالم، هذه حقيقة لا يجهلها أحد.

توسّل إليه كذا

(١) وقبل تلك الرحلة قضى كولومبس زمنا طويلا يتوسّل إلى ملوك أوربّا أن يُمِدّوه بما كان يحتاجه من السفن والرجال والمؤن.

(٢) وقبل الرحلة أقاموا الصلاة مُتوسّلين إلى الله أنْ يحفظَهم.

(٣) ومَهْما كانت ظروفي، فلن أتوسّل إلى غيري أن يَمُدَّ إليّ يدَ العون.

أَمَدَّه بكذا

(١) إنّ الخضروات تُمدّنا بما يلزَم في نموّ أجسامنا من الفيتامينات المختلفة.

(٢) أصبحت لدينا الآن عدّةُ حقول بترول تمدّ البلاد سنويًا بمقدار هائل من النفط.

(٣) إنّ العلوم تمدّنا بقوّة لا تنفَدُ وبسلاح قويّ لغَزْوِ الطبيعة.

لم يَعُدْ يفعل

(١) غابت اليابسة عن عيون البحّارة، ولم يعودوا يرون غيرَ الماء والسماء!

(٢) لقد نهض الشعب الصينيّ على قَدَمَيْهِ، ولم يَعُدْ يُعاني ما كان يُعانيه في الماضي.

(٣) إنّه كَذوب، فلم أعُدْ أصدّق كلامه.

لاقى

(١) قام كولومبس بأربع رحلات اِسْتِكْشافِيَّة، وقد لاقى فيها ما لا يُتَصَوَّرُ من المصاعب والمشقّات.

(٢) لمّا عاد كولومبس من رحلته الأولى، لاقى في إسبانيا كلَّ تكريم وتقدير.

(٣) ... وكَمْ لاقى عيسى في هذه المغامرات الليليّة من شدّة البرد وقَسْوَةِ الأمواج!

ما لَبِثَ / لَمْ يَلْبَثْ

(١) ما لبث الخبرُ أَنِ انْتَشَرَ بين أهالي القرية.

(٢) تحرّك القطارُ وما لبث أن غاب عن الأنظار.

(٣) ذهب الطفل إلى الفراش، وما لبث أن استغرق في النوم.

تَبَيَّنَ الشيءُ أو الشيءَ

(١) متى تبيّن لي أنّك على حقّ، فإنّي أفعَل كما قلتَ.

(٢) يأبى الطبيب أن يصف الدواء للمريض قبل أن يتبيّن أسبابَ مرضه.

(٣) ولكَيْ يتبيّن العالَمُ حقيقةَ هذه القضيّة، فنحن على استعداد لإعلان ما يتعلّق بها من المعلومات في الوقت المناسب.

عَزَّ عليه كذا

(١) يَعِزُّ علينا أن نجد مثلَ هذه الثمار في هذه الأيّام، لأنّها لا تنضج عادةً إلّا بعد نصف شهر.

(٢) يعزّ على كلّ إنسان أن يُفارق أهله.

(٣) الرادِيُومُ (镭) مادَّة يعزّ علينا الحصول عليها.

تَحَدَّى

(١) إنّ الشباب في هذا العصر يجرؤون أن يتحدّوا أيّة صعوبة كانت.

(٢) تناول كولومبس بيضة مطبوخة وناولها أحدَ حُسّاده طالبا إليه في تحدٍّ أن يُوقفها على رأسها.

٥. حوّل ما يلي من الجمل إلى جمل مُستعينًا بأسلوب "لَمْ يَعُدْ...":

المثال: ليس السفر شاقًّا مُتعبا الآن، فقد ظهرتْ وسائل النقل الحديثة.

← لم يعد السفرُ شاقّا متعبا بعد أنْ ظهرت وسائل النقل الحديثة.

(١) كيف أصدّق هذا الرجل، وقد كذب عليّ مرارا.

(٢) ليست لي علاقةٌ بهذا الرجل الآن، وقد قطعتُ كلّ الاتّصالات به.

(٣) كان الصعود إلى القمر حلما من الأحلام قبل اختراع الصواريخ

والسفن الفضائيّة.

(٤) ينبغي لك أن تنتبه إلى مثل هذه الأمور فلستَ الآن صغيرًا يا بنيّ.

(٥) لا أدخّن الآن، إنّ التدخين يضرّ الصحّة.

(٦) كانت ذكيّة خائفة من الماء، أمّا الآن فقد أصبحتْ سبّاحة ماهرة.

(٧) كانت الطاقة الذرّيّة شيئا مجهولا عند الناس حتّى أوائل القرن العشرين، أمّا الآن فقد أصبحنا نستخدمها في توليد الكهرباء وفي أغراض أخرى.

(٨) لن يستطيع شريف أن يلعب بكرة القدم فيما بعد، وقدِ أصابه كَسْرٌ في ساقِه (小腿).

٦. أَعِدْ صياغة ما يلي من الجمل مُستعينا بأسلوب "ما لبث أَنْ ..." أو "لم يلبثْ أَنْ ...":

(١) كثيرا ما نمرّ على مثل أو حكمة بسيطة التعبير، لكن لا نستطيع أن نستوعب ما فيه أو فيها معنى كبير أوّل ما نظرنا إليه.

(٢) كان صديقي متعَبا للغاية، فما وضع رأسَه على المخدّة حتّى استغرق في النوم.

(٣) فتحتُ الراديو، وسرعان ما اهتديتُ إلى المحطَّة التي أريد.

(٤) ما إنْ تَلَقَّيْتُ رسالتَك حتّى كتبتُ هذا الجواب إليك.

(٥) انتهى الامتحانُ النهائيّ، وسرعان ما ظهرتْ نتائجُه في مختلف الموادّ.

(٦) نظر المسؤولون في المقتَرَحَات التي قدّمناها حول تحسين الأعمال فوافقوا عليها بسرعة.

(٧) ما إنْ نزل كولومبس وبحّارته إلى الأرض الجديدة حتّى ركَعوا ورفعوا صلاة الشكر لله.

(٨) كانت المسألة صعبة، غير أنّ الجماعة سرعان ما وجدوا حلًّا لها بنجاح.

٧. اشرَحْ ما يلي من الجمل بلغتك الخاصّة:

(١) هذه المؤن لا يكفينا غير شهر واحد.

(٢) لا داعِيَ (لا ضَرُورَة) للتوسّل إليهم، دَعْنا نفكّرْ في طريقة أخرى.

(٣) لا بدَّ للإنسان أن يلخّص تجاربه باستمرار ليكتشف ويُبدع ويتقدّم دائما.

(٤) لم تَعُدِ الصين دولة فقيرة في البترول نظرا لاكتشاف كميّات هائلة من احتياطيّه بعض المناطق فيها.

(٥) هذا المشروع كثيرُ التكاليف، فيعزّ علينا تنفيذه في الوقت الحاليّ.

(٦) إنّ الذين توصّلوا إلى اكتشافات هامّة يستحقّون التقدير والمكافأة.

(٧) لمّا عاد الأبطال مُنتصرين جرى لهم استقبال عظيم.

(٨) قبل عشرات السنين كان هذا البلد قريةً مجهولة يُقيم فيها عددٌ قليل من الصيّادين، أمّا الآن فقد أصبح ميناءً معروفا.

(٩) مضتْ بضعَ عشرةَ ساعةً، والمريضُ لم يُفِقْ بعدُ.

(١٠) ظلّ المودّعون يلوّحون بأيديهم نحو الباخرة التي أخذتْ تبتعد عنهم حتّى غابَتْ عن عُيونهم.

٨. أجِبْ عمّا يلي من الأسئلة:

(١) كيف كان الشرق قبل خمسة قرون؟

(٢) كيف كان الغرب في ذلك الحين؟

(٣) لماذا كان الغرب يرغب في تبادُلِ التجارة مع الشرق؟

(٤) لماذا كان التجّار الأوربّيون يحاولون أن يبحثوا عن طريق بحريَّة جديدة؟

(٥) مَنِ الشخصُ العظيم الذي اكتشف البرّ الجديد؟

(٦) ومَنْ ساعد كولومبس بالمؤن وغيرها من لوازم السفر؟

(٧) متى أبحرت حملةُ كولومبس من إسبانيا نحو الغرب؟

(٨) ما العلامات التي تدلّ على أنّهم قد اقتربوا من البرّ؟

(٩) متى وصل كولومبس وبحّارته إلى البرّ الجديد؟ وماذا فعلوا أوّل ما نزلوا إليه؟

(١٠) لماذا سَمَّوْا الجزر التي وصلوا إليها "جزر الهند الغربيّة"؟

(١١) ما المدَّة التي قضاها جماعةُ كولومبس في الأرض الجديدة؟

(١٢) ماذا حملوا معهم عند عودتهم إلى إسبانيا؟

(١٣) كيف أصبحت مكانةُ كولومبس بعد عودته من الأرض الجديدة؟

(١٤) من الذي كشف أنّ الأرض التي وصل إليها كولومبس ليست الهند، بل أنّها قارّة جديدة؟

٩. أسنِدْ ما يلي من الأفعال إلى ضمائر الرفع المتّصلة:

نَوَى يَنْوِي، أَمَدَّ يُمِدُّ، تَطَلَّعَ يَتَطَلَّعُ، اِنْزَعَجَ يَنْزَعِجُ، تَحَدَّى يَتَحَدَّى

المطالعة

الذهب يكتشف قارّات جديدة

من المرجَّح أن الذهب هو أوّل معدن عرفه الإنسان، والسبب في ذلك يعود إلى وجوده في الطبيعة غيرَ مختلط بغيره من المعادن والصخور، ولا شكّ أيضا أنّ لونه الأصفر البرّاق قد ساعد على جَذْبِ انْتِباهِ الإنسان وإلى اكتشافه.

ويُرَجَّحُ أنّ اكتشاف الذهب قد حدث قبل أكثرَ من ستّة آلاف سنة، ولدَيْنا من الوثائق التاريخيّة ما يُؤَكّد أنّ الآشُورِيِّين والفَراعِنَة قد عرفوا هذا المعدن الثمين واستعملوه في صُنْع الحليّ. وكان الرُومان والإغْرِيق ينظّمون غاراتٍ مستمرّة لنَهْبِه وسَلْبِه من الأقوام التي تمتلك كمّيّات منه.

وفي العصور الوُسْطَى انتشرت موجةٌ في العالم لاستخراجه كيماويّا، وذلك بِخَلْطِ مجموعة من المعادن، ولكنّ هذه المحاولات انتهتْ بالفشل. وفي نفس الوقت كان المكتشفون الأسبان يجُوبون بحار الدنيا بحثا عن الذهب، وهذا البحث ساعد على اكتشاف أراضٍ جديدة كانت مجهولةً من قبلُ.

(عن ((المزمار)) العراقيّ)

لقاء على ظهر الباخرة

هل فكّرتَ يوما أن تصبح بحّارا؟ حسنا، لنستمع إلى مهندس بحّار يتحدّث إلينا عن تجربته في البحر.

التقينا به على ظهر باخرة، كان ذلك اليوم جميلا، ومياه شطّ العرب هادئة، وأشعّة الشمس تَتَلَوّى وتَنْسابُ في المياه، والباخرة راسِيَة بهَيْكَلِها

الكبير قربَ رصيف الميناء لترفيغ حمولتها.

جلسنا في غرفة المهندس، واستمعنا إليه وهو يقول:

كانت رغبتي شديدة في دراسة الهَنْدَسَة البحريّة في جامعة البصرة، وبعد تخرُّجِي فضّلتُ العملَ على ظهر الباخرة، لأنّني أحبّ البحر، البحر علّمني أشياء كنتُ أجهَلها، لقد علّمني الإصرار والصبر والشجاعة. والعمل على ظهر الباخرة لا يعرف الوقتَ وإنّما حسبَ متطلّبات، فالرحلةُ الواحدة تستغرق أربعة أشهر أو أقلّ، ونحن معها كأنّها أمّنا، وكأنَّنِي أنا وإخواني البحّارة أسرةٌ واحدة تسُودُها المحبّة والحترامُ.

ثمّ مدّ نظره من خلال النافذة الصغيرة إلى شطّ العرب فقال:

ما أجملَ المياهَ!

ثمّ ابتسم، واستمرّ يقول:

إنّني في أوقات الفراغ أجلس على ظهر الباخرة، إذا كان الجوّ هادئا، أستمتع برُؤية البحر وبمناظره الجميلة التي تخلُب الألباب، وكثيرا ما ألتقط الصور بكاميرتي، وأنا سعيد جدّا. لقد علّمني البحر كثيرا، فأَكْسَبَنِي علمًا وتجربةً واسعَيْنِ.

كان الحديثُ عن البحر ورحلات البواخر فيه ممتعا، ثمّ خرجنا من الغرفة، وتجوّلنا على ظهر الباخرة، فهي شبيهة بمدينة عائمة. التقينا ببَحَّار كان منهمكا في عمله، فلمّا رآنا رحّب بنا وتبادَلَ الحديثَ معنا مبتسمًا:

– كلُّ شيء في الباخرة جميل، وخُصُوصا رحلاتِها عَبْرَ البحار.

– ولكنْ كيف تقضي أوقاتَ فراغك على ظهر الباخرة؟

– في المطالعة والرياضة. وهناك وسائل ترفيهيّة، كالسينما والتلفزيون،

وألعاب رياضيّة ككرة الطاولة والسباحة.

وأخيرا شكرنا المهندس البحّار على هذا اللقاء، ونزلنا من سلّم الباخرة بعد أن ودّعنا جميعَ البحّارة الذين تعلّموا من البحر دروسًا كثيرة كثيرة.

(عن ((المزمار)) العراقيّ بتصرّف)

المفرادات

很可能，十之八九	يُرَجَّحُ أَنْ ... / مِنَ الْمُرَجَّحِ أَنْ ...
闪光的，耀眼的	بَرَّاق م بَرَّاقَة
吸引，诱惑	جَذَبَهُ ـِ جَذْبًا
文件，文献	وَثِيقَة جـ وَثائِقُ
亚述人	آشُورِيّ جـ آشُورِيُّون
古希腊人	إغْرِيقِيّ جـ إغْرِيق
侵袭，袭击	غارَة جـ غارَات
抢劫，掠夺	نَهَبَ ـَ نَهْبًا الشيءَ
掠夺，抢夺	سَلَبَ ـُ سَلْبًا الشيءَ
掌握，占有	امْتَلَكَ امْتِلاكًا الشيءَ
中世纪	العُصُور الوُسْطَى
周游，游历	جابَ ـُ جَوْبًا البلادَ
阿拉伯河（指底格里斯河和幼发拉底河会合入海处）	شَطُّ العربِ
变成弯曲的	تَلَوَّى يَتَلَوَّى تَلَوِّيًا الشيءُ
流动，漫流	إنْسابَ يَنْسابُ الماءُ أو غيرُه

راسٍ (الراسِي) م راسِيَة	停泊的，抛锚的
هَيْكَل جـ هَياكِلُ	船身；骨架
رَصِيف جـ أَرْصِفَة	站台，码头
فَرَّغَ تَفْرِيغًا الشِّحْنَةَ	卸货
حُمُولَة	吨位，载重量
الهَنْدَسَة	工程；几何
إِصْرار	顽强，倔强
مُتَطَلَّبات	要求，需求
لُبّ جـ أَلْباب	心，心灵
خَلَبَ ـُ خَلْبًا لُبَّه	迷人，令人陶醉
التقط الصُّوَرَ	拍照，摄影
كامِيرا / كامِيرَة / آلَةُ التَّصْوِيرِ	照相机
تَرْفِيهِيّ م تَرْفِيهِيَّة	娱乐的

الواجبات

١. ضَع فِي كلّ مكان خال موصوفا مناسبا لما بعده:

راقٍ م راقِيَة ________ ________ ________ ________

بائِس م بائِسَة ________ ________ ________ ________

نَفِيس م نَفِيسَة ________ ________ ________ ________

شَرِيف م شَرِيفَة ________ ________ ________ ________

مُتَمَدِّن م مُتَمَدِّنَة ________ ________ ________ ________

٢. ترجم ما يلي من العبارات إلى الصينيّة:

أصل يهوديّ   جهل مطبق   كثير التكاليف

هنود حمر   مدينة عائمة   العصور الوسطي

كبار النبلاء   الأرض اليابسة   رحلة اتسكشاف

٣. ترجِمْ ما يلي من الجمل إلى العربيّة:

（1）人类在进入文明社会之前，曾经走过漫长的历程。

（2）东西方在文明的发展进程中曾经存在过巨大的差距。

（3）当光明照耀东方大地时，西方依然沉浸在一片黑暗之中。

（4）当时人们还不知道在大西洋的西边存在着大片陆地。

（5）1492 年哥伦布进行了一次史无前例的伟大航行。

（6）途中他们排除了种种艰险，克服了许多难以想象的困难。

（7）他们的艰苦航行持续了 71 天，终于达到了一片无名的陆地。

（8）哥伦布和他助手们的这次航行取得了意想不到的伟大成就。

（9）从此以后新大陆就不再是什么秘密了。

（10）这一伟大发现使哥伦布这位勇敢的航海家获得了名垂青史的巨大荣誉。

٤. كوّنْ جملة مفيدة بكلّ ممّا يلي:

نَوَى، تَطَلَّعَ، تَوَقَّعَ، اِكْتَشَفَ، جَهِلَ، أَمَدَّ، تَوَسَّلَ، ما لَبِثَ/ لم يَلْبَثْ، لم بَعُدْ يَفْعَلُ، لَمَّا يَفْعَلْ

٥. اكتُبْ موضوعًا إنشائيًا تحت عنوان 《رجل خالد》.

٦. استمِعْ إلى التسجيل ثمّ حاول أن تُعيد مضمونَه بالعربيّة.

استمع وضع الحركات

كولومبس والبيضة

بعد أن عاد كولومبس من رحلته الأولى إلى إسبانيا، احتفل الناس بنجاحه العظيم، وقد أقام الملك فرديناند وزوجته الملكة إيزابيلا حفلة عشاء على شرف كولومبس، دعي إليها جميع النبلاء والأشراف وزوجاتهم، وكان بين المدعوّين من يحسدون كولومبس، لا سيّما وهو من أصل إيطاليّ، فعزّ على هؤلاء الحسّاد أن يروا كولومبس يتمتّع بهذا الشرف. ثمّ أقام له أحد النبلاء حفلة عشاء بدأها بخطاب طويل عن المتاعب والمخاطر التي لاقاها كولومبس وعن اكتشافه العظيم، فأزعج ذلك حسّاده أيضا، فأسرّ أحد هؤلاء إلى جاره قائلا: "يستطيع كلّ من يملك سفنا حديثة كسفن كولومبس وتصادفه رياح كالّتي صادفت كولومبس أن يقوم بعمله." سمع كولومبس هذا القول واستاء منه كثيرا، فتناول بيضة مطبوخة من على المائدة، وناولها للقائل طالبا إليه في تحدّ أن يوقفها على رأسها. فعجب الرجل من هذا الطلب، وتناول البيضة وحاول ذلك، فلم يستطع. ثمّ أخذها آخرون وحاولوا المحاولة نفسها، فلم يفلحوا. وعندئذ أخذها كولومبس وطرقها طرقة خفيفة على المنضدة فانكسر رأسها فوقفت، فضحك الجميع وقالوا: "هل في هذا فنّ؟ وكلّ إنسان يستطيع أن يوقفها بهذه الصورة." فأجابهم كولومبس:"هذا شبيه برحلتي، فبعد أن يعرف الإنسان كيف فعلت ذلك يستطيع أن يقوم به."

第十五课 الدرس الخامس عشر

课文：	رحلة ماركو بولو
语法：标点符号（علامات الترقيم）	

النصّ

رحلة ماركو بولو[①]

لو أسعدك الحظّ بزيارة مدينة البندقيّة في إيطاليا، وركبتَ الجُنْدُول لتطوف به في قنواتها التي تخترق المدينة بدلَ الشوارع، فإنّك تمرّ بقناة صغيرة هادئة أمام باب قديم، عُلِّقَتْ عليه لافتةٌ مكتوبٌ عليها «منزلُ ماركو بولو».

فمَنْ هذا الرجل الذي يُخلّدون اسمَه على بيته الذي وُلد فيه؟ إنّه أَعْظَمُ رحّالة عرفه التاريخ، إذ كان أوّلَ رجل أبيض وصل إلى المحيط الهادي، وكان أوّلَ مَنْ كتب في وَصْفِ القارّة الآسيويّة.

وكانت البندقيّة في أيّامه أَكْبَرَ مركز تجاريّ بحريّ في القارّة الأوربّيّة، ولذلك كان معظمُ أهلها يشتغلون بالتجارة. وقد ظهر من بَيْنِ تجّار البندقيّة أَخَوان مُغامران يحبّان الأسفار، وهما من أسرة تُعرف باسم "بُولُو" أحدُهما والدُ ماركو، والآخر عمُّه. ولِمَا كان الأَخَوان يُحبّان السفر والمغامرة، فقد غادرا البندقيّة إلى

① 马可·波罗，中世纪意大利著名旅行家。

البلاد الآسيويّة، وبينما كانا يطوفان في جنوبيّ روسيا اندلعتْ نيران حرب أهليّة قطعتْ عليهما الطريق، ومنعتهما من العودة، فأخذا يسيران شرقا على غير هُدى، وظلّا في أثناء رحلتهما يُخالطان الأهالي، ويشتريان منهم ويبيعان لهم، فتعلّما لغاتِهم ولهجاتِهم، حتّى بلغا مدينة بُخارَى في أواسط آسيا، وهي تبعُد عن وطنهما البندقيّة بحوالي ثلاثة آلاف ميل.

وأقاما في بخاري ثلاث سنوات يشتغلان هناك بالتجارة. فسمع عنهما إمبراطورُ الْمُغُول قُوبْلَايْ① خَانْ②، فاسْتَدْعاهما إلى عاصمة مُلْكِه بكين في الصين، فرحّبا بالدعوة لكي يزورا قوبلاي خان في إمْبُراطُورِيَّتِهِ التي كانت تمتدّ من أقصى الشمال إلى المحيط الهنديّ، ومن شواطئ المحيط الهادي إلى حدود أوربّا الوسطى. وهناك في إمبراطوريّة المغول أقاما مدّة تسع سنوات، ثمّ عاودهما الحنينُ إلى الوطن، وقرّرا العودة إلى البندقيّة.

أقام الأخوان مدّة في وطنهما البندقيّة، ثمّ عاودتهما الرغبةُ في المخاطرة والسفر، فقرّرا العودة إلى بكين وأخذا معهما الشابَّ الْجَرِيءَ ماركو، وكان في السابعة عشرةَ من عمره.

وقد ورث ماركو بولو حُبَّ المغامرة عن أبيه، ففرح عندما وافق أبوه على أن يَصْحَبَه في تلك الرحلة، وعزم على أن يكتب وصفا شائقا لكلّ ما يراه. ولْنَدَعْه الآن يصف لنا رحلتَه:

بدأنا الرحلة في فصل الربيع، فأبحرنا من البندقيّة إلى الشام، ومن هناك واصلنا

---

① 指元世祖忽必烈。

② 古代突厥、蒙古等族最高统治者的称号。

السفر بطريق القوافل حتّى وصلنا إلى مدينة بغداد بالعراق، ثمّ ركبنا قاربا صغيرا حتّى وصلنا به إلى ميناء هرمز على الخليج الفارسيّ، فوجدنا فيها تجارة واسعة، إذ يصل إليها تجّار الهند، ومعهم مراكب تَنُوءُ بِحِمْلِها من الأحجار الكريمة والذهب وسنّ الفيل والتوابل والثياب الحريريّة وغير ذلك من البضائع القيّمة، فيشتريها منهم التجّار المقيمون في هرمز، ثمّ يصدّرونها إلى بقيّة بلاد العالم.

وكَمْ كان بِوُدّي لو أَكْمَلْنَا الرحلة بطريق البحر، ولكنْ حال بيننا وبين تلك الأمنيّة عدمُ وجود سفن صالحة للسفر البعيد، لذلك رأينا أن نسير في إحدى القوافل على ظهور الجمال، فاخترقنا بلاد فارس، ووصلنا إلى بلاد الأفغان، حيثُ أقمنا هناك زمنا قليلا، ثمّ انْضَمَمْنَا إلى قافلة أخرى سَارَتْ بنا شرقا.

وقد قَاسَيْنَا كثيرا من غضب الطبيعة وثورة العواصف وانْهِمار الأمطار، وخاصّة عندما صعدنا جبالَ البامير الشاهقة إلى علوٍّ لا تَبْلُغُه الطيورُ. وهناك رأينا أغناما يبلُغ طولُ قُرونِها نحو ستّ أَذْرُعٍ، ولم نصادفْ في أثناء ذلك سكّانا ولا طيورًا تستطيع أن تعيش في ذلك البرد القارس.

ثمّ هبَطنا إلى صحراء جوبي الواسعة الأرجاء، حيثُ لا زرعٌ ولا ماءٌ، اللّهُمَّ إلّا المياهَ المِلْحَة، وهناك كان السَّرابُ يتراقص أمام الأعين، ومن حولنا عظامُ البشر والحيوان متناثرة هنا وهناك، وكنّا نسير دائما بعضُنا بجانب بعض، حتّى لا يضلّ أحَدٌ منّا سبيلَه. وكان بعضُ أفراد القافلة يعلّق أجراسا في رِقاب دَوابّهم حتّى إذا ضلّتْ سَهُلَ الاهتداءُ إليها.

وذات يوم كنّا سائرين وقد بلغ التعبُ والإجهادُ منّا كلّ مَبْلَغٍ، فقابلتْنا نجدةٌ أرسلها الإمبراطورُ قوبلاي خان لِتُعِينَنَا على أعباء السفر، ففرِحنا بهم

وفرحوا بنا، وواصلنا السير راضِينَ مستبشرين حتّى بلغنا مصيفَ الإمبراطور غرب بكين، بعد سفرٍ دام نحوَ أربع سنوات، وهناك استقبلنا أَحْسَنَ استقبال، ورحّب بنا كلّ الترحيب.

شاهدتُ الإمبراطور فوجدتُه رجلا ظريفا صغير الجسم، له عينان سَوْداوان وأنفٌ جميل يتوسّط وجهًا كبيرًا يَحْمَرُّ لأقَلِّ سَبَبٍ.

وكما سُرِرْتُ بلقائه سُرَّ بلقائي، وأَحَبَّنِي حُبًّا جَعَلَهُ يأخذني معه للصيد على ظهور الفيلة، ويَصْحَبُنِي معه في كلّ رحلاته، وعَيَّنَنِي حاكما على مدينة يانجسو① العظيمة المملوءة بالخيرات، فأَقَمْتُ فيها ثلاث سنوات، ثم أرسلني في مهمّة إلى بُورْما وإلى غربيّ الصين وحُدُود التبت وجنوبيّ الهند، فتعلّمت من أسفاري أربع لغات كنتُ أتكلّم بها كفَرْدٍ من أهلها.

ولمّا عدتُ إلى بكين، قَدَّمْتُ للإمبراطور وصفًا شائقا لما شاهدتُ في أسفاري، فكان يطرب لها، ويَمْدَحُ بَيانِي وبَلاغَتِي.

ثمّ أخذتُ أدرس الحياة حولي، فأرى عَجَبا، رأيتُ طريقة البريد في الصين، حيثُ كانت بكين مركزَ إرسال الرسائل، ومن هناك كانتْ تَتَشَعَّبُ طُرُقٌ.

وعلى طُول الطريق أُقيمتْ محطّات للبريد، وفي كلّ محطّة مئاتُ الخيول مُعَدَّةٌ للخدمة، فإذا أقبل البريدُ برسائله إلى أيّ محطّة، بُدِّلَتِ الخيلُ المتعَبَةُ، وحملت البريدَ خيولٌ أخرى نشيطة مستريحة حتّى تصل به إلى المحطّة الثانية.

وكان لمدن الصين شوارع فسيحة، تَحُفُّ بِجَانِبَيْها الأشجارُ، وبها

① 扬州，原文如此拼写，但是按照汉语发音通常拼作 يانغتشو。

بَالُوعَاتُ، والعرباتُ الكثيرة تَرُوحُ فيها وتجيء، والشرطةُ يطوفون بها ليلا، وكان أهل الصين يَتَداوَلون عملةً من الورق، وقد بَنَوْا فوق أنهارهم الكبيرة جُسورا عالية، تمرّ من تحتها الزوارقُ ذاتُ الأشْرِعَةِ.

ولبثتُ في خدمة قوبلاي سبعةَ عشرَ عامًا، كان والدي وعمّي قد جَمَعا فيها ثروةً كبيرة، ثمّ عاودنا الحنينُ إلى الوطن واسْتِنْشاق نسيم الأدْرياتِيك ورُكُوب الجُنْدُول في قَنَوات البندقيّة وسَماع لغتنا الإيطاليّة.

وكنّا كُلَّمَا اسْتَأْذَنَّا الإمبراطورَ في العودة اِسْتَبْقانا وضاعف من إكرامنا، حتّى سنحتْ لنا فرصة طيّبة، فإنّ أحد أقارب الإمبراطور كان حاكِمًا على بلاد فارس، ماتتْ زوجتُه من زمن قصير، وكانت قد أبدتْ رغبتَها قبل وفاتها في أن يتزوّج قرينُها إحدى قريباتها في بلاط الإمبراطور، فبعث الحاكمُ إلى قوبلاي وفدًا يرجوه في تحقيق وصيّة زوجته.

وكان من حُسْنِ حظّنا أن طلب ذلك الوفدُ في أثناء عودته بالأميرة العروس أن نَصْحَبَه في رحلته لنُرشِدَهُ لِأَسْلَمِ الطرق، حِرْصًا على سلامة العروس، فقبل الإمبراطور بعد إلحاح شديد.

وركبنا جميعا ثلاثَ عشرةَ سفينةً مُتَّخذين طريقَنا إلى البحر، فَاجْتَزْنا مضيق ملقا وطُفْنا بالساحل الجنوبيّ للهند وجزيرة سيلان ووصلنا إلى هرمز في فارس.

ثمّ سافرنا برّا إلى البحر الأسود حيثُ وجدنا سفينةً أَقَلَّتْنا إلى وطننا العزيز.

وفي يوم كان شديدَ البرد من شتاء عام ١٢٩٥، أَيْ بعد ثلاث سنوات من بَدْءِ الرحلة، وصلنا إلى البندقيّة مسقط رأسنا.

(من القراءة الإعداديّة المصريّة بتصرّف)

المفردات

حَظّ	运气
حُسْنُ الْحَظِّ	好运气
جُنْدُول ج جَنادِلُ	威尼斯游艇
طَافَ ـُ طَوَافًا فِي الْبِلَادِ	周游，漫游
لَافِتَة ج لافِتَات	招牌，牌子；标语
آسِيَوِيّ م آسِيَوِيَّة	亚洲的，亚洲人
غَامَرَ مُغامَرَةً	冒险
مُغامِر ج مُغامِرُونَ	冒险者，冒险家
اِنْدَلَعَتِ النارُ	吐出火舌
أَهْلِيّ م أَهْلِيَّة	本地的，国内的
على غَيْرِ هُدًى	盲目地，漫无目的地
خالَطَ مُخالَطَةً القومَ	交往
مُلْك	王权，统治权
إمبراطوريّة	帝国
أَوْسَطُ م وُسْطَى	中部的，中间的
عَاوَدَهُ مُعاوَدَةً الحنينُ	又怀念
صَحِبَ ـَ صُحْبَةً فلانًا	陪伴，伴随，带着某人
قافِلَة ج قَوافِلُ	驼队，商队
نَاءَ يَنُوءُ بالحِمْلِ	驮重物
أَحْجارٌ كَرِيمَةٌ	宝石

作料，调味香料	تَوابِلُ
完成	أَكْمَلَ إِكْمالًا الأمرَ
骆驼	جَمَل ج جِمَال
阿富汗人	أَفْغانِيّ ج أَفْغان
遭受	قَاسَى مُقَاساةً الشيءَ
暴风，飓风	عَاصِفَة ج عَواصِفُ
倾注	اِنْهَمَرَ اِنْهمارًا الماءُ
羊	غَنَم ج أَغْنام
小臂；腕尺（长度名）	ذِراع ج أَذْرُع
严寒的	قَارِس م قَارِسَة
真主啊！天哪！	اللَّهُمَّ
除……而外	اللَّهُمَّ إِلَّا ...
广阔无垠的	واسِعَةُ الْأَرْجاءِ
咸的	مِلْح م مِلْحَة
蜃景	سَراب
舞动，飞舞，飘落	تَراقَصَ تَراقُصًا الشيءُ
闪动，忽隐忽现	تَراقَصَ السَّرابُ
散落的	مُتَناثِر م مُتَناثِرَة
迷路	ضَلَّ ـَ ضَلالًا وَضَلالَةً الطريقَ
道路	سَبِيل ج سُبُل
脖颈	رَقَبَة ج رَقَبَات ورِقاب

牲畜	دَابَّة جـ دَوابُّ
奋力，劳苦	إِجْهَاد
援助，援兵	نَجْدَة
帮助，援助	أَعَانَهُ إِعانَةً على كذا
欣喜的，高兴的	مُسْتَبْشِر جـ مُسْتَبْشِرُونَ
持续	دَامَ ـُ دَوْمًا دَوامًا الأمرُ
居中间	تَوَسَّطَ تَوَسُّطًا المكانَ أو الناسَ
变红	اِحْمَرَّ اِحْمِرارًا الشيءُ
任命，委派，指定	عَيَّنَه تَعْيِينًا حاكمًا
统治者，长官，总督	حاكِم جـ حُكَّام
充满……的	مَمْلُوء م مَمْلُوءَة بـ ...
兴奋，高兴	طَرِبَ ـَ طَرَبًا
口齿清楚；修辞	بَيان
能言善辩；修辞	بَلَاغَة
分叉（岔，杈）	تَشَعَّبَ تَشَعُّبًا النهرُ أو غيرُه
准备好的	مُعَدّ م مُعَدَّة
邮递，邮政；驿夫	البَرِيدُ
古时驿站	مَحَطَّة البَرِيدِ
替换，更换	بَدَّلَ تَبْدِيلًا كذا
包围，环绕	حَفَّ ـُ حَفًّا فلانًا أو به
阴沟	بالُوعَة جـ بالُوعات

去，离去	رَاحَ يَرُوحُ رَوَاحًا
警察	الشُّرْطَة
货币	عُمْلَة
使用（货币）	تَداوَلَ تَداوُلًا العملةَ
桥，桥梁	جِسْر جـ جُسُور
小船，小艇	زَوْرَق جـ زَوارِقُ
帆	شِراع جـ أَشْرِعَة
逗留，居住	لَبِثَ ـَ لَبْثًا بالمكان
吸，吸入	اِسْتَنْشَقَ اِسْتِنْشاقًا الهواءَ
挽留	اِسْتَبْقَى اِسْتِبْقاءً فلانًا
加倍，翻一倍	ضَاعَفَ مُضاعَفَةً الشيءَ
招待，款待	أَكْرَمَ إِكْرامًا فلانًا
丈夫，伴侣	قَرِين
新娘	عَرُوس / عَرُوسَة
指导，引导	أَرْشَدَهُ إِرْشادًا إلى ...
最安全的道路	أَسْلَمُ الطُّرُقِ
强求，迫切要求	أَلَحَّ إِلْحاحًا عليه في كذا
运，载，送到	أَقَلَّ إِقْلالًا فلانًا إلى ...
威尼斯	اَلْبُنْدُقِيَّة
太平洋	الْمُحِيطُ الهادِي
布哈拉	بُخارَى

俄罗斯	رُوسِيَا
蒙古	الْمُغُولِ / المُنْغُول
霍尔木兹	هُرْمُز
阿富汗	بلادُ الْأفغانِ
帕米尔（高原）	البامِير
戈壁沙漠	صَحْراءُ جُوبِي
缅甸	بُورْما
亚德里亚海	اَلْأَدْرِياتِيك
马六甲海峡	مَضِيقُ مَلْقا
锡兰岛	جَزِيرَةُ سيلان

من أمثال العرب والحكم

إذا كُنْتَ في قَومٍ فَاحْلُبْ في إنائِهِم.（入乡随俗。）

الصِّيتُ الطيّبُ أَحْسَنُ مِنَ الْمالِ الْمَجْمُوعِ.（美好的名声胜过大宗钱财。）

الملاحظات

١. لو أسعدك الحظّ بزيارة مدينة البندقيّة في إيطاليا ...

لَوْ 在句中相当于 إذا。

٢. وكم كان بُودِّي لو أكملنا الرحلة بطريق البحر ...،

本句中的 لَوْ 相当于词根性的虚词 أَنْ 。لو 前面的动词以 وَدَّ يَوَدُّ 最为常见。

٣. وبينما كانا يطوفان في جنوبيّ روسيا اندلعتْ نيرانُ حرب أهليّة قطعتْ

عليهما الطريق.

... ثمّ انْضَمَمْنَا إلى قافلة أخرى سارَتْ بنا شرقا.

... ثمّ سافرنا برّا إلى البحر الأسود حيثُ وجدنا سفينة أقلّتْنا إلى وطننا العزيز.

上列画线的部分都为形容从句。

٤. كانتْ تتشعَّبُ طرقٌ.

意思与 كانت طرق تتشعّب. 一样。此类句式常见于现代书刊。

القواعد

标点符号（علامات الترقيم）

标点符号是文章中不可缺少的连接成分，可以体现句子与句子或句子成分与句子成分之间的关系，也可以表示句子的语气或停顿，从而使语句层次清楚、含义明白易懂。因此正确运用标点符号也是有助于理解、表达和写作的一种必要手段。这里仅就阿拉伯语的标点符号作一简要介绍：

1. 逗号“،”（الفاصِلَة）

（1）用于句中的停顿。如：

ونظرا لقلّة الأيدي العاملة، لقينا صعوبات كثيرة في إنجاز هذه المهمّة.

مَعَهُمْ مراكب تنوءُ بحملها من الأحجار الكريمة والذهب، وسنّ الفيل والتوابل، والثياب الحريريّة، وغير ذلك من البضائع القيمة.

（2）用于紧密相关的短句之间的停顿。如：

اخترقنا بلاد فارس، ووصلنا إلى بلاد الأفغان، حيثُ أقمنا هناك زمنا قليلا، ثمّ انْضَمْمنا إلى قالفلة أخرى سارَتْ بنا شرقا.

2. 句号 “.” (النُّقْطَةُ)：用于一句话或两个以上含义相关的短句的末尾。如：

كانتْ رحلتي مع نهر النيل العظيم من أجمل الرحلات التي قمتُ بها في حياتي.

كانت البندقيّة في أيّامه أكبَرَ مركز تجاريّ بحريّ في القارّة الأوربّيّة، ولذلك كان معظمُ أهلها يشتغلون بالتجارة.

3. 冒号 “:” (النُّقْطَتانِ)：用以提示和引导下文。如：

السنة أربعة فصول: الربيعُ والصيف والخريف والشتاء.

وكثيرا ما نحثّ أنفسَنا ونقول: مَنْ أضاع الوقت أضاع عمره.

كانت الصينُ معروفةَ عند العرب بدليل قول النبيّ محمّد "اطلب العلم ولو بالصين".

4. 省略号 “...” (عَلامَةُ الحَذْفِ)：表示省略了某些词语。如：

الأقطار العربيّة هي سوريا والعراق والأردنّ و...

لقد عرفتُ أولادي ممّا فعلوا بثمار الخوخ ...

أخيرا صاح أحدُهم قائلا: "اليابسة ... اليابسة ...".

نزلنا من سلّم الباخرة بعد أن ودّعنا جميعَ البحّارة الذين تعلّموا من البحر دروسًا كثيرة ...

5. 问号 “؟” (علامةُ الاِسْتِفْهام)：用在疑问句的末尾。如：

أيّ مدينة أحبُّ إليكم؟ هانغتشو أو غيرها؟

مَنْ هذا الرجل الذي يخلّدون اسمَه على بيته الذي وُلِدَ فيه؟

6. 惊叹号 “!”（علامةُ التعجُّبِ）：用在感叹句或表示命令、禁止的句子后面。如：

لم يخطُرْ ببالي أنّك أنجزتَ هذا العمل بهذه السرعة!

لا أتصوّر كيف يستطيع هذا الرجل أن يحمل ثورا على كتفه!

كم يُحبّكم هذا الشعب! وكم يُقدّسكم!

لا تَدْخُلْ بلا إذن!

اقرأ الفقرة الثانية يا شكري!

7. 问号、惊叹号连 “؟!”（علامةُ التعجُّب والاِسْتفْهام）：用在带有感叹意味的疑问句后面。如：

كيف وصلت قَبْلِي؟!

ألم تفهَمْ قصدي حتّى الآن؟!

8. 引号 “ ”（علامةُ التَّنْصِيص）：用于文中的引用部分或需要注意的部分。如：

سمع صلاحُ الدين أنّ الملك "قلب الأسد" مريض.

قال عيسى في نفسه: "أنا عربيّ مثلهم، وطنهم وطني، وأعداؤُهم أعدائي، فلماذا ....؟"

9. 破折号 “–”（الشَّرْطَةُ）：

（1）用以引导对话。如：

– هل تعرف شيئا عن حياة كولومبس؟

– قرأتُ عنه قليلا في الماضي...

（2）用于时间、地点、数目之间，含义相当于 حتّى ،إلى 。如：

ماركو بولو (عام ١٢٥٤-١٣٢٤)

الخطُّ بكين – شنغهاي

الساعةُ ٨- ١٢

（3）用于插入句（الجملةُ الْمُعْتَرِضَةُ）两端，如：

أُحسّ —— وأنا في حِضْنِه —— كأنيّ عصفور يلجأ إلى وكره الدافئ في ليلة ممطرة.

مسقط رأسي —— وإنْ كان قريةً صغيرة —— أحَبُّ مكانٍ في قلبي.

10. 用于句中相隔较远的主要成分之间。如：

كلّ خطوة إلى الأمام في سبيل العمل والنجاح – قوّة. وكلّ خطوة إلى الوراء – ضعف.

إنّ عمل الطالب بجدّ واجتهاد، منذ بداية العام الدراسيّ، وانتباهَه إلى شرح أستاذه، وقيامَه بواجبه، ومراجعتَه لكلّ درس يأخذه – كلُّ ذلك يجعَل نجاحَه كبيرا مؤَكّدًا.

11. 括号 “( )” (القَوْسان)：用于插入文中的注释部分。如：

كم من وقت ثمين ذهب سُدًى (أَيْ دُونَ فائدة).

ذهب خِرِّيجُو (毕业生) الجامعة للعمل في أنحاء البلاد وصدورُهم تفيض آمالًا عريضة.

12. 书名号 “《 》”：主要用于书名、篇名两端，有时为了引起注意，也可以用于人名、地名的两端。如

كتاب «ألف ليلة وليلة» معروف بين الصينيّين.

هل شاهدت في الماضي فيلم ((صلاح الدين الأيّوبيّ))؟

ولذا سمّوا الجزر التي وصلوا إليها ((جزر الهند الغربيّة))، وسمّوا أهلها ((الهنود)).

التمرينات

١. هاتِ اسمَ فاعلٍ لكلّ من الأفعال الاتية:

طَافَ	أَلَحَّ	غامَرَ	ضَلَّ	أَكْرَمَ	عاوَدَ
دَامَ	عَيَّنَ	أعانَ	أَرْشَدَ	اِحْمَرَّ	اِنْهَمَرَ
ضاعَفَ	تَراقَصَ	اِسْتَبْقَى	تَداوَلَ	تَوَسَّطَ	اِسْتَنْشَقَ

٢. اقرأ ما يلي من الجمل، ثمّ كوّن جملة مفيدة بكلّ كلمة تتقدّم كلّ مجموعة من الجمل كالآتي:

حَظّ

(١) لو أَسْعَدَنِي الحظُّ بزيارة إيطاليا، فلا بدّ أن أذهب إلى البندقيّة لِأُلْقِيَ نظرةً على منزل ماركو بولو.

(٢) ومن حُسْنِ حظّي أنْ حصلتُ في هذه المسابقة على جائزة جميلة. / من حُسْنِ حظّي أنّنى ...

(٣) من سُوء حظّنا أن فاجَأَنا أمس المطرُ الغزير، وكنّا في مُنتصف الطريق.

طَافَ

(١) أوّلَ ما وصلنا إلى بكين، طُفْنا في المدينة وضواحيها، بما في ذلك متحف التاريخ وقاعة الشعب الكبرى.

(٢) طاف الرحّالةُ المشهور ابنُ بطوطة في مختلف أرجاء العالم المعروف يَوْمَذاك.

(٣) وفي الصباح ركبنا زَوْرَقًا بخاريًا فطاف بنا في أرجاء البحيرة الغربيّة طَوافًا استغرق ثلاث ساعات.

عاوَدَه كذا

(١) تغيّب المعلّمُ وانغ، إذْ عاوده المرضُ في معدته.

(٢) أقام الأَخَوان في الصين تسع سنوات، ثمّ عاودهما الحنينُ إلى الوطن، فقرّرا العودة إليه.

غامَرَ

(١) ورث ماركو بولو حُبّ المغامرة عن أبيه.

(٢) ما بالُك تُغامِرُ بحياتك؟ لا داعِيَ لذلك.

(٣) إنّ عديدا من الألعاب الرياضيّة يتطلّب من اللاعب أن يمتاز بروح الإقْدام (无畏) والمُغامرة.

صَحِبَه

(١) طار الولدُ فرحا، إذ وافق والداه على أن يصحَبَهما في تلك الرحلة.

(٢) طاف الوفد الثقافيّ المصريّ في أنحاء البلاد بصُحْبَةِ مرافق من وزارة الثقافة.

(٣) أَحَبَّ قوبلاي خان ماركو بولو حبًّا عظيما جعله يأخذه معه للصيد على ظهور الفيلة ويصحبه معه في كلّ رحلاته.

دام

(١) ... واصلوا السير حتّى بلغوا مصيف الإمبراطور غرب بكين بعد

سفر دام أربع سنوات.

(٢) دامتْ إقامتُه في تلك المدينة ثلاثَ عشرَة سنةً.

(٣) قال الفلّاح المريض لأولاده: إنّ أيّامي لن تدومَ، وقبل وفاتي أريد أن أترك لكم وصيّة ...

(٤) نتمنّى لكم دَوامَ الصحّة والعافية.

تَوَسَّطَ

(١) ميدان تيان آن من يتوسّط مدينة بكين.

(٢) في يوم افتتاح المهرجان الرياضيّ كان الأساتذة يجلسون أمام منصّة الرئاسة، يتوسّطهم رئيسُ الجامعة.

(٣) أمام البناية ساحة تتوسّطها نافُورَةٌ (喷水池) تَنْدَفِعُ منها المياهُ الرَّقْراقَةُ.

عيَّنَه

(١) كان قوبلاي يُحبّ ماركو بولو، فعيَّنه حاكما على مدينة يانجسو.

(٢) قبل أن نكتب الأبحاث علينا أن نَطَّلِعَ على المراجع التي عيّنها الأستاذ.

بَدَّلَهُ

(١) لك أن تختار، وإذا لم يُعجبك هذا النوعُ أبدّله بنوع آخر، ولكنْ إذا تمّ الشراءُ فممنوعُ الإرْجاع.

(٢) إذا أقبل البريد برسائله إلى أيّ محطّة، بُدّلت الخيل المتعبة، وحملتْ البريدَ خيولٌ أخرى ...

(٣) إنّ قواعد النظافة تتطلّب منّا أن نبدّل الملابس بين حين وآخر.

حَفَّ به

(١) معظمُ الشوارع في مدينتا تحفّ بجانبَيْها الأشجارُ.

(٢) أَلَمْ تَرَ أنّه أينَما نزل الرجال الكبار تحفّ بهم الصحفيُّون.

(٣) وأثناء خروج الجنديّ البطل من القاعة، كان العديد من الشباب يحفّون به، يطلبون منه التوقيع التذكاريّ.

ضَاعَفَ

(١) يجب أن نُضاعف جهودَنا حتّى ننجَح في الامتحان.

(٢) هل يمكن أن تُضاعفوا من إنتاج الخضر في السنة القادمة؟

(٣) وكلّما استأذن ماركو بولو الإمبراطورَ في العودة، ضاعَفَ من إكرامه.

أَرْشَدَ

(١) إنّ أَبَوَيَّ هما أوّلُ مَنْ أرشدني إلى الطريق الصحيحة في الحياة.

(٢) وممّا يسرّنا سرورا عظيما أنّ هؤلاء الجنود الجدد يتقدّمون تقدّما سريعا في أداء التدريبات العسكريّة بمساعدة الرفاق القدامي وإرشاد القائد.

أَلَحَّ عليه في كذا

(١) ألحّ عليّ الزملاءُ أن أَصْحَبَهم في هذه الرحلة.

(٢) كانت الطفلةُ – وهي واقفة أمام واجهة المخزن – تُلحّ على جدّتِها في شراء لعبة ثمينة، وبعد إلحاح شديد لبّتِ الجْدّةُ طلبَها.

(٣) نحن في حاجة ملحّة إلى حلّ هذه المشكلة.

٣. حاول أن تضَعَ في كلّ مكان خال ممّا يلي كلمة أو عبارة مناسبة:

(١) البندقيّة مدينة ________، تتوزّع فيها القنواتُ بدل ________.

(٢) ووراء إحدى هذه القنوات دار قديمة، علّقت ______ بابها ______ مكتوب عليها "__________".

(٣) كانت البندقيّة ______ تجاريًا، ولذلك ______ معظم أهلها يشتغلون بـ ______.

(٤) إنّ ماركو بولو من أعظم ______ الذين ______ هم التاريخُ.

(٥) كان والد ماركو بولو و ______ ممَّنْ يُحبّ ______ و ______.

(٦) بينَما كانا ______ في جنوب روسيا، ______ نيرانُ حرب أهليّة، ______ عليهما طريق ______، فأخذا يسيران شرقا على غير ______.

(٧) وكان من ______ حظّهما أن استدعاهما ______ إمبراطورُ الصين إلى ______.

(٨) أقام الأخوان في هذه البلاد ______ كضيفَيْنِ ______ سنوات، ثمّ عاودهما ______ إلى وطنهما ______.

(٩) عاد الأخوان إلى ______، وعاشا فيها مدّة من ______، ثمّ عاودتهما ______ في العودة إلى ______، وقرّرا أن ______ معهما ماركو بولو، وكان في ______ من عمره.

(١٠) ______ وصلوا إلى هرمز اتّخذوا الطريق ______، فبدأوا يسيرون في إحدى ______ على ظهور ______.

(١١) ولمّا ______ إلى بلاد الأفغان، انضمّوا ______ قافلة أخرى ______ بهم شرقا.

(١٢) وقد قاسوا ألوانا من المشقّات و ______، اخترقوا صحراءَ

______، لا زرع فيها ولا ______، وصعدوا جبالا شاهقة إلى علوّ لا تبلُغه ______.

(١٣) دام سفرُهم ______ سنوات حتّى ______ إلى مصيف الإمبراطور ______.

(١٤) سرّ قوبلادي بـ ______ ماركو بولو، وأحبّه ______ جعله يأخذه معه لـ ______، ويصحبه معه في ______ حتّى عيّنه حاكما ______ مدينة ______، ثمّ كلّفه بـ ______ إلى بُورما و ______ و ______ و______.

(١٥) أقام ماركو بولو مع أبيه و ______ في الصين سبع ______ سنة، حتّى ______ لهم فرصةٌ ______ للعودة إلى وطنهم، إذ أمرهم الإمبراطور بأن يصحَبوا ______ في السفر إلى ______.

(١٦) ومن ثمّ سافروا من فارس حتّى وصلوا إلى ______ حيثُ وجدوا ______ أقلّتْهم إلى ______.

٤. أجِبْ عمّا يلي من الأسئلة:

(١)

١) أين تقع مدينة البندقيّة؟

٢) بم تشتهر هذه المدينة؟

٣) مَنْ ماركو بولو؟

٤) بم كانت تشتغل أسرةُ ماركو بولو؟

٥) مَنْ سبق ماركو بولو إلى زيارة بلاد الصين؟

٦) هل كان في نيّتهما أن يسافرا إلى الصين في أوّل الأمر؟

٧) لماذا قرّر والد ماركو بولو وعمّه أن يعودا إلى إيطاليا بعد أن أقاما في الصين تسع سنوات؟

٨) ولماذا عاودتْهما الرغبةُ في زيارة الصين؟

٩) لماذا قرّرا أن يأخذا ماركو بولو في السفر معهما؟

١٠) علام عزَم ماركو بولو قبل السفر؟

(٢)

١) كيف وصلت أسرة بولو من البندقيّة إلى الشام؟

٢) كيف وصلوا إلى مدينة بغداد؟

٣) وكيف وصلوا إلى هرمز؟

٤) لماذا لم يواصلوا سفرهم بحرا؟

٥) كيف اخترقوا بلاد فارس وبلاد الأفغان؟

٦) مَنْ أرسل إليهم نجدةً؟

٧) كم سنة دام سفرُهم من البندقيّة إلى مقرّ قوبلادي خان؟

٨) ما المدّة التي قضاها ماركو بولو في الصين؟

٩) ما أهمُّ الأعمال التي كلّفه بها الإمبراطورُ قوبلاي؟

١٠) لماذا استأذنتْ أسرةُ بولو الإمبراطورَ في العودة إلى البندقيّة؟

١١) هل قبل الإمبراطورُ قوبلاي طلبَهم أخيرا؟

١٢) صِفْ لنا خطَّ عودة أسرة بولو إلى بلدهم.

(٣)

١) صِفْ لنا هرمز التي شَاهَدَها ماركو بولو.

٢) صِفْ لنا البامير التي شاهدها ماركو بولو.

٣) صِفْ ما شاهده ماركو بولو في صحراء جوبي.

٤) صِف قوبلاي خان الذي رآه ماركو بولو.

٥) كيف كان نظام البريد في زمن قوبلاي خان؟

٦) وكيف كانت الأحوالُ العامّة للمدن الصينيّة في ذلك الزمن؟

٥. تَحَدَّثْ مع زملائك حول رحلة ماركو بولو بكلام من عندك.

٦. صرّف ما يلي من الأفعال الماضية والمضارعة:

قَاسَى يُقاسِي، ضَلَّ يَضَلُّ، عَيَّنَ يُعَيِّنُ، أَلَحَّ يُلِحُّ، اِسْتَنْشَقَ يَسْتَنْشِقُ

المطالعة

ماركو بولو (١٢٥٤– ١٣٢٤)

ماركو بولو رحّالة إيطالي مشهور، وُلد في أسرة تاجر بمدينة البندقيّة، قدم الشرق في عام ١٢٧١ مع والده وعمّه عبرَ بلاد الرافدَيْنِ وهَضْبَةِ إيران، واجتازَ جبالَ البامير، ثمّ وصل إلى شانغدو العاصمة الشتويّة في أسرة يوان مايو عام ١٢٧٥. حظي بالثقة والإعجاب من قِبَلِ الإمبراطور قوبلاي، فَلَبِثَ في خدمَتِه سبعَ عشرةَ سنةً، وخلال هذه المدّة زار أماكِنَ كثيرة في أنحاء بلاد الصين، كما أرسله الإمبراطورُ في مهمّة إلى بُورما وجنوبيّ الهند.

ثمّ حدث أن تُوُفِّيَتْ زوجةُ ملك فارس فبعث وفدا إلى بلاط قوبلاي لِيَطْلُبَ يدَ إحدى الأميرات، فأمره الإمبراطورُ بأن يصحَبَ الأميرة إلى فارس

ليتمَّ زواجُها بالملك، فترك ماركو بولو بلاد الصين في أوائل عام ١٢٩٢ مُتّجها إلى فارس عبرَ جزيرة سُومَطْرَه والساحل الجنوبيّ للهند، حتّى وصل إلى هُرمز. وفي نهاية عام ١٢٩٥ عاد إلى وطنه العزيز.

وبعد ذلك وقع أسيرا في أثناء الحرب القائمة بين البندقيّة وجِنْوَه. وفي أيّام سَجْنِه وصف لأحد زملائه في السجن ما شاهده في رحلته، فدوّن هذا الشخصُ أحاديثَ ماركو بولو، وجعلها في كتاب، سُمِّيَ فيما بعد «رحلة ماركو بولو». وقد جاء فيه وصفٌ دقيق ورائع عن الأماكن التي زارها، وعن غِنَى حياة أهل الصين ورُقِيّ الحضارة في الشرق. فكانت رحلتُه المدوّنة هي المصدرَ الوحيدَ تقريبا لمعلومات الغرب عن الشرق في عصر النهضة.

ولمّا أطلق سراحه عام ١٢٩٩، عاد إلى البندقيّة، فما لبث أن تَناقَلَتِ الأَلْسِنَةُ رحلته الشائقة ممّا ترك أثرًا معيَّنا في شَقِّ طريقٍ بحريّ جديد فيما بعد.

المفردات

بِلادُ الرَّافِدَيْنِ	两河流域（指伊拉克）
هَضْبَةٌ ج هِضاب وهَضَبات	高原
شَانْغدُو	上都
حَظِيَ يَحْظَى حُظْوَةً بكذا	获得，赢得
من قِبَلِ ...	来自……方面
تُوُفِّيَ فلانٌ	去世
طَلَبَ يَدَها	求婚

جَزِيرَةَ سُومَطْره	苏门答腊岛
أَسِير ج أَسْرَى	俘虏
سَجَنَه ـُ سَجْنًا	监禁
سِجْن ج سُجُون	监狱，牢狱
مُدَوَّن م مُدَوَّنَة	被记录下来的
تَنَاقَلَتِ الْأَلْسِنَةُ أمرًا	传诵，流传
شَقَّ ـُ شَقًّا الطريقَ	开路

الواجبات

١. أكمِلْ ما يلي من العبارات:

_______ الجَرِيء	_______ أَهْلِيَّة	_______ آسِيَوِيَّة
_______ الهادِي	_______ الأَرْجاء	_______ مُتَناثِرَة
_______ الأَوْسَط	بصُحْبَةِ _______	_______ المُتْعَبَة

٢. ترجم ما يلي من العبارات إلى العربيّة:

宝石	中非	咸水	好运气	商贸中心
象牙	海路	严寒	两河流域	巍峨的群山
绸衣	黑海	驿站	冒险精神	威尼斯商人

٣. تَرْجِمْ ما يلي من الجمل إلى العربيّة على غِرار بعض التعابير في نصّ الدرس:

（1）这些年来我多么想回祖国去看看啊！

（2）我要是有幸去西北，首先考虑去的地方是敦煌（دُونْ هُوانغ）。

（3）经过几天的旅行我们终于抵达中国的上海，那个过去曾被称为冒险家乐园（فِرْدَوْس）的世界大都会。

（4）我们看到满载货物的远洋航船在港湾里进进出出。

（5）洪水切断了我们的去路，我们不得不返回原地。

（6）现在再也不存在阻碍中国人民和世界人民交往的任何障碍了（حاجِز ج حَواجِزُ）。

（7）人在大森林中走路很容易迷失方向。

（8）我们乘骆驼西行，穿过中国最大的一片沙漠。

（9）他们走进一条峡谷，发现那里东一堆西一堆散落着许多奇形怪状的石头。

（10）那里的山很高，高到连飞鸟也飞不上去。

（11）幸亏我们在太阳落山以前找到了一座村庄。

（12）几年之内这个村子就把粮食产量翻了一番，真了不起！

（13）我们的研讨会持续了五天，取得了圆满的成功。

（14）司机接连开了好几天车，累得够戗。

（15）休息了两天以后，我们兴冲冲地继续赶路。

（16）一架银灰色的巨型飞机载着近四百位旅客直飞北京。

（17）游客们参观北京以后，将取道广州返回香港（هُونْغ كُونغ）。

٤. اكتُبْ مقالة قصيرة في أحد المواضيع الآتية

(١) «قصّة ماركو بولو بإيجاز»

(٢) «دَوْرُ ماركو بولو في العلاقات بين الشرق والغرب»

(٣) «قصّة رحّالة صينيّ مشهور»

استمع وضع الحركات

حديث في اللغة العربيّة

دار الزمن دورته، وعادت اللغة العربيّة تحتلّ مكانتها بين اللغات الحية في العالم، واستعادت دورها في بناء الحضارة الإنسانيّة وإثراء المفاهيم الاجتماعيّة والثقافيّة بين أبناء الجنس البشري.

لقد جاء زمن على "اللغة العربيّة" كادت فيه بعض معالمها وآثارها تضيع، وخفتت (湮没) أنغامها في جوانب من العالم لولا أن القرآن الكريم وبعض معالم العالم أمدّاها بقوّة متجدّدة، وبروح نابضة متطوّرة، واليوم تعود من جديد لتسهم في تكوين الثروة الفكريّة للإنسان في كلّ مكان، ويرتفع صوتها قويا بين الجدران في أروقة الأمم المتّحدة وهيئاتها ويتردد صداها عبر الأثير (以太) في أنحاء الدنيا كلّها صادرًا من الإذاعات العالميّة، ومن المؤسسات الإعلاميّة.

إنّها اليوم لغة رسميّة في هيئة الأمم المتّحدة، ومعظم مؤسّساتها المتخصّصة مثل منظّمة اليونسكو ومنظّمة الصحة العالميّة ومنظّمة العمل الدوليّة، ومظاهر نموها وحياتها المتجدّدة تبرز في مجالات كثيرة تبرز بين رجال المال والأعمال وبين أبناء الجامعات والهيئات العلميّة والمعاهد الثقافيّة، وبين هواة السياحة، وأرباب الفنون والآداب — وكلّ هؤلاء يشدّون الرّحال (走向) إلى أرض العروبة باحثين عن الحضارة والتاريخ والثقافة.

(مقتطفات عن كتاب تمّ نشره في قطر تحت عنوان ((تعلّم اللغة العربيّة)) للناطقين بغيرها)

第十六课 الدرس السادس عشر

课文:	١. الحرّيّة في سياسة المستعمرين
	٢. إرادة الحياة
复习与实践:	المراجعات والتطبيقات

النصّ

١. الحرّيّة في سياسة المُسْتَعْمِرِينَ

معروف الرصافيّ

يَا قَوْمُ لَا تَتَكَلَّمُوا　　إِنَّ الْكَلَامَ مُحَرَّمُ
نَامُوا وَلَا تَسْتَيْقِظُوا　　وَمَا فَازَ إِلَّا النُّوَّمُ
وَتَأَخَّرُوا عَنْ كُلِّ مَا　　يَقْضِي بِأَنْ تَتَقَدَّمُوا
وَدَعُوا التَفَهُّمَ جَانِبًا　　فَالْخَيْرُ أَلَّا تَفْهَمُوا

إِنْ قِيلَ إِنَّ نَهَارَكُمْ　　لَيْلٌ فَقُولُوا مُظْلِمُ
أَوْ قِيلَ هذا شَهْدُكُمْ　　مُرٌّ فَقُولُوا عَلْقَمُ
أَوْ قِيلَ إِنَّ بِلَادَكُمْ　　يَا قَوْمُ، سَوْفَ تَقَسَّمُوا
فَتَحَمَّدُوا وَتَشَكَّرُوا　　وَتَرَنَّحُوا وتَرَنَّمُوا

مُعْرُوفُ الرُّصافِي:

وُلد سنةَ ١٨٧٣ وتُوفّي سنة ١٩٤٥، وهو أشهَرُ شعراء العراق، وقد عاصر ثلاثة عهود مختلفة عهد الحُكْم العثمانيّ وعهد الاحتلال البريطانيّ وعهد الحكم الأهليّ في العراق، تولّى عدّة مناصب، فدرس اللغة العربيّة والأدب العربيّ في عدّة مدارس، وانْتُخِبَ عضوا في المجلس النيابيّ. ظلّ طيلة حياته يُقارِع الظلمَ بمختلف أشكاله ويَذُودُ عن حُرّيّة بلاده وحقّ شعبه في الحياة وكانت قصيدتُه «الحرّيّة في سياسة المستعمرين» مثلًا بارزا في التعبير عن سُخْطِهِ على حُكْم الاستعمار.

٢. إرادَةُ الْحَياةِ

أبو القاسم الشابّيّ

إِذَا الشَّعْبُ يَوْمًا أَراد الْحَياةَ	فَلَا بُدَّ أَنْ يَسْتَجِيبَ الْقَدَرْ
ولا بُدَّ لِلَّيْلِ أَنْ يَنْجَلِي	ولا بُدَّ لِلْقَيْدِ أَنْ يَنْكَسِرْ
ومَنْ لَا يُحِبَّ صُعُودَ الْجِبَالَ	يَعِشْ أَبَدَ الدَّهْرِ بَيْنَ الْحُفَرْ
أُبارِكُ فِي الْأَرْضِ أَهْلَ الطُّمُوحِ	وَمَنْ يَسْتَلِذُّ دُرُوبَ الْخَطَرْ
وَأَلْعَنُ مَنْ لا يُماشِي الزَّمَانَ	ويَقْنَعُ بِالْعَيْشِ عَيْشِ الْحَجَرْ

أَبُو الْقاسِمِ الشَّابِّيّ:

وُلد سنة ١٩٠٩، وتوفّي سنة ١٩٣٤، وهو مِنْ أشهَرِ شعراء تُونس بالرغم من أنّه مات في سنّ مبكّرة، ولَمْ يتجاوز الخامسة والعشرين من العمر، نشأ في فترة كان يعمل فيها الاستعمارُ الفرنسيّ على قَتْلِ روح الأمّة العربيّة في تونس والمغرب العربيّ كلّه، وساءَهُ أن يرى أرضه نَهْبَ الْغُزاة،

فلجأ إلى شِعْره يكافح به الظلمَ والاستعمارَ، وقد ترك وراءه قصائدَ رائعة تدلّ على شاعريّة مَوْهُوبَة نادرة، و«إرادة الحياة» من أشهر قصائده.

المفردات

مُحَرَّم م مُحَرَّمَة	被禁止的，犯忌的
نائِم ج نائِمُونَ ونُوَّم	睡眠者，睡着的
قَضَى ـِ قَضاءً بكذا	决定
تَفَهَّمَ تَفَهُّمًا الأمرَ	渐渐理解
مُظْلِم م مُظْلِمَة	黑暗的
عَلْقَم	一种苦味的瓜
تَحَمَّدَ بالشَّيْءِ على فلان	感恩，赞美
تَشَكَّرَ تَشَكُّرًا لَهُ	感谢
تَرَنَّحَ تَرَنُّحًا	摇摇晃晃，左摇右摆
تَرَنَّمَ تَرَنُّمًا	吟唱，唱赞歌
تُوُفِّيَ	逝世，故去
عَاصَرَهُ مُعاصَرَةً	与……同时代
عُثْمانِيّ م عُثْمانِيَّة	奥斯曼的
مَنْصِب ج مَناصِبُ	职位，官职
اِنْتَخَبَ اِنْتِخابًا فلانًا	挑选，选举
مَجْلِس ج مَجالِسُ	委员会
اَلْمَجْلِسُ النِّيابِيُّ	下议院

طِيلَةَ ... 在……的整个期间内

قارَعَه مُقارَعَةً 抨击

ظُلْم 暴虐

ذَادَ ـُ ذَوْدًا عَنْ ... 保卫

قَصِيدَة ج قَصائِدُ 长诗，诗篇，一首诗

سُخْط 愤怒

اِنْجَلَى اِنْجِلاءً الأمرُ 消散；明朗

قَيْد ج قُيُود 桎梏，羁绊

حُفْرَة ج حُفَر 坑，洼处

اِسْتَلَذَّهُ 感兴趣，以……为乐趣

لَعَنَ ـَ لَعْنًا فلانًا 诅咒，咒骂

مَاشَى مُماشاةً فلانًا 齐头并进，并驾齐驱

قَنِعَ ـَ قَناعَةً بكذا 满意，满足

بالرَّغْمِ مِنْ أَنَّ ... 尽管，虽然

نَهْب 掠夺；掠夺对象

غازٍ (اَلْغازِي) ج غُزاةٌ 入侵者

شَاعِرِيَّة 诗意，诗才

مُوْهُوب م مَوْهُوبَة 天才的，天赋的

من أمثال العرب والحكم

وَإِذَا كَانَتِ النُّفُوسُ كِبارًا   تَعِبَتْ في مُرادِها الأَجْسامُ.

(胸中盛大志，自甘吃大苦。)

إِذَا اعْتَادَ الْفَتَى خَوْضَ الْمَنَايَا　　　فَأَهْوَنُ مَا يَمُرُّ بِهِ الْوُحُولُ.

(出生入死习以为常，路途泥泞又有何妨？)

الواجبات

١. احفَظِ الأبياتَ الموجودة في النصّ.

٢. حاول أن تَشْرَحَ معاني الأبيات بكلام من عندك.

٣. تَرْجِمْ أبياتَ القصيدتَيْنِ إلى الصينيّة.

٤. أَسْنِدْ ما يلي من الأفعال إلى ضمائر الرفع المتّصلة:

قَنِعَ يَقْنَعُ، ذَادَ يَذُودُ، اِنْتَخَبَ يَنْتَخِبُ، اِسْتَلَذَّ يَسْتَلِذُّ

المراجعات والتطبيقات

١. اقرَأْ ما يلي من مجموعات الجمل، ثمّ حاولْ أن تَضيف جملة أو جملتين إلى كلّ مجموعة منها:

حتّى

(١) واستمرَّتْ هذه المدينةُ في تقدّم وازدهار حتّى بلغتْ قمَّةَ عَظَمَتِها في عهد الملك العظيم حَمُورابي.

(٢) كانتْ بابلُ مركز إمبراطوريّة عظيمة تمتدّ من سوريا غربا حتّى إيران شرقا، ومن أرمينيّة شمالا حتّى إمارات الخليج العربيّ جنوبا.

(٣) وكنتُ أظنّ الإجّاص العثمانيّ الذي بدمشق لا نظيرَ له حتّى رأيت الإجّاص الذي بالصين.

(٤) ومَهْما كَثُرَتِ الأعمالُ عندك، يجب أن تُراعيَ صحّتك حتّى تَحْفَظَ نفسَك من الأمراض.

(٥) رجاء أَنْ لا تَقِفُوا عند الباب حتّى لا تسدّوا الطريق.

(٦) واصلنا السيرَ راضِينَ مُسْتَبْشِرِينَ حتّى بلغنا مصيف الإمبراطور غرب بكين.

(٧) فإذا أقبل البريدُ برسائله إلى أيّ محطّة، بُدّلت الخيلُ المُتْعَبَة وحملتِ البريدَ خيولٌ أخرى نشيطة ومُستريحة حتّى تصل به إلى المحطّة التالية.

(٨) من هذه البقعة تسير مياه النيل وتتجمّع حتّى تصبّ في بحيرة فيكتوريا.

إنّما

(١) لم تكُنْ هذه الحدائق معلَّقة في الهواء كما يتوهّم السامع، وإنّما كانت طبقات مدرّجة واسعة متينة ...

(٢) أهلُ الصين أهلُ رفاهية وسعة عيش، إلّا أنّهم لا يحتفلون بمطعم ولا بملبس ... وإنّما يحتفلون بأواني الذهب والفضّة.

(٣) إنَّ مدينة البندقيّة لم تُبْنَ على أرض صُلبة، وإنّما على ١٢٠ جزيرة طينيّة.

(٤) البندقيّة هي المدينة الوحيدة في العالم التي لا تخترقها شوارعُ من الأسفلت، وإنّما قنوات مائيّة تسير فوقها الزوارقُ.

(٥) ليس كلُّ مَنْ يأكل الخضر نيئةً يُصاب بالإسهال، وإنّما المطلوب أن

تكون مغسولةً جيّدا.

(٦) والعمل على ظهر الباخرة لا يعرف الوقت، وإنّما حسبَ متطلّباتها.

(٧) لا تُبَدِّدْ أوقاتك، لأنّ حياتَك إنّما هي هذه الأوقات، إنّما هي هذه الساعات التي يتلو بعضُها بعضًا بِلَا انقطاع.

لا ... إلّا ... / لَمْ ... سِوَى ... / ليس ... غير ...

(١) لا تَتِمُّ شروطُ الصحّة التي ذكرناها إلّا بنظافة المنزل.

(٢) النهر العَجُوز يتميّز بهُدُوئِه وصَمْتِه، وإنّه لا يُغيّر طريقَه إلّا قليلا.

(٣) أدركتِ الأقطارُ العربيّةُ من خلال تجاربها المؤلمة أنّه لا يمكن أن تَصْمُدَ أمام القوى الطامعة إلّا إذا عملتْ جميعًا على تعزيز الوحدة فيما بينها.

(٤) لم يَبْقَ على قُدُوم العيد سِوَى أسبوعَيْنِ.

(٥) ليس في المحلّ غيرُه (غيرُ هذه القطعة مثلا).

(٦) ... غابت الأرض اليابسة عن عيون البحّارة، ولم يَعُودُوا يَرَوْنَ غيرَ الماءِ والسماءِ!

... ممّا ...:

(١) ... وقد ساعد ذلك إلى حدّ كبير على نموّ المُعاملات في مختلف الميادين بين الأمّتين، ولا سيّما في الميدان التجاريّ ممّا يَسَّرَ للعرب في القرن الثامن أن يجدوا في أسواق بغداد ما كانوا يَشْتَهُون من بضائع صينيّة مثل ...

(٢) وممّا أدهش الأسبان أنّ كولومبس وبحّارته عندما عادوا إلى إسبانيا،

حملوا إلى ملكهم وملكتهم الهدايا النفيسة من الذهب والتبغ و...

(٣) وقد أَكْسَبَه هذا النجاحُ شرفًا عظيما ممّا يخلّد اسمَه في التاريخ.

(٤) ولـمّا أُطْلِقَ سراحُه (ماركو بولو) عام ١٢٩٩، عاد إلى البندقيّة، فما لبث أن تناقلتِ الْألسنةُ رحلتَه الشائقة ممّا ترك أثرا معيَّنا في شقّ طريق بحريّ جديد فيما بعد.

لا ... ولا... / ليس ... ولا ...

(١) فأمّا التصويرُ فلا يُجاريهم أحَدٌ في إِحْكامه من الرُّوم ولا مِنْ سواهم.

(٢) وهم أهلُ رفاهية وسعة عيش، إلّا أنّهم لا يحتفلون بمطعم ولا بملبس.

(٣) فلولا نهرُ النيل لما كانتْ مصرُ والسودان، ولا عاش فيها إنسانٌ ولا حيوان ولا نبات ...

(٤) ... وكان ذلك مشكلة، غير أنّها لم تؤثّر على حياة الأسرة ولا على مستوايَ الدراسيّ ولا على حبّي للرياضة ...

(٥) إنّ الأرض التي اكتشفها كولومبس ليست الهندَ ولا آسيا بل هي قارّة مجهولة.

دُونَ ... / بِدُونِ .... / عَدَم ...

(١) أكل الفتى قطعة خيار دون أن يغسلَه جيّدًا.

(٢) لا يُضيّع دقيقةً تمرّ بدون أن يستفيد منها علمًا أو خبرةً أو صحّةً.

(٣) وبوُجُود هذه الأجهزة الكهربائيّة في بيوتنا نُعالج الشئون المنزليّة بدُونِ

مشَقَّةٍ ولا عَناءٍ.

(٤) إنّ عدمَ المحافظة على شروط النظافة يُسبّب الأمراض.

(٥) الوزير يعتذر إليكم لعدم حضوره بنفسه.

(٦) حال بيننا وبين تلك الأمنيّة عدمُ وُجود سفن صالحة للسفر البعيد.

ولا سِيَّما / وخُصُوصا

(١) وكان بين المدعوّين مَنْ يحسُدون كولومبس، لا سيّما وهو من أصل إيطاليّ.

(٢) إنّ بلادكم حقّقتْ تقدّما عظيما خلال السنوات الأخيرة ولا سيّما في الأرياف.

(٣) وذلك ساعد إلى حدّ كبير على نموّ المعاملات في مختلف الميادين بين الأمّتين، ولا سيّما في الميدان التجاريّ.

(٤) إنّ الطعام يجب أن يُؤْكَلَ في يوم طَبْخِه لأنّ بقاءه أكثر من يوم واحد وخُصوصا في أيّام الصيف يؤدّي إلى فَساده.

(٥) كلّ شيء في الباخرة جميل، وخصوصا رحلاتها عبر البحار ...

حَيْثُ

(١) وبعد أن ينزل مجرى النهر إلى الوادي حيثُ يُوجد نوع من النبات البرّيّ يتحوّل لونُ النهر إلى اللون البنّيّ والورديّ.

(٢) وعندما تتجمّع مياهُ هذا النهر على أرض رمليّة حيثُ تتكوّن البحيرات يتحوّل ماؤُها إلى اللون الأحمر.

(٣) هبطنا إلى صحراء جوبي الواسعة الأرجاء، حيثُ لا زرع ولا ماء.

(٤) الذباب يتولّد حيثُ تَكْثُرُ الأوساخُ.

(٥) ... ثمّ سافرنا إلى البحر الأسود حيثُ وجدنا سفينة أقلّتْنا إلى وطننا العزيز.

(٦) رأيتُ طريقةَ البريد في الصين، حيثُ كانت بكين مركزَ الرسائل فمن هناك كانتْ تتشعّب عدّةُ طرق.

أتاح له فرصةً / سَنَحتْ له فرصةٌ

(١) أرجو أن تُتاحَ لي فرصةٌ لزيارة أريافكم أوّلا.

(٢) إنّ مثل هذه الزيارة ستُتيح لنا فرصة جميلة لنتعرّف على أصدقاءَ جدد.

(٣) وكنّا مسرورين جدّا، اذْ أُتيحت لنا فرصة للتحدّث مع الناطقين باللغة العربيّة.

(٤) لا تتردّد إذا سنحت لك فرصةٌ لإظهار كفاءتك، إنّ خطوة إلى الأمام في مثل هذه اللحظة تُقرّبك من النجاح.

(٥) إذا سنحت لي فرصةٌ للتعلّم في البلاد العربيّة، فسأُكِبُّ على دراسة الحضارة الإسلاميّة.

(٦) وكنّا كلّما استأذنّا الإمبراطورَ في العودة استبقانا وضَاعَفَ من إكرامنا حتّى سنحت لنا فرصة طيّبة ...

بعضها بعضا، بعضهما بعضا، بعضنا بجانب بعض

(١) فما هي الحياة إلّا هذه الساعات التي يتلو بعضُها بعضًا بلا انقطاع.

(٢) فقد كانت الأمّتان يُؤيّد بعضُهما بعضًا وتُشجّع إحداهما الأخرى.

(٣) وكنّا نسير دائما بعضُنا بجانب بعض حتّى لا يضلّ أحدٌ منّا سبيلَه.

زُهاء ... / يُقارِبُ

(١) وقد ظلّتْ منارةُ الإسكندريّة قائمة زُهاء عشرين قرنا إلى أَنْ صَدَّعَها زلزالٌ.

(٢) يبلغ طولُ سور الصين ٦٧٠٠ كيلومتر، أَيْ ما يُقارب سُدْسَ طول خطّ الاستواء.

٢. حاوِلْ أن تتحدّث عدّة دقائق حول كلّ موضوع ممّا يلي:

(١) تحدّثْ قليلا حول الصداقة الصينيّة العربيّة.

(٢) صِفْ لنا مدينةَ بابل القديمة وحكاية بناء الحدائق المعلّقة فيها.

(٣) لِمَ يتعلّقُ أبناءُ مصر والسودان بنهر النيل كثيرا؟ وكيف يُكمل النيل رحلتَه الطويلة من قلب إفريقيا إلى البحر الأبيض المتوسّط؟

(٤) ما شروط النظافة التي يجب أن نُحافظ عليها؟

(٥) لماذا نقول إنّ الوقت أغلى من الذهب؟

(٦) كيف تنتفع من كلّ دقيقة تمضي عليك؟

(٧) ما الذي يدعو إلى تَخْلِيدِ اسم كولومبس في تاريخ الإنسان؟

(٨) وما صفاتُه التي تستحقّ منّا ثناءً وتقديرا؟

(٩) صفْ لنا رحلةَ ماركو بولو إلى الصين.

(١٠) تحدَّثْ إلينا بإيجاز عن كلّ من الشاعرَيْنِ معروف الرصافي وأبي القاسم الشابّيّ.

٣. حاوِلْ أن تَدبّر بالتعاوَن مع زملائك سلسلةً جديدة من المحادَثَة حول زيارة الأستاذ حميد في الصين:

قد سبق للأستاذ حميد أن قام بزيارات في ضواحي بكين غير أنّه لم يستطع أن يواصلها، إِذْ أُصيب بالإنفلونزا، فانتقل إلى مستشفى أقام فيه بضعةَ عشر يوما، أمّا الآن فقد عادت إليه صحّتُه، الأمر الذي سَمَح له أنْ يستأنف نشاطاتِه في بلادنا، كما أتاح لنا أن نتابع الحديث عمّا قام به الأستاذ من الزيارات.

(١) الحلقة الأولي: قبل الخروج من المستشفى

جاء أحدُ نوّاب وزير الثقافة إلى المستشفى في زيارة للأستاذ حميد، يسأل عن صحّته، ويُعبّر عن بالغ سروره بشفائه، كما يُبلّغ تحيّةَ الوزير إليه راجِيًا منه أن يواصل زياراته في الصين.

يُعرب الأستاذ حميد عن شكره القلبيّ لِمَا لقي من عناية المسؤولين في الوزارة ورعاية الأطبّاء والممرّضات في المستشفى. كما يُكرّر رغبتَه الشديدة في وَضْعِ كتاب تحت عنوان «الصين اليوم».

وأخيرا يعود الأستاذ حميد إلى الفندق بصُحبة بعض الرفاق الصينيّين.

تعابير مقترحة:

يعتذر الوزير إليكم لعدم حضوره بنفسه، إذ أنّه مُرتبط بموعد، فكلّفني أن أزوركم بالنيابة عنه (نِيابةً عنه). كيف حالكم أثناء إقامتكم في المستشفى؟ ... فالإنسان إذا ابتعد عن أهله يَشْعُرُ بالوَحْشَة، وخُصوصا عندما يكون به وَعْكَة.

لم أَشْعُرْ بالوحشة أبدًا فإنّني أعيش بين أهلي في كلّ لحظة، فأشكر الإخوة الصينيّين على ما لقيتُه منهم من العناية الرقيقة. والشيءُ الذي يُؤسفني هو أنّ مرضي عطّل زيارتي في الصين وأثّر على خطّتي في الكتابة والتأليف.

يرجو الوزير أن تواصلوا زيارتكم وقد أوصى بمدّ مدّة إقامتكم في الصين.

(٢) الحلقة الثانية: زيارة المستشفى

يعود الأستاذ حميد إلى المستشفى الذي أقام فيه في زيارة له بصفته ضيفًا أجنبيّا. يُكرّر شكرَه الجزيل لِمَا لَقِيَهُ من حُسْنِ العلاج فيه. ثمّ يُبدي رغبته في أخْذِ فكرة عامّة عن قضيّة الطبّ والصحّة في بلادنا.

يُعبّر مدير المستشفى عن ترحيبه الحارّ بالأستاذ حميد، الذي قد أصبح صديقا حميما له. ثمّ يقدّم المدير تعريفا مُوجَزًا عن أحوال المستشفى. وبعد ذلك يبدأ الأستاذ جولة في الأقسام المختلفة بصُحبة المدير.

تعابير مقترحة:

أنا مسرور غايةَ السرور اليوم لأنّي لستُ أزوركم بصفتي مريضًا، بل بصفتي صديقًا عربيّا لكم ... إنّ روح الإخلاص والتفاني لدى الأطبّاء والممرّضات الصينيّين في خدمة المرضى تركتْ في نفسي أثرا عميقا لا يُمْحَى، وقد شاهدتُ بعيني أنّهم يتعبون للمرضى نهارا ويسهَرون لهم ليلا. كما لاحظتُ أنّ قضيّة الطبّ والعلاج في الصين شهدتْ تطوّرا ملحوظا

في السنوات الأخيرة ممّا رفع مستوى الصحّة للشعب كافّة. فقد ضربتْ بلادكم مثالا باهرا للعالم في هذا المجال.

هذا المستشفى مُجهَّز بأحدَثِ الأجهزة والمُعدَّات الطبّيّة، معظمُها من صُنع البلاد، وجزءٌ منها مُسْتَوْرَد من بعض الدول المتقدّمة، وكذلك الأدْوِيَة.

أقسام المستشفى: قسم الأمراض الباطِنيّة، قسم الجِراحَة، قسم أمراض الأطفال، قسم أمراض العيون، قسم أمراض الأذن والأنف والحَنْجَرَة، قسم أمراض الأسنان، قسم العلاج الفيزيائيّ. وكذلك يُوجد عندنا قسم الطبّ الصينيّ التقليديّ ... والجدير بالاعتبار أنّ تطوُّرات قضيّة الطبّ والعلاج لا تشهد توازنا في البلاد، ولا سيّما في بعض المناطق النائية، وهذا يتطلّب أن نُضاعف جهودَنا لتَوْسِيع الخدمات الطبّيّة والصيدليّة في كافّة أنحاء البلاد.

(٣) الحلقة الثالثة: في أسرة عمّاليّة في يوم من أيّام الأحد

تتكوّن الأسرة من خمسة أفراد: والدان متقدّمان في السنّ، أُحِيلَا على المَعاش منذ سنين، وابن مهندس، زوجتُه مدرّسة في إحدى المدارس الثانويّة، وحفيدٌ طالب ثانويّ.

يلقى الأستاذ حميد استقبالا حماسيّا من قبل الأسرة، حيثُ يقدّم الوالد المتقاعد بصفته ربّ البيت أفرادَ الأسرة للضيف. وفي أثناء الحديث الذي يجري بين الطرفَيْنِ في غرفة جلوس، يسأل الضيفُ عن صحّتهم وأعمالهم ودخلهم المادّيّ. كما يتحدّث عن انطباعاته الجميلة أثناء

زياراته في الصين.

تعابير مقترحة:

شَرَّفْتُمُونا، فنحن سعداء جدًّا بزيارتكم، إذْ سنحت لنا فرصة طيّبة لنتعرّف على صديق عربيّ جديد.

أمّا أحوال الأسرة فكلّ منّا له عمله، أنا وزوجتي مسئولان عن تدبير شئون البيت، نحاول أن نخفّف عَنْهم (يُشير إلى ابنه وزوجة ابنه وحفيده) المتاعبَ المنزليّة قَدْرَ الإمكان، ليستطيعوا أن يُركّزوا جهودَهم على الأعمال والدراسة.

حقيقة، ولكما إسهامات قيّمة للعائلة وللمجتَمَع في آن واحد. وإنّي لاحظتُ أنّ الصينيّين لا يزالون يحافظون على تقاليدهم الممتازة، فتسود الأسرة المحبَّةُ والوئامُ، وهذا يستحقّ الثناءَ والتقديرَ.

حقّا إنّ الوفاق أهَمُّ شيء في سعادة الأسرة ... ابني مشغول الآن بعمل التجديد الفنّيّ (التكنولوجيّ) من أجل مُضاعَفَةِ الإنتاج ورَفْع نوعيّة (جَوْدَة) المُنتجات. زوجتُه تُركّز اهتمامها في التدريس وتصحيح الواجبات أو مساعدة التلاميذ. وحفيدي طالب متفوّق في الدراسة، عضو في اتّحاد الطلبة بمدرسته، نشيط في الرياضة، سوف يتقدَّم لامتحان القَبول بالجامعة، وهم جميعا يحترموننا ويَعْتَنُونَ بنا عناية رقيقة.

دَخْلُ الأسرة لا بأسَ به... ابني يَقْبِضُ سبعة آلاف يوان شهريًا، هذا المبلغ يزيد على مرتّب زوجتي، وحياتنا يمكن اعتبارُها حياةً مَيْسُورَة، لأنّ الدخل يزيد على النفقات، فنستطيع أن نودع ما هو الفائض من المال في

البنك من حين إلى آخر.

إنّني مسرور جدّا من هذا اللقاء، وزيارةُ أسرة صينيّة من أهمّ أَهْدافِي أثناء بقائي في الصين. لقد استفدتُ منهم كثيرا، فقد لمستُ نبضاتِ المجتمع الصينيّ من خلال حياة هذه الأسرة، الّتي أسعدني الحظّ بزيارتها، إذ هي في عيني تُمثّل صورة مصغَّرة للمجتمع الصينيّ كلّه ... وأخيرا أشكرهم على استقبالهم الحارّ وضيافتهم الكريمة لي كصديق عربيّ.

الحلقة الرابعة: زيارة جامعة

يَلْقَى الأستاذ حميد ترحيبًا حارّا من قِبَلِ الأساتذة والطلّاب عند وصوله إلى الجامعة. يدخلون في قاعة واسعة، يُلقي فيها خِطابًا رائعا على المُستمعين، يُثني فيه على حضارة الصين المُشرقة وتقاليدها المميّزة في حقل التربية والتعليم، ويُشجّع الطلّاب راجيًا منهم أن يجتهدوا في الدراسة من أجل نهضة الأمّة الصينيّة العظيمة في هذا العصر الجديد. واختتم خطابه بكلمات رقيقة يُعبّر فيها عن عواطفه الودّيّة نحو الصين وشعبها، ويُثني على الصداقة الصينيّة العربيّة التقليديّة التي تتقدّم مع مرور الأيّام.

ثمّ يجلس الأستاذ الضيف مع بعض الأساتذة وطلّاب الماجِسْتير والدُّكْتُوراه في غرفة استقبال، يستمع إلى تعريف مدير العلاقات بأحوال الجامعة. ثمّ يطرح الأستاذ أسئلة عديدة حول الموضوعات التي تَهُمُّهُ، ويُعرب عن أطيب تمنّياته للحاضرين.

تعابير مقترحة:

إنّ جميعَ أصدقاءِ الصين يفخَرون بالصين، وذلك ليس لأنّها ساهمتْ في حضارة الإنسانيّة القديمة منذ أقدم العصور التاريخيّة فحسب، بل لأنّها تُساهم مساهمة في حضارة الإنسانيّة الحديثة أيضا، وزيارتي الحاليّة تَزيدني ثقةً بذلك، لأنّي لم أعرف أستاذا في هذه الجامعة إلّا وهو يُكرّس جهودَه في التدريس والبحوث العلميّة، ولم أر طالبا في هذه الجامعة إلّا وهو يعكِف على الدراسة والبحث، فكلّ فرد هنا يُتابع تطوُّراتِ العالم في العلوم والتكنولوجيا ببالغ الاهتمام، رغبةً منهم في اسْتِيعاب أحدثِ الإنجازات العلميّة التي تحقّقتْ في هذا العصر. إنّه ليُسعدني أن أزور هذه الجامعة. وإنّي لَأفخَرُ وأعتزّ بهذه الجامعة أساتذةً وطلّابا واثِقًا من أنّها سوف تُمدّ هذا البلد بأجيال وأجيال من العلماء الأكفاء الذين يقدرون على مواجهة تحدّيات العصر، هكذا بفضل جهودهم المثمرة وتعاوُنهم الفعّال مع رفاقهم النُّجَباء من أبناء الشعب، في ظلّ قيادة حكومتهم السديدة، سوف تُجاري الصينُ — بلادُ السور العظيم — جميعَ الدول المتقدّمة في مختلف الميادين ...

أُنشئت الجامعةُ عامَ ...، تضمّ الآن ... كلّيّة و... مركزا علميّا، يبلغ عددُ الأساتذة والموظّفين فيها ...، وعددُ الطلّاب ...، ونصفه طلّابٌ يعكفون على الدراسات العُلْيا للحصول على درجة الماجِيسْتَيْر أو الدُّكْتُوراه، وعددُ الطلّاب الأجانب ... جاءُوا من ... دولة، من بينهم عدد من الطلّاب العرب.

الحلقة الخامسة: زيارة سور الصين العظيم

في الصباح الباكر، تنطلق — في الطريق إلى السور العظيم بـ"بادالينغ"
في إحدى ضَواحي بكين — عرباتٌ وأُوتُوبيسات حافِلَةٌ بسيّاح أجانب
قادمين من أرجاء العالم وزوّار صينيّين جاءُوا من أنحاء البلاد، والأستاذ
حميد يستقلّ إحدى هذه العربات بصُحبة نائب رئيس اتّحاد الكتّاب،
وذلك طِبْقًا للخطّة المرسومة سابقا، والتي أُجّلتْ لمرضه.

تعابير مقترحة:

رغبنا في ترتيب هذه الزيارة قبل سفر سيادتكم إلى أماكن أخرى في
بلادنا برجاء أن تكون زيارة موفّقة لسيادتكم.

لا شكّ أنّها ستكون موفّقة، فهذا الترتيب المشكور يحقّق رغبتي، التي
ظَلِلْتُ متشوّقا إلى تحقيقها ... ها نحن قد وصلنا ... يا له من سور
عظيم! إنّه يقف مرفوعَ الرأس في الشرق يرمُز إلى عظمة هذه الأُمّة،
وبُطولة هذا الشعب ...

"من لَمْ يصلْ إلى سور الصين العظيم لم يكنْ من الرجال"، ها نحن،
قد وصلناه، بل صعدناه اليوم!

ملاحظة: راجِعْ نصَّ المطالعة في الدرس العاشر من هذا الجزء،
موضوعُها ((سور الصين العظيم)).

المفردات

代表，代理人，副职	نائِب جـ نُوّاب
副部长	نائِبُ الْوَزير

作协副主席	نائِبُ رَئِيسِ اتِّحادِ الْكُتَّابِ
代表……	بِالنِّيابَةِ (نِيابَةً) عَنْ …
衷心的	قَلْبِيّ م قَلْبِيَّة
重复，重做	كَرَّرَ تَكْرِيرًا الأَمْرَ
寂寞，孤单，冷清	وَحْشَة
小病，不适	وَعْكَة
令人遗憾	آسَفَ يؤْسِفُ فلانًا
顺利的，成功的	مُوَفَّق م مُوَفَّقَة
延长	مَدَّ ـُ مَدًّا الشيءَ / مَدَّدَهُ تَمْدِيدًا
主权；阁下	سِيادَة
以……身份，以……资格，作为……	بِصِفَتِهِ …
亲密的	حَمِيم جـ أَحِمَّاءُ
不可磨灭的印象	أَثَرٌ لا يُمْحَى
显著的	مَلْحُوظ م مَلْحُوظَة
全部，全体（专作状语用）	كافَّة
被装备起来	مُجَهَّز م مُجَهَّزَة
内科	قِسْمُ الأَمْراضِ الْباطِنِيَّةِ
外科	قسمُ الجِراحَةِ
理疗科	قسمُ الْعِلاجِ الْفِيزِيائِيّ
值得注意的	اَلْجِدِيرُ بِالاعتبار
集中力量	رَكَّزَ تَرْكِيزًا جُهُودَهُ على …

药剂师，药物的	صَيْدَلِيّ م صَيْدَلِيَّة
使退休并发养老金	أَحَالَهُ إِحالَةً على الْمَعاشِ
热情的	حَماسِيّ م حَماسِيَّة
修改，纠正	صَحَّحَ تَصْحِيحًا الشيءَ
缩小的	مُصَغَّر م مُصَغَّرَة
招待，款待	ضِيافَة
把（精力）献给……	كَرَّسَ جهودَهُ لـ ...
结束，收尾	اِخْتَتَمَ اِخْتِتامًا الكلمةَ أو غيرَها
充满感情的，温馨的	رَقِيق م رَقِيقة
接济，增援，输送	أَمَدَّ فلانًا بكذا
高贵的，优秀的	نَجِيب ج نُجَباءُ وأَنْجابٌ
正确的	سَدِيد م سَدِيدَة
挑战	تَحَدٍّ ج تَحَدِّياتٌ
抗衡，并驾齐驱	جَارَى مُجاراةً فلانا
硕士学位	اَلْماجِيسْتِيْر
博士学位	الدُّكْتُوراه
乘，骑	اِسْتَقَلَّ العربةَ أو الحصانَ
延期，推迟	أَجَّلَ يُؤَجِّلُ تَأْجِيلًا الأمرَ

المطالعة

زَرْقاءُ الْيمامَةِ

هي فتاة عاقلة جميلة، وكان أجمل ما فيها عيناها، وكانت ترى بهما على مسافات بعيدة جدّا، والناس يَعْجَبُونَ من قوّة نَظَرها.

ذاتَ يوم صعدت الزرقاءُ إلى القَلْعَةِ، ونظرتْ فرأتْ شيئا عجيبا، رأتْ من بعيد شجرا كثيرا يمشي، وينتقل من مكان إلى مكان، فنادَتْ رئيسَ قومها، وقالت: "أرى شيئا عجيبا، أرى من بعيد شجرا كثيرا يمشي وينتقل." فعجِب الناسُ، وقالوا: "الشجر يمشي يا زرقاء، هذا شيء لم نَرَه، انظُري أعيدي النظر!" فأعادت النظر، ثمّ قالتْ: "كما أراكم بجانبي، أرى الشجر من بعيد يمشي." وقال واحدٌ من أهلها: "رُبَّما جاء إلى تلك الجهة سيلٌ شديد، فَقَلَعَ الشجر من مكانه وحَمَلَهُ، فلذا تراه الزرقاءُ يسير." فأعادت النظر وقالت: "لا، بل أراه الآن أَوْضَحَ ممّا كنتُ أراه أرى تحت الشجر رجالا سائرين وراكبين، والشجرُ معهم يسير." غير أنّ أهل اليمامة لم يصدِّقوا الفتاة التي تستطيع أن ترى ما لا يرَوْنَ.

جاء الليل فانصرفوا، وذهب كلّ إلى داره. وعند الفجر أيقظ الناس جيشٌ كبير مسلَّح يقوده أَكْبَرُ عدوّ لليمامة. وكان أهل اليمامة نائمين تاركين سلاحَهم، ففاجأهم العدوُّ المهاجِمُ، وقتل كثيرا منهم، وَاسْتَولَى على قلعتهم. وعندئذ علِم الناس أنّ الزرقاء صادقة، كانت تُخبرهم بما تراه حقّا، ولكنْ فات الأوانُ، وضاعت الفرصةُ.

كان هذا العدوّ يريد أن يَهْجُمَ على أهل اليمامة فجأة، غير أنّه يخاف من أن تراه الزرقاء وتُخبر أهلها، فيستعدّون للقتال، ولذا دبّر تلك

الحِيلةَ، وأمرَ رِجالَه أن يحمِل كلُّ واحد منهم فرعَ شجرة أو يحمِل كلَّ جماعةٍ شجرةً تُغطّيهم حتّى لا يرى مَنْ يَنْظُرُهم من بعيد إلّا الشجرَ يمشي، ونجَحَتْ هذه الحِيلةُ.

بحثَ رئيسُ الجيش المهاجِم عن الزرقاء، فلمّا أُحضِرت له قال: "أنتِ التي أخّرت جيشي مرارا، ومَنَعْتِهِ أن يأخُذَ اليمامةَ، فكلّما أقبلتُ بجيشي نظرتِ فكشفتِ مكانَه، وأخبرتِ قومَك، فيستعدّون لي." قالت الزرقاء: "وكنتُ أتمنّى أن أؤخّره هذه المرّة أيضا." قال: "ولكنّ عقلي غلب عَيْنَيْكِ. قالت: "لم يَغْلِبْهُمَا، ولكنّ أهلي كذَّبُوني حين أخبرتُهم."

قال: "هل تحبّين أن تصحبيني وتُخبريني عن كلّ مَنْ يقصِد إلى بلادي، ولا أكذّبك كما كذّبك أهلُك؟"

قالت: "كثرةُ البكاء على أهلي والحزن على وطني يُضْعِفُ عيني، فلا يجعلني أرى لك شيئا." قال: "والآن يجب عَلَيَّ أن أحرِمَكِ عَيْنَيْكِ." قالت: "إذا لم أخْدُمْ بعيني أهلي ووطني فإنّهما لا فائدةَ لي، وفَقْدُهُمَا خيرٌ لي من أَنْ أُبْصِرَ بهما العدوَّ الذي قتل أهلي وخَرَّب وطني. والآن فافْعَلْ بعيني ما شِئْتَ، ولا تَطْمَعْ من الزرقاء أن تخدم بهما عدوَّ الوطن."

المفردات

古时阿拉伯半岛中部一国名	اَلْيَمامَة
城堡，要塞	قَلْعَة جـ قِلاع
武装起来的	مُسَلَّح جـ مُسَلَّحُونَ
突袭，偷袭	فاجَأَهُ مُفاجَأَةً العَدُوُّ
占领	اِسْتَوْلَى اِسْتيلاءً على ...

进攻	هَجَمَ ــُ هُجُومًا على ...
认为他说谎	كَذَّبَهُ تَكْذِيبًا
破坏，毁坏	خَرَّبَ تَخْرِيبًا شيئًا

دليل المواد الدراسيّة 内容索引

第一课

课文： الأقطار العربيّة

语法：冠词的用法 (فوائد أداة التعريف "ال")

第二课

句型： لم يكد العنقود يصل إلى يد الصبيّ حتّى ذكر أباه.

课文： أسرة سعيدة

语法：1. ‎. ‏ماكاد (لم يكد) ... حتّى ...

2. 强调词 (التوكيد)

第三课

句型： ١. يجب أن نفعل ما نقول

٢. كم يحبّكم هذا الشعب يا شهداء بلادي!

课文： أمام نصب الشهداء

语法：1. 根化动词子句 (الجملة المسبوقة بأن المصدريّة)

2. كم 的用法

第四课

句型： بلغ صلاح الدين أنّ الملك "قلب الأسد" مريض

课文： صلاح الدين الأيّوبيّ

语法：根化名词子句 (الجملة المسبوقة بأنّ المصدريّة)

第五课

句型： سواء أ كان الجوّ حارّا أم باردا.

课文： الكهرباء

语法：1. سواء أ … أم … 的用法

2. 工具名词（اسم الآلة）

第六课

课文： نحن والعلم

语法：همزة 的写法（في كتابة الهمزة）

第七课

句型： نماذج تدلّ على زمن الفعل.

课文： الشقيقان

语法：时态（زمن الفعل）

第八课

课文： الزرّاع المتعلّم

复习与实践： المراجعات والتطبيقات

第九课

句型： فاض النيل ماء.

课文： نبذة عن الصداقة الصينيّة العربيّة

语法：分词（التمييز）

第十课

句型： العراق بلد عريقة حضارته.

课文： حدائق بابل المعلّقة

语法：因缘修饰语 （النعت السببيّ)

第十一课

句型： يستمرّ النيل في سيره حتّى يصبّ مياهه في البحر.

课文： مع النهر العظيم

语法：1. حتّى 的用法

2. 动名词 （اسم الفعل)

3. 宾格独立代名词 （ضمائر النصب المنفصلة)

第十二课

句型： مهما يكن الأمر، يجب أن تراعي صحّتك.

课文： كيف تحتفظ بصحّتك؟

语法：切格条件工具词 （أدوات الشرط الجازمة)

第十三课

句型： لا أحد يعرف ذلك.

课文： إلى فتياننا

语法：1. 否定全类的 لا （لا النافية للجنس)

2. إمّا ... وإمّا ... 的用法

第十四课

课文： اكتشاف أمريكا

语法：1. لمّا 的用法

2. 人造词根(المصدر الصناعيّ)

第十五课

课文： رحلة ماركو بولو

语法：标点符号 （علامات الترقيم）

第十六课

课文： ١. الحرّيّة في سياسة المستعمرين

٢. إرادة الحياة

复习与实践： المراجعات والتطبيقات

فهرست المطالعة 阅读索引

الذهب الأسود ١
حكاية الفرح الحقيقيّ ١
هديّة العيد ٢
مفاجأة في العيد ٢
معنى الحياة ٣
الماراثون رياضة الشجاعة والصبر ٣
عيسى الغوّاص ٤
التلفزيون ٥
الإرسال الإذاعيّ ٥
أثر العلم في حياتنا ٦
محبّة الوالدين ٧
المروءة النادرة ٧
وسائل السفر في البرّ قديما وحديثا ٨
الوصول إلى الصين ٩
دجاج الصين ٩
من أحوال أهل الصين ٩
إتقانهم في الصناعات ٩
الأهرام ومنارة الإسكندريّة ١٠
سور الصين العظيم ١٠
النيل (الشعر) ١١
الأنهار الملوّنة ١١
مدينة فوق ١٢٠ جزيرة ١١
نظافة المأكل ١٢
دروس في الصحّة ١٢
تغيّر موقف أبي من الرياضة ١٣
الجاحظ ١٣
الذهب يكتشف قارّات جديدة ١٤
لقاء على ظهر الباخرة ١٤
ماركو بولو ١٥
زرقاء اليمامة ١٦

课文词汇总表 جدول المفردات العام للنصوص

الألف

إبراهيم	٨
أبو فروة	٢
آثر إيثارا غيره على نفسه	٣
أثر لا يمحى	١٦
أجّل يوجّل تأجيلا الأمر	١٦
لا مؤاخذة / لا تؤاخذني	١٣
الأدرياتيك	١٥
*أذن ـَ إذنا له في كذا أو به	٤
مؤرّخ جـ مؤرّخون	٩
أرضيّ م أرضيّة	٦
أرق ـَ أرقا	٧
إسبانيّ جـ إسبان	١٤
إستراتيجيّ م إستراتيجيّة	١
أستراليا	١
أسد جـ أسود	٤
الأسرة الأيّوبيّة	٤
آسف يؤسف فلانا الأمر	١

* 表示该单词或词组在所在课中有例句。

آسيويّ م آسيويّة	١٥
أصيل م أصيلة	٩
أطلس	١١
إفريقيّ م إفريقيّة	١
أفغانيّ جـ أفغان	١٥
بلاد الأفغان	١٥
مأكل	١٢
ألّف بينهم	٢
*تألّف تألّفا من ...	١
مؤلم م مؤلمة	١
اللّهمّ	١٥
اللّهمّ إلّا ...	١٥
إمبراطوريّة	١٠
إمبراطوريّة المغول	١٥
إمبرياليّ م إمبرياليّة	١
الإمبرياليّة	٩
*الأمر الذي ...	١
أمير جـ أمراء	١٠
أمريكا الشماليّة	١١
إمّا ... إمّا ...	١٣
إمام جـ أئمّة	١٣

379 课文词汇总表

١٠	باريس	٣	أمن ــَ أمنا
١٥	بالوعة جـ بالوعات	٦	*أمّن تأمينا الأمر
١٥	البامير	١٤	آمن إيمانا بـ ...
١	بئر جـ آبار	١٢	مأمن
٦	بثّ ــُ بثّا شيئا	١٠	أنبوب جـ أنابيب
١١	بجع الواحدة بجعة	٦	الإنسان الآليّ
١٤	أبحر إبحارا	١٣	آنسة جـ آنسات
١	البحر الأبيض المتوسّط	١٣	*استأنف استئنافا العمل
١٤	بحّار جـ بحّارة	٦	إنترنت / الشبكة العالميّة
١٥	بخاري (اسم مكان)		إنكليزيّ جـ إنكليز / إنجليزيّ
٦	بخاريّ م بخاريّة	١٤	جـ إنجليز
٢	بخل	٢	أنانيّ م أنانيّة
١٣	*بدّد تبديدا	١٠	إناء جـ آنية جج أوان
١٥	*بدّل تبديلا كذا	١٥	أهليّ م أهليّة
٦	بدلا من ...	٥	أوتوماتيكيّ م أوتوماتيكيّة
٩	تبادل جـ تبادلات	٢	أوان جـ آونة
١٣	بدن جـ أبدان	١٠	إيران
١١	البرازيل	١٤	إيطاليا
١٣	برتغال / البرتغال	١٤	إيطاليّ جـ إيطاليّون
١٤	برتغاليّ جـ برتغاليّون	٦	أيلول / سبتمبر
١٠	برج جـ أبراج	١٢	أينما
١٥	البريد		**الباء**
١١	البرديّ		
١	برّ	١٠	بابل
٥	برق	١٠	بابليّ جـ بابليّون

برقيّة ٥
بركة جـ بركات ١٣
مبارك م مباركة ١٣
تبرّم تبرّما بكذا ١٣
بريطانيا ٤
بزر الواحدة بزرة جـ بزرات ٢
بساطة ٣
بسيط جـ بسطاء م بسيطة ٣
مبسّط م مبسّطة ٤
باسم م باسمة ٧
بشر / البشريّة ٦
البشرة ١٢
مستبشر جـ مستبشرون ١٥
بصق ـُ بصقا ١٢
بطاطا ٧
البطّاريّة / حجارة البطّاريّة ٥
باطن ١٠
بعثة جـ بعثات ٩
أبعد إبعادا شيئا ٦
فيما بعد ١٢
*بعض الشيء ٢
بعوض الواحدة بعوضة ١٢
البقرة الحلوب أو البقر الحلوب ٧
بقعة جـ بقاع ٦
أبقى إبقاء الشيء ١٠
استبقى استبقاء فلانا ١٥
باق (الباقي) م باقية ٦
بلد ما ١٢
بلاد الشام ٤
بلاط ١٤
بلاغة ١٥
البندقيّة ١٥
البنك ٨
ابنة جـ بنات ٢
بهجة ١٣
باب المندب ١
بورما ١٥
بال ٢
بات ـِ بيتا في مكان ١٣
بيرو ١١
*تبيّن تبيّنا له الأمر ١
بيان ١٥

التاء

التبت ١١
*تتبّع تتبّعا الأمر فهو متتبّع ٦
تبعا لذلك ٦
تبغ ١٤
توابل ١٥
متحف جـ متاحف ١٠

ترعة ج ترع	٧
تركيا	١
تشآن آن (اسم مدينة)	٩
متاعب	٥
التلغراف	٥
تلف ـَ تلفا الشيء	١٢
تلف	٦
تلفونيّ م تلفونيّة	٦
تلّ ج تلال	١٠
تلاه يتلو تلوّا	١٣
تمساح ج تماسيح	١١
*أتمّ إتماما الأمر	٧
التوت	٧
*أتاح يتيح له الفرصة	٨
تيّار ج تيّارات	٥
تين	٢

الثاء

*أثبت إثباتا الأمر	٩
ثابت م ثابتة	١
ثقافيّ م ثقافيّة	٩
ثلّاجة ج ثلّاجات	٦
ثمر التوت	٢
مثمر م مثمرة	١٣
من ثمّ	١
ثمّن تثمينا الأمر	٨
*ثار ـُ ثورا	١٠
ثائر م ثائرة	١١

الجيم

جبال طروس	١
الجاحظ (اسم شخص)	١٣
الجدير بالاعتبار	١٦
مجد (المجدي) م مجدية	١٣
جاذبيّة	٦
جارى مجاراة فلانا	١٦
مجرى	١٠
جزيرة ج جزر وجزائر	١٤
جزيرة سيلان	١٥
جسد ج أجساد	١٢
جسر ج جسور	١٥
جسّ ـُ جسّا نبضه	٤
جغرافيّ م جغرافيّة	١
جافّ م جافّة	٥
جلديّ م جلديّة	١٢
مجلس ج مجالس	١٦
المجلس النيابيّ	١٦
جلّ	١٣
انجلى انجلاء الأمر	١٦
جمجمة ج جماجم	٣

جامد م جامدة ٣
جاموس ج جواميس ١١
*تجمّع تجمّعا ١١
جمع ج جموع ٤
جمعيّة ج جمعيّات ٨
جماعيّ م جماعيّة ١٠
مجتمع ج مجتمعات ١٣
جمل ج جمال ١٥
مجاملة ١٣
جميل ٣
الجمهوريّة التونسيّة ١
جمهوريّة جيبوتي ١
الجمهوريّة الجزائريّة الديمقراطيّة الشعبيّة ١
الجمهوريّة الاسلاميّة الموريتانيّة ١
جمهوريّة السودان ١
جمهوريّة الصومال ١
الجمهوريّة العربيّة السوريّة ١
الجمهوريّة العربيّة اليمنيّة ١
جمهوريّة العراق ١
جمهوريّة القمر المتّحدة ١
الجمهوريّة اللبنانيّة ١
جمهوريّة مصر العربيّة ١
جندل ج جنادل ١٥
جَنْوَه (اسم مكان) ١٤
*جنى يجني جنيا الشيء ٧

جهاد ٣
إجهاد ١٥
مجاهد ج مجاهدون ٣
مجهّز م مجهّزة ١٦
*جهله ـَ جهلا ١٤
جهل مطبق ١٤
مجهول م مجهولة ٣
*اجتاز اجتيازا المكان ١٠
جال ـُ في فكره خاطر ٧
مجال ج مجالات ٣
جاء بكذا ٢
*جاء دوره / يأتي دوره ٢

الحاء

محبّة ٢
المحبّة والوئام ٧
متحابّان ٧
حثّ ـُ حثّا فلانا على كذا ١٣
حثيث م حثيثة ٦
أحجار كريمة ١٥
محجوز م محجوزة ١١
*أحدث إحداثا شيئا ٦
أحدث ضجّة ٦
مستحدث م مستحدثة ١٠
حدّ ج حدود ١١

حدا ـُ حدوا فلانا على كذا	٣
*تحدّى تحدّيا فلانا	١٤
تحدّ (التحدّي) جـ تحدّيات	١٦
حذر ـَ حذرا الشيء أو منه	١٢
في حذر وسكون	٧
حذق ـِ حذقا العمل	١٣
الحروب الصليبيّة	٤
حربيّ م حربيّة	٤
الحارث (اسم)	٢
حرّيّة	٣
حارس جـ حرس وحرّاس	٤
حرق جـ حروق	٥
حرفة جـ حرف	١٢
حريق	١٤
محرّك جـ محرّكات	٥
محرّم م محرّمة	١٦
حسب للوقت حسابه	١٣
الحاسبة / الماكنة الحاسبة	٦
حسد ـِ حسدا فلانا على...	١٤
حاسد جـ حسّاد	١٤
حسرة حسرات	١٣
حاسم م حاسمة	٦
إحسان	٢
حسناء	١٠
حشيّة جـ حشايا	١٢

حاشية جـ حواش (الحواشي)	٤
حصل ـُ حصولا الأمر	٨
حصّله تحصيلا	١٣
*أحصى إحصاء الشيء	١١
حضاريّ م حضاريّة	٦
محطّة البريد	١٥
*حظّ	١٥
حسن الحظّ	١٥
حفرة جـ حفر	١٦
حفظ المكان من ...	٤
حفظ الطعام من التلف	٦
*احتفظ احتفاظا بـ ...	١٢
محافظة جـ محافظات	٨
*حفّ ـُ حفّا فلانا أوبه	١٥
احتفالات	١٠
*تحقّق الأمر	٧
أحقّ من فلان بـ ...	٢
احتكّ احتكاكا بـ ...	٥
*تحكّم تحكّما في كذا أو به	٦
حلقة اتّصال / حلقة وصل	١
احتلّ احتلالا المكان	٤
حَلْي جـ حُلِيّ وحِلِيّ	١٠
تحمّد تحمّدا بالشيء على فلان	١٦
محمدة	١٣
احمرّ احمرارا الشيء	١٥

حماسيّ م حماسيّة ١٦
حمل ج أحمال وحمولة ٧
حملة ١٤
حميم ج أحمّاء ١٦
*حمى من ... ٣
حانوت ج حوانيت ١٣
حنين ١٠
حارة ج حارات ١٢
محور ج محاور ٦
*أحاط إحاطة به ١
محيط ١
المحيط الأطلسيّ / المحيط الأطلنطيّ ١
المحيط الهادي ١٥
المحيط الهنديّ ١
احتياطيّ ج احتياطيّات ١
*حال يحول دون ... ١٢
*حوّل تحويلا شيئا إلى شيء ٨
أحاله إحالة على المعاش ١٦
حيثما ١٢
حان ـِ حينا الوقت ٢
أحياه إحياء ٣
*أحى ذكرى فلان ٣

الخاء

خان ١٥
خبرة ج خبرات ١٣
اختتم اختتاما الكلمة أو غيرها ١٦
استخرج استخراجا الشيء ١
خارجيّ م خارجيّة ٩
خزن ـُ خزنا الشيء ٧
خزّان المياه ٧
مخزون م مخزونة ٧
خسر ـَ خسارة وخسرانا كذا ١٣
بخشوع ٣
خصب ١١
خصّ ـُ خصوصا الأمر فلانا ٥
خطاب ج خطابات ١٤
*خطر بباله الأمر ٢
خطر م خطرة ١٢
مخاطر ١٤
خليج ج خلجان ١
خلّده تخليدا ١٤
خلاصة ١٥
الخلاصة الوافية في العقاقير الشافية ٩
خالط مخالطة القوم ١٥
بخلاف ... ١١
خليفة ج خلفاء ٩
*من خلال .. ١
خامل ج خمل ١٣
خوخ الواحدة خوخة ٢

385 课文词汇总表

*على خير الوجوه	٥
خيار	١٢
خيال	٦

الدال

دابّة جـ دوابّ	١٥
*دبّر تدبيرا أمرا	٧
داجن جـ دواجن	٧
دخل عليه	٤
دخل	٧
درب جـ دروب	٣
مدرّج م مدرّجة	١٠
درهم جـ دراهم	٢
دسّ ـُ دسّا السمّ في	٤
دعاه اسما	١٠
*استدعى استدعاء الأمر كذا	٥
مدعوّ جـ مدعوّون	١٤
*اندفع اندفاعا	١١
دافع م دافعة	٦
مدفون م مدفونة	١٠
مدقّق م مدقّقة في ...	٨
*بكلّ دقّة	٦
الدكتوراه	١٦
اندلعت النار	١٥
*دليل جـ دلائل وأدلّة	٩

أدنى فلانا من ...	٤
دهر جـ دهور	١٠
أدهشه إدهاشا	١٤
دودة جـ دود وديدان	٧
دودة الحرير	٧
أدار إدارة الشيء	٥
دور	١
تداول تداولا العملة	١٥
دولة الإمارات العربيّة المتّحدة	١
دولة فلسطين	١
دولة قطر	١
دولة الكويت	١
دولة ليبيا (ليبيا)	١
*دام ـُ دوما ودواما الأمر	١٥
دوما وأبدا	٦
ديمقراطيّ م ديمقراطيّة	١
دان ـِ ديانة بـ ...	١
دين جـ أديان	١

الذال

ذباب الواحدة ذبابة	١٢
*ادّخر ادّخرا الشيء	١٣
ذراع جـ أذرع	١٥
ذريع م ذريعة	١٢
ذلّل تذليلا الصعوبة	٥

ذاد ـُ ذودا عن ... ١٦

ذاع ـِ ذيعا الخبر ١٣

*ذاق ١

الراء

الربّ ١٤

ربّ البيت ٨

*ربط ـُ ـِ ربطا بكذا ٩

رابطة ٨

*راجع مراجعة فلانا في الأمر ١٢

واسعة الأرجاء ١٥

مرجوّ م مرجوّة ١١

ترحاب ١١

رحل ـَ رحيلا إلى ... ١٤

رحّالة ج رحّالون ١١

رديء م رديئة ٥

*تردّد تردّدا في الأمر ٦

*يتردّد الأمر على ألسنة ... ٦

ارتدّ ارتدادا ١١

راسب ج رواسب ١١

رسغ ج أرساغ ٤

رسول ج رسل ٥

رسم ـُ رسما الشيء ٣

رسميّ م رسميّة ١

*أرشده إرشادا إلى ... ١٥

رغد م رغدة ٦

بالرغم من أنّ ... ١٦

رفاهية ٦

راقب مراقبة الأمر ٦

رقبة ج رقبات ورقاب ١٥

تراقص تراقصا الشيء ١٥

تراقص السراب ١٥

رقيق م رقيقة ١٦

رقيّ ٦

راق (الراقي) راقية ١٤

مركب ج مراكب ١٤

ارتكز ارتكازا على ... ٦

ركع ـَ ركوعا ١٤

تراكم تراكما الشيء ١٢

رمد ١٢

*رمز ـُ ـِ رمزا إلى ... ١٠

رمز ج رموز ٣

رمّان ٢

رمى ـِ رميا ورماية الشيء أو به ٢

ترنّح ترنّحا ١٦

ترنّم ترنّما ١٦

الرّوبُوت / الرّوبُوط / اَلْإِنْسانُ الْآلِيُّ ٦

*راج ـُ رواجا الشيء ٥

راح يروح ١٥

أراح يريح فلانا ٣

*مرتاح ج مرتاحون	٩
مستريح	٥
مروحة ج مراوح	٥
مراد	٤
روسيا	١٥
روّض ترويضا النهر	٧
الرياضيّات / علم الرياضيّات	٩
روما	١
روى يروي ريّا الزرع	٧
ريتشارد	٤
الريّ	٣
راية ج رايات	٣

الزاي

زبالة	١٢
زبون ج زبائن	٥
الزرّاع المتعلّم	٨
زعرور	٢
زعيم ج زعماء	٣
زمام	١
زاهر م زاهرة	١
متزوّج م متزوّجة	٧
زورق ج زوارق	١٥
زيتون	٢
*زاد عن كذا أو على كذا	٧

السين

متسبّب م متسبّبة عن كذا أو منه	٥
*(أمر) لم يسبق له مثيل في التاريخ	١٤
سبيل ج سبل	١٥
ساحر م ساحرة	١٠
ساحل ج سواحل	١
سخط	١٦
ساخن م ساخنة	١٢
*سدّ ـُ سدّا الشيء	١١
سديد م سديدة	١٦
سدّ ج سدود	٦
*سدى	١٣
سراب	١٥
أسرّ إليه سرّا	١٤
سرّ ج أسرار	٧
*سرى يسري سريانا الشيء	٥
سار (الساري) م سارية	١٢
سطح ج سطوح	١٤
*أسعد إسعادا فلانا	٦
أسعف إسعافا فلانا	٥
اسعاف ج اسعافات	٥
*سعى ـَ سعيا للأمر	٢

سعيا وراء ... ٩
مسعى ج مساع (المساعي) ٦
سفرة ١٤
سفينة ج سفن ١
مسقّف م مسقّفة ٦
سكون ٥
أسلوب ج أساليب ٣
سلطان ١٠
سلطنة عمان ١
لا سلكيّ م لا سلكيّة ٦
مسلك ج مسالك ١
سلم / سلام ٤
سلّم ج سلالم ١٠
الإسلام ١
سالم م سالمون ١٤
أسلم الطريق ١٥
إسلاميّ م اسلاميّة ١
مسلم ج مسلمون ٤
سماد ج أسمدة ٧
أسمر م سمراء ١١
سامع ج سامعون ١٠
سمّ ج سموم ٤
مسامّ الجلد ١٢
سمنة ١٢
سام (السامي) م سامية ٣
سنحت ـَ الفرصة أو غيرها ١٣
أسند إسنادا إليه وظيفة ٨
*ساء يسوء الأمر فلانا ١٠
استاء يستاء منه ١٤
سوء ٤
ساحة تيان آن من ٣
*ساده ـُ سيادة الشيء ٢
سودانيّ م سودانيّة ١١
سور ج أسوار ١٠
تسوّست السنّ ١٢
سواء أ ... أم ... ٥
متساو (المتساوي) م متساوية ٧
السياحة ١١
سيادة ١٦
سائر م سائرة ١١
سائر ج سائرون ٣
*سيطر سيطرة على كذا ٦
سيل ج سيول ٧
*لا سيّما ٩

الشين

شبّت ـُ شبوبا النار ١٤
شبكة ج شباك وشبكات ٧
شجّر تشجيرا الجبل ٧
شحنة ج شحنات ٥

شخصيّة جـ شخصيّات	٤
شرب نخب ...	٩
الشرطة	١٥
*شرع ـَ شرعا في الأمر	٤
شراع جـ أشرعة	١٥
شريعة جـ شرائع	١٠
مشروع جـ مشروعات ومشاريع	٣
على شرف ...	٨
شريف جـ شرفاء وأشراف	١٤
أشرقت إشراقا الشمس	١
الشرق الأدنى	٤
الشرق الأوسط	٤
مشرق م مشرقة	٥
مشترك م مشتركة	١
شريان جـ شرايين	١١
تشعّب تشعّبا النهر أو غيره	١٥
شاعريّة	١٦
اشتعل اشتعالا الشيء	٤
*شُغِفَ ـَ شغفا به	١٣
*شغل ـَ مساحة	١
*شغل نسبة ...	١
*شغل تشغيلا الماكنة أو غيرها	٦
شاف (الشافي) م شافية	٩
مشفى جـ مشاف (المشافي)	٣
شقيق جـ أشقّاء	٧

مشّقة جـ مشاقّ ومشقّات	٥
تشكّر تشكّرا له	١٦
شكل جـ أشكال	٨
شلّال جـ شلّالات	٦
شاهق م شاهقة	١٠
شهيّ م شهيّة	٢
متشوّق	١٤
شاء يشاء مشيئة كذا	٧
شيخ	١٣
شاد ـِ شيدا البناء	١٠

الصاد

صالة جـ صالات	٦
*صبّ ـُ صبّا الماء	١١
صبّ النهرُ أو انصبّ في البحر	١١
*صحب ـَ صحبة فلانا	١٥
صحّح تصحيحا الشيء	١٦
صحراء جوبى	١٥
صحراويّ م صحراويّة	١١
صخريّ م صخريّة	١١
مصدر جـ مصادر	٦
مصادر التاريخ	٩
صدق ـُ صدقا فلانا	٩
الصدمة الكهربائيّة	٥
صراع	٩

صرف ـِ صرفا الماء ٧
صاعد ١٠
صغر ١٠
أصغر ج صغرى ٢
مصغّر م مصغّرة ١٦
*أصغى إصغاء إلى ... ٤
الصليبيّون ٤
*أصلح إصلاحا الشيء ٨
صلاح الدين ٤
مصلحة ج مصالح ١
رفع صلاة ١٤
صمت ـُ صمتا ١١
صامت م صامتة ٣
صمد ـُ صمدا لكذا ١
*صمّم تصميما على كذا ٧
من صميم قلوبنا ٨
تصميم ج تصاميم ٥
صنيع ٤
مصنوع م مصنوعة ٥
صنّف تصنيفا الكتاب ١٣
صاهر مصاهرة القوم ٩
*بصورة مبسّطة ٤
صان ـُ صيانة الشيء ١٣
صيت ١٣
صيدليّ م صيدليّة ١٦

الضاد

ضجّة / ضجيج ٦
تضحية ج تضحيات ٣
ضرب ج ضروب ٦
*ضاعف مضاعفة الشيء ١٥
ضفّة ج ضفاف ١١
ضلّ ـَ ضلالا وضلالة الطريق ١٥
*أضمر إضمارا له كذا ٤
ضاع ـِ ضياعا الشيء ١١
أضاع إضاعة شيئا / ضيّعه ١٣
*أضاف إضافة كذا إلى كذا ٧
ضيافة ١٦
ضيق ٩
مضيق ج مضايق ١
مضيق جبل طارق ١
مضيق ملقا ١٥

الطاء

طبّب تطبيبا فلانا ٤
مطبخ ج مطابخ ٥
طبيعة ٦
طرب ـَ طربا ١٥
مطرب م مطربة ٥
طرح الشيء ٣
طريف م طريفة ٤

طرق ـُ طرقا الشيء ١٤
طرقة ١٤
*عن طريق ... ٥
طقس ٦
*تطلّب تطلّبا الأمر ١٣
*تطلّع تطلّعا إلى الأمر ١٤
أطلق قمرا صناعيّا ٦
على الإطلاق ٦
*أطلّ يطلّ على ... ١
طموح ١٤
طامع م طامعة ١
طمّاع ٢
طمي ١١
متطوّر متطوّرة ٩
*طاف ـُ طوافا في البلاد ١٥
طيلة ١٦
طين جـ أطيان ١٠

الظاء

مظفّر ٤
ظلم ١٦
ظلمة جـ ظلمات ١٢
مظلم م مظلمة ١٦

العين

عبء جـ أعباء ١٣
عبث ١٣
*عَبْرَ ... ٩
عثر ـُ عثرا وعثورا على كذا ١
عثمانيّ م عثمانيّة ١٦
عجب ـَ عجبا من كذا ١٤
عجيبة جـ عجائب ١٠
عجّل تعجيلا الأمر ١٣
عجلة جـ عجلات ٩
*أعدّه إعدادا ٥
*يعدّ كذا ١٠
اعتدّ يعتدّ فهو معتدّ بنفسه ١٢
معدّ م معدّة ١٥
الإعداديّة ٧
عادل م عادلة ٩
*عدم ... ١٢
تعذّب تعذّبا ٣
عذاب ١
عروس / عروسة ١٥
*عرّضه تعريضا لكذا ١٢
*تعرّض تعرّضا لـ ... ١
عرض جـ أعراض ١٢
*عرّفه كذا ٧

تعرّف الحال ٧
*عزّ ـِ عزّا عليه الأمر ١٤
عزّز تعزيزا الشيء ١
أعزّ شيء ٣
(مادّة) عازلة ٥
معسكر ج معسكرات ٤
عاصره معاصرة ١٦
العصر العبّاسيّ ١
عاصفة ج عواصف ١٥
*عطّله تعطيلا ١٢
*تعطّل ١٢
عظم ١٣
عظمة ٣
تعافي تعافيا ٤
عقّار ج عقاقير ٩
تعقيم ١٢
عكف ـُـِ عكوفا على الأمر ١٣
*تعلّق تعلّقا بـ ... ٣
معلّق م معلّقة ١٠
(الحدائق) المعلّقة ١٠
علقم ١٦
معالم ١٠
على سبيل المثال ٩
عمدة القرية ٨
تعمير ١٣

استعماريّ م استعماريّة ١
عملة ١٥
عمليّة ج عمليّات ٦
*عمّ ـُ عموما الشيء ٥
عنّاب ٢
تعانق الشخصان تعانقا ٧
عنصر ج عناصر ٩
عنيف م عنيفة ١١
عنقود ج عناقيد ٢
*عنوان ج عناوين ٢
عناء ٥
*تعهّد تعهّدا الأمر ٧
معهد ج معاهد ٣
*لم يعد ... ١٢، ١٤
عوّده تعويدا الأمر ١٣
*عاوده معاودة الحنين ١٥
*استعاده استعادة ١٠
عاقه ـُ عوقا الشيء ١١
عائم م عائمة ١٤
أعانه إعانة على كذا ١٥
عون ١٤
معيشيّ م معيشيّة ٦
*عيّنه تعيينا حاكما ١٥
*أعي يعيي إعياء فلانا ٤
أعياه الجهد ٧

الغين

غرض جـ أغراض	١٤
غزير م غزيرة	١١
غزا يغزو غزوا البلد أو غيره	٦
غزوة جـ غزوات	١
غاز (الغازي) جـ غزاة	١٦
اغتسل اغتسالا	١٢
غسّالة جـ غسّالات	٥
مغسول م مغسولة	١٢
غصّة جـ غصص	١٣
*غطّى تغطية الشيء	٥
*غلب ـِ غلبا فلانا أو عليه	٤
غالبيّة	١
أغلبيّة	١٣
غلّاية جـ غلّايات	٦
غمر ـُ غمرا الماء المكان	٧
*غامر مغامرة	١٥
مغامر جـ مغامرون	١٥
غنم جـ أغنام	١٥
غور جـ أغوار	١٠
*غيّر تغييرا الشيء	٧

الفاء

مفتاح جـ مفاتيح	٥

متفتّح م متفتّحة	٧
فترة جـ فترات	١
فتك ـِ فتكا بـ ...	١٢
*فجأة	١٢
فحم	٦
أفرز إفرازا الشيء	١٢
مفرزات	١٢
فارس	١
مفترس م مفترسة	١١
فرع جـ فروع	١١
*أفرغ إفراغا الحمل	٧
فرّق تفريقا جموعهم	٤
فرن جـ أفران	٥
فستق	٢
تفشّى تفشّيا المرض	١٢
فضاء	٦
*لم يفعل بعد	٢
فعل بـ ...	٢
فعّال م فعّالة	٦
أفلح إفلاحا	١٤
فلس جـ فلوس	٥
فلك جـ أفلاك	٩
فلكيّ م فلكيّة	٩
تفهّم تفهّما الأمر	١٦
تفاهم تفاهما الناس	١٣

*فورا أو من فوره — ٧

أفاد يفيد إفادة أنّ ... — ٩

تفوّق تفوّقا على ... — ٨

بتفوّق — ٨

فيديو — ٥

*فاض ـِ فيضا بـ ... — ٣

فيضان — ٧

فيل جـ أفيال وفيلة — ١١

القاف

قبر جـ قبور — ٣

*اقتبس اقتباسا به — ٩

مقبض — ٥

تقابل تقابلا الناس — ٧

من ذي قبل — ٦

المقابلة والاتّعاظ — ١٣

قحط — ٧

قدر — ٧

القدر — ٧

المقدرة الحربيّة — ٤

قدّسه تقديسا — ٣

القدس — ٤

تقدّم تقدّما بكذا — ٨

*منذ القدم — ٩

قذارة — ١٢

قذر م قذرة — ١٢

قرّب تقريبا فلانا إليه — ٤

على مقربة من ... — ١٠

*اقترح اقتراحا عليه كذا — ٩

استقرّ استقرارا في المكان — ١٤

قارس م قارسة — ١٥

قارعه مقارعة — ١٦

قرين — ١٥

اقتسم اقتساما الشيء — ٧

*انقسم انقساما الشيء إلى ... — ١١

قسم الأمراض الباطنيّة — ١٦

قسم الجراحة — ١٦

قسم العلاج الفيزيائيّ — ١٦

قاسى مقاساة الشيء — ١٥

قصيدة جـ قصائد — ١٦

الاقتصاد المتعدّد الجوانب — ٧

قصير البصر — ١٢

قصّ ـُ قصصا عليه الخبر — ٢

قضى ـِ قضاء بكذا — ١٦

قطرة جـ قطرات — ١١

قطرة — ١٢

*انقطع انقطاعا الشيء — ١٣

بلا انقطاع — ١٣

قاطع م قاطعة — ٥

قافلة جـ قوافل — ١٥

قلبيّ م قلبيّة ١٦
تقليد جـ تقاليد ١
تقليديّ م تقليديّة ٨
قلّ يقلّ قلّة ٧
أقلّ إقلالا فلانا إلى ... ١٥
استقلّ العربة أو الحصان ١٦
*قلّما يفعل ... ٢
استقلال ٣
قمر صناعيّ جـ أقمار صناعيّة ٦
قمل الواحدة قملة ١٢
قنع ـَ قناعة بكذا ١٦
قانونيّ م قانونيّة ١٠
قناة جـ قنوات ٧
قناة السويس ١
قوبلاي (اسم شخص) ١٥
قوس جـ أقواس ١٠
قال في نفسه ٢
قول جـ أقوال ٤
قوم جـ أقوام ٤
قوام ١٢
قائم م قائمة ١٠
قيد جـ قيود ١٦

الكاف

كاسيت ٢
كاكي ٢
كانتون ٩
أكبّ إكبابا على عمل ١٣
كتم ـُ كتمانا سرّا عن فلان ٧
تكاثر تكاثرا الشيء ١٢
كارثة جـ كوارث ٧
كرّر تكريرا الأمر ١٦
تكرّر تكرّرا ٧
كرز ٢
كرّس جهوده لـ ... ١٦
كرّم تكريما فلانا ٣
أكرم إكراما فلانا ١٥
مكرّم جـ مكرّمون ٤
اكترى اكتراء غرفة ١٣
أكسب فلانا شيئا ١٣
انكسر انكسارا الشيء ١٤
اكتشف اكتشافا الشيء ١٤
مكتشف جـ مكتشفون ١٤
استكشف استكشافا عن كذا ١٤
مكتشفات ١٠
*كافحه مكافحة وكفاحا ٣
كافّة ١٦
كفى يكفي كفاية الشيء فلانا ٦
كلّف مالا ١٤
تكاليف ١٤

كم (الخبريّة) ٣
كمبيوتر / العقل الإلكترونيّ ٦
أكمل إكمالا الأمر ١٥
*اكتمل اكتمالا الشيء ١١
استكمل استكمالا الشيء ١٠
كنّ ـُ كنّا الشعور ١١
كهربائيّ م كهربائيّة ٥
لم يكد ... حتّى ... / ما إن ...
حتّى ... ٢
كولومبس (اسم شخص) ١٤
كوّم تكويما الشيء ٧
كومة ج أكوام ٧
تكوّن تكوّنا من ... ١٢
كائنا ما كان ١٣
مكانة ١
مكواة ج مكاو (المكاوي) ٥
كيفما ١٢

اللام

*لا ... إلّا إذا ... ٨
لؤلؤ ج لآلئ ٩
لبث ـَ لبثا بالمكان ١٥
*ما لبث (لم يلبث) أن فعل كذا ١٤
ما لبث أن لقي ربّه ١٤
لباس ١٤
لبان ٩
*ألحّ إلحاحا عليه في كذا ١٥
ملحوظ م ملحوظة ١٦
لحاف ج لحف ١٢
استلذّه ١٦
*لزم ـَ لزوما ولزاما ١٣
لشبونة (اسم مدينة) ١٤
ملاصق م ملاصقة ١٢
لعب دورا ٦
لعن ـَ لعنا فلانا ١٦
لافتة ج لافتات ١٥
ملقّب م ملقّبة بـ ... ٤
*لاقى ملاقاة الشيء ٣
تلقّى تلقّيا فلانا ٤
ملتقى ١
* لم (لا) ... إلّا فعل ... ١٣
لمع ـَ لمعا ولمعانا الشيء ١٣
*لمّا يفعل / لم يفعل بعد ١٤
لهو ١٣
لى شي تشن (اسم شخص) ٩
ليف ج ألياف ١٢
ليمون ٢

الميم

الماجيستير ١٦

ماركو بولو (اسم شخص)	١٥
مانجو	٢
*بما أنّ ...	١٢
مؤونة ومؤنة جـ مؤن	١٤
استمتع بكذا / تمتّع به	١٣
متانة	٩
لا مثيل له	٩
مجّد تمجيدا فلانا	٣
مجون	١٣
مدّ ـُ مدّا الشيء	١٦
مدّد تمديدا الشيء	١٦
*أمدّه إمدادا بكذا	١٤
*استمدّ استمدادا منه شيئا	٣
مادّيّ م مادّيّة	١٣
مدنيّة	١٠
متمدّن م متمدّنة	١٤
مرء جـ رجال	١٣
مرير م مريرة	٣
ممرّ جـ ممرّات	١
مساحة جـ مساحات	١
أمسّ الحاجة	١٣
مسيحيّ جـ مسيحيّون	٤
ماشي مماشاة فلانا	١٦
ماشية جـ مواش (المواشي)	٧
مطاطا	٥
المغول / المنغول	١٥

*مكّن تمكينا فلانا من ...	٦
على قدر الإمكان	١٢
ماكنة الخياطة	٥
مليء م مليئة	٥
مملوء م مملوءة بـ ...	١٥
ملحّ م ملحّة	١٥
مُلْك	١٥
ملك جـ ملوك	٤
ملكة	١٤
مملكة جـ ممالك	١
المملكة الأردنيّة الهاشميّة	١
مملكة البحرين	١
المملكة العربيّة السعوديّة	١
المملكة المغربيّة	١
ملّ ـَ مللا الشيء أو به	١٠
ممهّد م ممهّدة	١٠
مهارة	٨
أمهر من ...	٤
مهنة جـ مهن	١٢
موّن تموينا فلانا بكذا	١
تميّز تميّزا بـ ...	١١
ميّزة جـ ميّزات	١
مميّز م مميّزة	٩
ميل جـ أميال	١٠
ميناء جـ موانئ أو موان	١

النون

نارجيل	٢
تنبّأ تنبّؤا بـ	٦
نبذة	٩
نبع ـَ نبعا النهر	١١
منبع جـ منابع	١١
نبغ ـُ نبوغا	١٦
نابغة جـ نوابغ	١٣
نبيل جـ نبلاء	١٤
نبيّ جـ أنبياء	٩
متناثر م متناثرة	١٥
نجيب جـ نجباء وأنجاب	١٦
نجدة	١٥
نحاس	٥
انتخب انتخابا فلانا	١٦
*نادر المثال	٤
منزليّ م منزليّة	٥
تنزّه تنزّها	٢
نسبة	١
مناسب م مناسبة	٨
استنشق استنشاقا الهواء	١٥
نصب جـ أنصاب	٣
النصب التذكاريّ	٣
منصب جـ مناصب	١٦
*انتصر انتصارا	٤
منتصر جـ منتصرون	٤
على نطاق ...	١٦
ناطق جـ ناطقون بـ ...	١٣
*نظرا لـ ...	١
نعم ـَ نعمة بـ ...	٥
*نفّذ تنفيذا الأمر	٧
نفيس م نفيسة	١٤
*أنفق إنفاقا المال	١٠
نفقة جـ نفقات	٧
ناقص جـ نواقص	٨
أنقاض	١٠
مستنقع جـ مستنقعات	١١
تنقّل تنقّلا	١٤
إنكار الذات	٣
نموذج جـ نماذج	٣
نام (النامي) م نامية	٨
نهب	١٦
نهر الأمازون	١١
نهر الفرات	٩
نهر الكونغو	١١
نهر ميسيسبي	١١
نهضة	١
ناء ينوء بالحمل	١٥
بالنيابة (نيابة) عن ...	١٦

نائب ج نوّاب ١٦
نائب الوزير ١٦
أناره إنارة ٥
تنويع الاقتصاد ٧
ناوله شيئا ١٤
تناول تناولا شيئا / أخذه ٢
*تناول الموضوع أو غيره ١٢
نائم ج نائمون ونوّم ١٦
*نوى ينوي نيّة الأمر ١٤
نيّء م نيئة ١٢
النيل ٩

الهاء

هانغتشو (اسم مدينة) ٩
هدأ ـَ هدوءا ٧
هدم ـِ هدما البناء ١٣
أهدى إهداء الشيء له أو إليه ٢
على غير هدى ١٥
هذّبه تهذيبا ٥
هرب ـُ هربا وهروبا ١٤
هرمز ١٥
هزم ـِ هزما العدو ٤
انهمر انهمارا الماء ١٥
همّ يهمّ همّا بـ ... ٢
هنيء م هنيئة ٢
ما أهنأ ... ٢
هنديّ أحمر ج هنود حمر ١٤
هول ج أهوال ٣
هيّأ تهيأ وتهيئة شيئا ١٣
هيّن م هيّنة ١٢
هائج م هائجة ١١

الواو

وباء ج أوبئة ١٢
موثوق م موثوقة ٩
وجّه توجيها إليه شيئا ١٣
وحدة ١
وحيد م وحيدة ١١
وحيد القرن ١١
متّحد م متّحدة ١
وحشة ١٦
وحشيّ م وحشيّة ١١
*ودّعه توديعا ٩
ودعه يدع ودعا ١٣
ورث ـِ ورثا الشيء ٧
متوارث م متوارثة ٧
ورد ـِ ورودا الشيء ٩
أورد يورد إيرادا الشيء ٩
ورّاق ١٣
وزارة ج وزارات ٨

الكلمة	الدرس
وسخ جـ أوساخ	١٢
*توسّط توسّطا المكان أو الناس	١٥
*بواسطة ...	٥
أوسط م وسطى	١٥
أواسط إفريقيا	١١
موسوعة جـ موسوعات	٩
توسّعيّ م توسّعيّة	٤
*توسّل توسّلا إليه كذا	١٤
بصفته ...	١٦
مستوصف	٧
وصّل توصيلا الحرارة أو غيرها	٥
*اتّصل بـ ...	٩
اتّصال جـ اتّصالات	١
موصّل	٥
استوطن المكان	٩
مواطن جـ مواطنون	٣
*واظب مواظبة عليه	١٣
وظيفة جـ وظائف	٥
استوعبه استيعابا	١٣
وعكة	١٦
وفد ـِ وفدا ووفودا إلى ...	٩
وفد جـ وفود	١٣
وفاق	٢
موفّق م موفّقة	١٦
توفّي	١٦
واف (الوافي) م وافية	٩
موقد جـ مواقد	٥
وقع الأمر	٤
*توقّع توقّعا الأمر	١٤
*من المتوقّع	١٤
واقع م واقعة	٦
موقع جـ مواقع	١
أوقفه إيقافا	٤
موكب جـ مواكب	١٠
ولّد توليدا الشيء	٦
مولّد جـ مولّدات	٥
ميلاديّ م ميلاديّة	٩
وليمة جـ ولائم	٨
موهوب م موهوبة	١٦
*توهّم توهّما الأمر	١٠

الياء

الكلمة	الدرس
يابس م يابسة	١٤
اليابسة	١٤
*يسّر الأمر لفلان	٥
يسر	٥
يهوديّ جـ يهود	١٤
يوسفيّ	٢

جدول المفردات العام للمطالعة 阅读词汇总表

الألف

أبو الهول	١٠
أثريّ م أثريّة	١٠
أثينا	٣
الإجّاص العثمانيّ	٩
أدوات الزينة	١
الأرض الأمّ	١١
أسير ج أسرى وأسراء	١٥
أسطول ج أساطيل	٤
مؤشّر	٥
آشوريّ ج آشوريّون	١٤
أصفهان (اسم مكان)	٩
إغريقيّ ج إغريق	١٤
تأكّد تأكّدا من ...	١٢
أليف م أليفة	٨
إلّا أنّ = غير أنّ	٩
إمبراطور ج أباطرة	١٠
أمّم تأميما الشيء	١
أناقة	٨
آلة التصوير التلفزيونيّة	٥
أولمبيّ م أولمبيّة	٣
آنذاك	١١
مآب الحياة	٩
مأوى ج مآو (المآوي)	١٢
إيطاليا	١١

الباء

بحّار ج بحّارة	٤
بخيل ج بخلاء م بخيلة	٢
بربر ج برابرة	١١
برّادة	١٢
براعة	١٣
برّاق م برّاقة	١٤
برمة	٩
بشّر تبشيرا فلانا بكذا	٣
استبشر استبشارا به أو له	٢
باطل	٣
باطن	٦
البندقيّة	١١
البنزين	١
بنّيّ م بنّيّة	١١

أبهج إبهاجا فلانا ٥
بوصة ج بوصات ٥
بوليس ٥
بائت م بائتة ١٢
مبيد م مبيدة ١

التاء

... تارة و... تارة أخرى ٧

الثاء

ثخين م ثخينة ١

الجيم

جبّة ٩
جحظ ـَ جحوظا عينه ١٣
جدب ١١
جدّ يجدّ في الأمر ٨
جذبه ـِ جذبا ١٤
جارى مجاراة فلانا ٩
مجرى ١
مجريات السباق ٣
جزيرة ج جزر وجزائر ١١
جازى مجازاة فلانا ٧
جمعة ج جمعات ٩
جند ج جنود ٤
جندول ج جنادل ١١
جاب ـُ جوبا البلاد ١٤

الحاء

حجم ج حجوم ٥
حدّ ج حدود ٨
حدّة الذكاء ٨
حدّق تحديقا فيه أو إليه ١
حريريّ م حريريّة ٦
احترف احترافا كذا ١٣
أحرق إحراقا الشيء ٩
حرّك تحريكا الشيء ٥
حزن ـَ حزنا ٢
حسب ـُ حسابا الشيء ١
حسد ١٢
محسن ج محسنون ٧
حاصره محاصرة ٤
محصور ج محصورون ٤
حصّالة / محصلة ٢
حصّنه من مرض ٦
حصان ج أحصنة ٧
أحصى إحصاء العدد ٩
حظي يحظى حظوة بكذا ١٥
احتفل احتفالا بكذا ٩
حافلة كهربائيّة / الترامويّ ٨

حقد ١٢
حقيقيّ م حقيقيّة ١
إحكام ٩
حلم ـُ حلما بكذا ٢
حلي ج حليّ ١
حمص ٩
تحمّل تحمّلا الشيء ٨
حمولة ١٤
محمّل م محمّلة بـ ... ١١
حمام الزاجل ٤
حنا يحنو حنوّا عليه ٧
أحاط إحاطة بعلم ١٣
حوّله تحويلا إلى كذا ٦

الخاء

خبز الرقاق ١٢
خاتم ج خواتم ١٣
خرّب تخريبا شيئا ١٦
مخزن الوقود ١
خزيمة بن بشر (اسم شخص) ٧
خسارة ج خسائر ٣
خشن م خشنة ٩
خواصّ ١٢
مخصّص م مخصّصة ٥
خطّ الاستواء ١٠
خفّة الروح ١٣
خلب ـُ خلبا لبّه ١٤
خمر ج خمور ١٢
خندق ج خنادق ٥
خنزير ج خنازير ٩
خوارزم (اسم مكان) ٩
خام ١١
خيبة ١٣
على خير وجه ٤
خيمة ج خيم ٤

الدال

الدانوب (اسم نهر) ١١
داخليّ م داخليّة ١٠
مدخل ١٠
دسم م دسمة ١٢
دعابة ١٣
دعّمه تدعيما ١٠
اندفع اندفاعا الماء ١
تدفّق تدفّقا الماء ١١
دمعة ٣
دمامة فهو دميم ١٣
اندهش اندهاشا ٢
ديوان ج دواوين ٧
مدوّن م مدوّنة ١٥

الذال

ادّخر (اذّخر) ادّخارا المال ٢
ذراع ج أذرع ٥

الراء

ارتبط ارتباطا بـ ... ٨
يرجّح أن ... / من المرجّح
أن ... ١٤
أرجع إرجاعا الشيء إلى ... ٢
رحّالة ٩
ارتدى ارتداء الملابس ٦
رداء ج أردية ٦
رزق ج أرزاق ٨
راس (الراسي) م الراسية ١٤
رصيف ج أرصفة ١٤
رافد ج روافد ١١
(بلاد) الرافدين ١٥
ترفيهيّ / ترفيهيّة ١٤
مراقب ج مراقبون ١٠
رقراق ١
روميّ ج روم ٩
أروى إرواء الحقل ١
روّى تروية النبات ١

الزاى

زجاجيّ م زجاجيّة ٢
زاحف م زاحفة ٣
زلزال ج زلازل ١٠
زهاء ... ١٠
زوّده تزويدا بكذا ٦
زاد ٨
زورق ج زوارق ١١
زيّ ج أزياء ٩

السين

تساءل تساؤلا ٣
سابح ٤
سبّاح ٤
سبيل ج سبل ٥
مسجد ج مساجد ٩
سجنه ـُ سجنا ١٥
سجن ج سجون ١٥
انسحب انسحابا ٥
سخّره تسخيرا ٦
سخط ١٢
سخاء ٧
سدس ١٠
سرّ ج أسرار ٦

405 阅读词汇总表

أسعد إسعادا فلانا ٣

مساعد جـ مساعدون ٨

سفر جـ أسفار الوحدة سفرة ٨

سلب ـُـ سلبا الشيء ١٤

مسلّح م مسلّحة ١٦

سلطان ٩

سلق ـُـ سلقا البيض أو غيره ١٢

لا سلكيّ م لا سلكيّة ٥

تسلّل تسلّلا إلى مكان ٤

أسلم شيئا له ٧

سلامة ١٢

سامّ م سامّة ١٢

سهم جـ سهام ٤

سور جـ أسوار ٤

(جزيرة) سومطرة ١٥

سوّى تسوية الشيء ١

سوى / غير ٢

انساب انسيابا الماء أو غيره ١٤

سائح جـ سيّاح وسائحون ١١

سياحيّ م سياحيّة ١٠

مسيرة ٩

سيف جـ سيوف ٤

الشين

شبه ٩

مشرب ١٢

شريط جـ أشرطة ١٠

شروق الشمس / طلوعها ٥

شطّ العرب ١٤

شفقة ٧

شقّ ـُـ شقّا الطريق ١٥

شقاء ٣

أشقى ٧

اشتكى اشتكاء ٧

الصاد

صبغ جـ أصباغ ١

صاحب المخزن ٢

صدّه ـُـ صدّا ١٠

صدر ـُـ صدورا الشيء ٧

صدّع تصديعا شيئا ١٠

مصداق ٩

إصرار ١٤

صراع ٣

صعب جـ صعاب ٨

مصطفّ جـ مصطفّون ١٠

صلب م صلبة ١١

أصلح إصلاحا شيئا ٧

صنم جـ أصنام ٩

صائغ جـ صاغة وصيّاغ ١٣

صوفيّ م صوفيّة ٦

الضاد

تضجّر تضجّرا ٧
ضخامة ٩
ضاعف مضاعفة الشيء ١٣
أضعف إضعافا الشيء ١٢
ضمن ـَ ضمانا الشيء أو به ٦
ضاهى مضاهاة الشيء ٩
بالإضافة إلى ... ٨

الطاء

مطبوخ م مطبوخة ١٢
طرد ـُ طردا فلانا ٣
طريّ م طريّة ١٢
طلب يدها ١٥
متطلّبات ١٤
تطلّع تطلّعا إلى ... ٢
أطلق المدفع ٥
طموح ٨
طمع ـَ طمعا فيه وبه ١
طنجة (اسم مدينة) ٩
طاف ـُ طوافا بالمكان ٩
أطال إطالة الشيء ١٢
طيلة شهرين ٢
طيّار ج طيّارون ٥

الظاء

ظرافة ١٣
ظلم ٣
تظاهر ج تظاهرات ١
ظاهر م ظاهرة ٤

العين

عبّأ تعبئة شيئا في الوعاء ١
معبّأ م معبّأة ١
عبد ـُ عبادة ٩
عبّد تعبيدا الشارع / رصفه ١
عبقريّ ج عباقرة ٨
عجّل تعجيلا الأمر ١٢
عجلة ج عجلات / دولاب
ج دواليب ٨
عدّة ١٣
عادل معادلة الشيء ١
عدل ٣
اعتدال ١٢
معتدٍ (المعتدي) ج معتدون ٤
تعارض تعارضا معه ١٣
عرض ١٠
معروف ١٣

عار (العاري) م عارية	٦
معزّز جـ معزّزون	٧
عازف جـ عازفون	٥
عشيّا	٩
العصور الوسطى	١٤
عطريّ م عطريّة	١١
معظّم جـ معظّمون	٩
عفريت جـ عفاريت	١٣
عفونة	١٢
عافية	٧
عكرمة (اسم شخص)	٧
عكّا (اسم مدينة)	٤
عمّر تعميرا فهو معمّر	١٢
عوّضه تعويضا	١٢
أعانه إعانة	١٢
عون جـ أعوان	٧
مستعين بـ ...	٨
عيسى(اسم شخص)	٤

الغين

غرض جـ أغراض	١٢
غارق أو غريق جـ غرقى	١١
مغطّى م مغطّاة	١١
غلاف جـ أغلفة	١
مغامرة جـ مغامرات	٤
مغنّ (المغني) / مطرب	٥
غارة جـ غارات	١٤
غاص ـُ غوصا في الماء	٤
غوّاص	٤
غيمة	١

الفاء

فتحة جـ فتحات	١
منفتح الذهن	٥
فأجأه مفاجأة	١٦
مفاجأة	٢
فخم م فخمة	١١
فادح م فادحة	٣
انفرد بالسكنى	٩
فرّ ـِ فرارا ومفرّا من ...	١١
فارس جـ فرسان	٤
الفارسيّة	١٣
فرعون جـ فراعنة	١٠
فرّغ تفريغا السفينة	١٤
فارقه مفارقة وفراقا	٣
فارق الحياة	٣
مفارق م مفارقة	٣
مفرقعات	١
أفسد إفسادا الشيء	١٢
فساد	١٢

فضل ـُ فضلا فلانا أو عليه ٩
فطريّ م فطريّة ١١
تفاعل تفاعلا الشيئان ١١
انفعال جـ انفعالات ١٢
فقر ٧
فائدة المال ٢

القاف

قبر جـ قبور ١٠
من قبل ... ١٥
قدم جـ أقدام ١٠
قارب مقاربة الشيء ١٠
قرار جـ قرارات ١
قرع ـَ قرعا الباب ٧
قصّر تقصيرا الشيء ١٢
قضبان حديديّة ٨
قضى ـِ قضاء على كذا ٦
قطّر تقطيرا الماء ٦
قطنيّ م قطنيّة ٦
قافلة جـ قوافل ٦
تقلّب جـ تقلّبات ٦
قلعة جـ قلاع ١٦
قلق ـَ قلقا ٤
أقلّ يقلّ الشيء إلى ... ٨
إقليم جـ أقاليم ٩
أقنع إقناعا فلانا بكذا ١٣
اقتنع اقتناعا بكذا ١٣
قار / أسفلت ١
قائمة جـ قوائم ١١

الكاف

كاميرا / كاميرة / آلة التصوير ١٤
كبرتات الحديد ١١
كتّاب جـ كتاتيب ١٣
كتم ـُ كتمانا فلانا ١
كذّبه تكذيبا ١٦
كرّمه تكريما ٤
مكروه ٧
اكتشف اكتشافا شيئا ٨
كاغد جـ كواغد ٩
كافر جـ كفّار ٩
كنيسة جـ كنائس ١١
اكتنف اكتنافا الشيء ٩
كهف جـ كهوف ٦
تكوّن تكوّنا من ... ١١
كيّف تكييفا الهواء ٦
كيفيّة ٦

اللام

لبّ جـ ألباب ١٤

لتر / ليتر جـ ليترات ١
لصّ جـ لصوص ٦
ألصق إلصاقا الشيء بالشيء ٩
لفت ـِ لفتا النظر ٣
التقط التقاطا الشيء ٥
التقط الصور ١٤
لمع ـَ لمعا الشيء ٤
ألمّ به المرض ٧
لندن ٥
تلوّن تلوّنا الشيء ١١
تلوّى يتلوّى تلوّيا الشيء ١٤
ملتو (الملتوي) م ملتوية ١٠

الميم

مدينة كولم ٩
الماراثون ٣
امتزج امتزاجا به أو فيه ١٣
أمسك عن الحديث ٧
امتلك امتلاكا الشيء ١٤
مهارة ٤
موجة جـ موجات ٥
موجات الكهرباء المغناطيسيّة ٥
موسيقيّ م موسيقيّة ٥

النون

نبأ جـ أنباء ١
نابغة جـ نوابغ ٨
أنبوب جـ أنابيب ١
تنبّه تنبّها إلى كذا ١
النجدة ٥
مناسب م مناسبة ٢
منسوجات ١
نصر ـُ نصرا فلانا ٤
نصره الله ٤
نصر ٣
انتصف الليل ٧
لا نظير له ٩
ناعورة جـ نواعير ٩
نعمة جـ نعم ٧
نعامة ٩
نفس جـ أنفاس ونفوس ٣
نفسيّ م نفسيّة ١٢
النفط / البترول ١
أنفق إنفاقا المال ٧
نقاش ٩
منقوش م منقوشة ٩
تناقلت الألسنة أمرا ١٥
نكتة جـ نكت ١٣

نكّر الرجل نفسه	٧
نهب ـَ نهبا الشيء	١٤
منار / منارة	١٠

الهاء

مهاجر جـ مهاجرون	١١
هجم ـُ هجوما على ...	١٦
مهدّد جـ مهدّدون	٦
تهدّم تهدّما البناء	١٠
هرم جـ أهرام	١٠
هزيمة	٤
هضبة جـ هضاب وهضبات	١٥
هضميّ / هضميّة	١٢
هيكل جـ هياكل	١٤
مهموم م مهمومة	٧
الهندسة	١٤
مهابة	١٠

الواو

وثيقة جـ وثائق	١٤
واجب م واجبة	١٢
وجّه توجيها فلانا	٥

اتّجه اتّجاها إلى ... فهو متّجه	١٣
وحّد توحيدا البلاد	١٠
ورديّ م ورديّة	١١
وسع ـَ سعة الشيء	٩
وسّع توسيعا الشيء	١٠
أوضح إيضاحا الأمر	٧
توفّي فلان	١٥
وقود	١
أوقع إيقاعا به خسارة	٣
وقف ـِ وقفا الأمر	٣
موقف	١٣
استولى استيلاء على ...	١٦
الولايات المتّحدة	١١
وال (الوالي)	٧

الياء

ميسور	٦
اليمامة	١٦
يومئذ	٧
يومذاك	٩